Kohlhammer
Urban-
Taschenbücher

W0228372

Band 338

Werner Lenz

Grundbegriffe der Weiterbildung

Verlag W. Kohlhammer
Stuttgart Berlin Köln Mainz

CIP-Kurztitelaufnahme der Deutschen Bibliothek

Lenz, Werner:
Grundbegriffe der Weiterbildung / Werner Lenz.
Stuttgart; Berlin; Köln; Mainz: Kohlhammer, 1982.
   (Urban-Taschenbücher; Bd. 338)
   ISBN 3-17-007231-5
NE: GT

Inhalt

Einleitung

»Grundbegriffe der Weiterbildung« klingt als Titel sehr anspruchsvoll. Er erweckt den Anschein, ein etabliertes Fachgebiet weist sich
in abgeklärten Artikeln aus. Die differenzierte Praxis, die unterschiedlichen Interessen der Träger und Organisationen der Weiterbildung, sowie der geringe Grad der Verwissenschaftlichung lassen
dies noch nicht zu. Was ich leisten wollte, ist: *Problemgebiete*, die
Praktiker und Theoretiker der Weiterbildung in ihrer Tätigkeit
betreffen, zu diskutieren. Die Themen, die an einzelnen Grundbe-
griffen festgemacht sind, betreffen *begriffliche Differenzierungen,
bildungspolitische Aspekte, aktuelle Forschungsgebiete* sowie das
praktische Handeln im Bereich der Weiterbildung. Jedes Kapitel
des Buches kann unabhängig von der Reihenfolge für sich gelesen
werden.
Diese Arbeit stellt den Versuch dar, mein Einführungsbuch
»Grundlagen der Erwachsenenbildung« (Kohlhammer, 1979) fortzusetzen und einige ausgewählte Themen zu vertiefen. Ich habe
mich bemüht, etwaige Wiederholungen möglichst zu vermeiden.
Für einführende oder ergänzende Erläuterungen zu einzelnen Fragen verweise ich deshalb auf das genannte Buch. Als ein in Österreich ansässiger Autor nur wenig über die Weiterbildung in diesem
Land zu schreiben, wird rasch als Überheblichkeit ausgelegt. Das
ist es nicht. Ich finde, daß die Entwicklung der Erwachsenenbildung in Österreich einen anderen Stellenwert als in der Bundesrepublik Deutschland hat: es besteht eine fast strikte Trennung in
berufsbildende und allgemeinbildende Institutionen; der Staat
greift nur zögernd in die Entwicklung ein; die Verwissenschaftlichung schreitet sehr zaghaft voran; hauptamtliche Stellen sind
nicht besonders zahlreich; die Weiterbildungsplanung läuft äußerst
langsam an ... Vieles müßte deshalb für die österreichische Erwachsenenbildung eigens formuliert werden. Um aber einer Beschreibung zu entgehen, die nur als Anhängsel fungiert, noch dazu
unter Berufung auf deutsche Untersuchungen oder Diskussionen,
halte ich eine eigenständige Arbeit bezüglich der Situation in
Österreich für zweckmäßiger.
Auf Unterschiede der Begriffe »Weiterbildung«, »Erwachsenenbildung«, »Volksbildung« usw. gehe ich in einem Kapitel über die
Terminologie ein. Ansonsten werden die Bezeichnungen synonym
verwendet.
Gesamtgesellschaftliche Veränderungen wirken auch auf die Wei-

terbildung. Ich meine, daß sich in der Gegenwart die Erwachsenenbildung vor eine neue Situation, vor neue Ansprüche und
Erwartungen gestellt sieht. Dies macht sich in verschiedener Weise
bemerkbar:

1. Jahrelang hat man direkt und indirekt die Teilnahme an Weiterbildung mit dem Versprechen sozialer Sicherheit und der Chance
zu sozialem Aufstieg in Verbindung gebracht. Nun beginnt man,
wie im übrigen Bildungswesen, von der *Entkoppelung von Bildungsabschluß und adäquatem Arbeitsplatz* zu reden, weil in einer
Phase wirtschaftlicher Schwierigkeiten und Knappheit an Arbeitsplätzen nur mehr in begrenztem Maße soziale Sicherheit verspro-
chen werden kann. Zudem drängen Höherqualifizierte in Berufspositionen, die geringe Qualifikationen voraussetzen, und reduzieren dadurch allfällige Aufstiegschancen für Personen mit niederem
Qualifikationsniveau. Ein wesentliches Motiv zum Weiterlernen,
vor allem für Angehörige unterer sozialer Schichten, wird ersatzlos
beseitigt.

2. Weiterbildung wird stärker als je zuvor zu einem Instrument
staatlicher Politik. Durch Umschulung soll dem veränderten Arbeitskräftebedarf entsprochen, durch Angebot für Arbeitslose der
soziale Friede gewahrt, durch Finanzierung berufsorientierter
Fortbildung das Arbeitsvermögen erhalten und gesteigert werden.
Das Engagement staatlicher Institutionen drückt sich in gesetzlichen Maßnahmen, durch Finanzierung, in der Anstellung hauptberuflicher Mitarbeiter, in der Förderung einschlägiger wissenschaftlicher Studien und Projekte sowie in Plänen für die weitere Entwicklung der Erwachsenenbildung aus. Unter dem Hinweis auf die
gestiegene Bedeutung der Weiterbildung für die Gesellschaft setzt
öffentliche Verantwortung für und öffentliche Kontrolle der Weiterbildung ein.

3. Eine politische Bewegung scheint Raum zu gewinnen, die sich
in Form von *Bürgerinitiativen* bürokratischen Entscheidungen wi-
dersetzt. Es handelt sich um Anstrengungen von Staatsbürgern,
gesellschaftliche Angelegenheiten in größerem Ausmaß als bisher
mitzuentscheiden. Fragen der Lebensqualität und der Lebensgestaltung rücken dabei in den Vordergrund. Der Wunsch und der
Wille, Verantwortung mitzutragen, andere Mitmenschen auf Ge-
fahren aufmerksam zu machen sowie bei allen Beteiligten und
Betroffenen Lernprozesse anzuregen, prägt diese Initiativen. Von
Institutionen der Weiterbildung wird ein Bereitstellen der Hilfs-
mittel erwartet, damit die Selbstorganisation der Bürger gelingt.

4. Neben dem Wunsch nach politischer Beteiligung vergrößert
sich der Bedarf nach Lebenshilfe, Beratung und Erörterung von

Lebenssinn. *Alternativen zur Lebensführung* und *Hilfe bei der Bewältigung von Lebensproblemen* erwarten die Teilnehmer von der Weiterbildung. Der Vorwurf an die Jugend, zuwenig Sinn für traditionelle Werte zu zeigen, kommt von einer Generation, die selbst im materiellen Wohlstand befangen ist. Die kritische Betrachtung der eigenen Vergangenheit, eine Überprüfung des bisherigen Lebensweges und die Reflexion des Erreichten sind Voraussetzung für selbstverantwortete Gestaltung der Zukunft. Wer derartige Bildungsprozesse anregt und unterstützt, leistet politische Arbeit. Gerade in einer Zeit, in der die Grenzen materieller Sicherheit deutlich werden, brauchen die Erwachsenen die Auseinandersetzung mit Fragen, wie das Leben sinnvoll zu bewältigen ist, ohne in die Knechtschaft der Verhältnisse zu geraten.

In der Diskussion um die Aufgabe der Weiterbildung fühle ich mich einer Position näher, die Erwachsenenbildung – ähnlich wie Sozialarbeit – der *Lösung von Lebensproblemen* der Menschen gewidmet sieht. Diese Zielsetzung halte ich in unserer gesellschaftlichen Situation für wichtiger als zweckmäßigen Kenntniserwerb ohne kritische Auseinandersetzung. Freilich ist heutzutage das Lernen vorgegebener Inhalte in vielen Fällen Voraussetzung für die Erhaltung des Arbeitsplatzes und damit entscheidend für materielle Sicherheit. Die Not des Faktischen kann ich aber nur bedingt akzeptieren. Die Teilnahme an Weiterbildung beinhaltet auch ein Stück Hoffnung, daß die gesellschaftlichen Verhältnisse, die Lebensbedingungen und die persönliche Situation durch menschliches Handeln beeinflußbar und veränderbar sind. Weiterbildung zu betreiben, bedeutet, noch zu suchen und noch zu hoffen. Diese offene Haltung berechtigt zur Kritik am Bestehenden, auch wenn der Entwurf einer Alternative nur als Erwartung und nicht sehr konkret formuliert werden kann.
Weiterlernen als Suche und als Überwinden eines Defizits läßt die Identität des Lernenden nicht unberührt. Der Lernprozeß, in dem Erfolg und Scheitern, Freude und Zweifel, Leichtigkeit der Aneignung und Unsicherheit über die eigenen Fähigkeiten erfahren wird, macht dem Erwachsenen klar, wie unstabil, wie abhängig seine emotionale Verfassung ist. Er erfährt sich als unfertig, als noch nicht angekommen. Weiterlernen verdeutlicht Leben als Prozeß, der dauernde Anstrengung erfordert, weil sich das Ziel als bleibendes Ergebnis immer wieder entzieht. Diese permanente Suchbewegung erlaubt Kritik als Negation des Bestehenden, als Fragen nach neuen Lebensformen. Diesen ist nachzugehen; aber nicht im Sinne des Erreichbaren, des endgültigen Ankommens sondern mit der

Bereitschaft zu erneutem Aufbruch mit wenig Sicherheit über die einzuschlagende Richtung. Wir suchen den Weg im Gehen.

Aus dieser Perspektive wird Weiterbildung zu einem notwendigen Bestandteil der menschlichen Existenz, um die Reflexion über Handlungsvollzüge und über die sich verändernden Bedingungen des Handelns durchzuführen. Organisierte Weiterbildung hilft – über den individuellen Reflexionsprozeß hinaus – diese Auseinandersetzung mit sich und anderen zu führen. Erwachsenenbildung mit diesem Aufgabenverständnis hat *aufklärende* Funktion: Sie regt den Erwachsenen an, seine Lebenssituation zu erhellen, seine Bedürfnisse zu äußern, Handlungen vorzubereiten und Konsequenzen zu überlegen. Weiterbildung nimmt dem einzelnen das Handeln nicht ab. Sie macht aber den Erwachsenen darauf aufmerksam, daß mit ihm gehandelt wird, wenn er nicht handelt.

Frau Bidowetz und Frau Gaggl halfen mir, ein lesbares Manuskript herzustellen. Meiner Frau und meinen beiden Töchtern danke ich für Geduld und Geborgenheit.

Klagenfurt, im Sommer 1981   *Werner Lenz*

1. Terminologie

Begriffe sollen helfen, Klarheit zu bringen, Abgrenzungen zu schaffen, Unterschiede hervorzuheben. Sie spiegeln die Erkenntnis und Betrachtungsweisen von Sachverhalten. Mit geänderter Einsicht und wechselnden Standpunkten verändern sich auch die Begriffe, lösen einander ab oder existieren eine Zeitlang nebeneinander.

Im Bereich, der sich mit organisiertem Lehren und Lernen befaßt, gibt es zur Zeit eine Zahl von Umschreibungen, die relativ gleichwertig verwendet werden. *Erwachsenenbildung* und *Weiterbildung* sind als dominierende Begriffe, die oft synonym gebraucht werden, anzusehen. Der traditionelle Begriff *Volksbildung* findet heute kaum mehr Verwendung. *Arbeiterbildung* ist gemäß der eher geringen Aufmerksamkeit, die diese Bevölkerungsgruppe zugewendet bekommt, eher selten und dann nur bei Interessenvertretungen oder engagierten Vertretern dieser sozialen Gruppe in Gebrauch. Besonders dem emanzipatorischen Anliegen der Weiterbildung verpflichtet sind Bewegungen wie *»stadtteilnahe Erwachsenenbildung«* und *»community development«* in den Industrieländern oder die *»educación liberadora«* in lateinamerikanischen Ländern. Starken Einfluß hat die internationale Terminologie mit den Bezeichnungen *»recurrent education«* oder *»permanent education«* gewonnen (vgl. die längeren Ausführungen zu internationalen Bezeichnungen von Weiterbildung bei Pöggeler, 1974, S. 20 ff.; Jourdan, 1978).

Die verschiedenen Bezeichnungen markieren nicht eine Unsicherheit derer, die für das Weiterlernen Erwachsener passende Bezeichnungen suchen. Die Vielzahl der Begriffe ist Ausdruck eines historischen Wandels und des Versuchs, der wechselnden gesellschaftlichen Bedeutung des Lernens Erwachsener durch neue Bezeichnungen gerecht zu werden. Außerdem sollen originelle terminologische Schöpfungen neue Bildungskonzeptionen kennzeichnen.

1.1 Volksbildung

Dieser Begriff steht am Anfang der Bemühungen, systematisches Lernen für Erwachsene anzubieten. Es ist zu berücksichtigen, daß der Ausdruck Volksbildung, wenn man erwachsene Lerner meint, eine Einengung erfahren hat: Volksbildung bezeichnete im

19. Jahrhundert alle Bildungsangebote für das »Volk« – nicht nur für Erwachsene sondern auch für Kinder und Jugendliche. Speziell auf Lernanstrengungen Erwachsener wurde der Begriff »Volksbildung« nach Balser (1959, S. 111) erst ab Mitte des vorigen Jahrhunderts bezogen. Balser hat in ihrer Studie über die Anfänge der Erwachsenenbildung in Deutschland die unterschiedlichen Bedeutungen des Wortes »Volk« im vorigen Jahrhundert herausgearbeitet:

– Volk als Bezeichnung für eine Gruppe von Menschen, deren Geschichte und Sprache gleich sind;
– Volk im Sinne der Romantik, die kräftespendende Werte durch das Volkstum betont;
– Volk als Bezeichnung für den gemeinen Pöbel;
– Volk als Charakterisierung der niederen Klassen, Schichten oder Stände in Abhebung von den gehobenen Ständen;
– Volk als der Teil der Nation, der politisch rechtlos und ohne Einfluß auf politische Entscheidungen existiert;
– Volk als diejenigen Teile der Bevölkerung, die politischen Einfluß zu erringen versuchen – nach Bürgertum und Handwerker vor allem die Arbeiter.

Für die Begriffsbestimmung ist auch die Quellensammlung von H. Dräger interessant. Er zeigt an Quellen, daß für die Volksbildung im Deutschland des 19. Jahrhunderts verschiedene Absichten und Motive in Frage kommen (Dräger, 1979, S. 26). Die Zuordnung der Dokumente läßt fünf schwerpunktmäßige Bereiche entstehen:

»1. Volksbildung als allgemeine und kulturelle Selbstbildung
 2. Berufsbezogene Volksbildung
 3. Volksbildung als Gemeinschaftsbildung
 4. Volksbildung als populäre Wissenschaft
 5. Volksbildung als Antwort auf die soziale Frage.«

Auch in der Gegenwart ist der Begriff Volk nicht eindeutig definiert. Aus der *Sicht der Soziologie* faßt Hartfiel (1972, S. 668) zusammen: Volk bezeichnet

– die Bevölkerung eines abgrenzbaren Kulturgebiets;
– eine ethnisch spezifische Einheit von Menschen;
– eine politische Kollektivpersönlichkeit, die sich als ideelle Einheit manifestiert;
– in demokratischen Verfassungen die Gesamtheit aller Staatsbürger;
– in Abgrenzung von den gesellschaftlichen Eliten und Oberschichten die große Zahl der »einfachen« Mitglieder einer Gesellschaft;
– im historisch-epochalen Sinn eine Form vornationaler Gemeinschaftsbildung;

– nach marxistischer Interpretation alle jene Klassen und Schichten der Gesellschaft, die daran interessiert und objektiv dazu fähig sind, den gesellschaftlichen Fortschritt zu verwirklichen (»Volksmassen«).

Hartfiel setzt fort: »Diese Unbestimmtheit der Begriffsbildung prädestiniert die Bezeichnung Volk für demagogisch, politisch zwiespältige Aussagen, Programme und Forderungen.« Das spricht eigentlich gegen die Reaktivierung dieses Begriffs in der Erwachsenenbildung.

Betrachtet man den Begriff »Volk« in Hinblick auf die gegenwärtige Demokratietheorie, so zeigt sich noch ein anderer Aspekt. Der demokratische Volksbegriff ». . . umfaßt alle dauernd in einem Territorium ansässigen, rechtlich mündigen Bürger. Eine kategoriale Diskriminierung von Bevölkerungsgruppen (aufgrund von Rasse, Religion, Geschlecht oder wirtschaftlich-sozialem Status) widerspricht dem demokratischen Volksbegriff oder schränkt ihn (wie z. B. in der Perikleischen Demokratie Athens) ein . . . Innerhalb des Volkes herrscht das rechtliche Gleichheitsprinzip in bezug auf die Teilnahme am politischen Willensbildungsprozeß« (Görlitz, 1973, 58 f.). Im Zusammenhang mit dem Problem der sozialen Gleichheit wird im selben Artikel darauf verwiesen, daß fehlende Bildung kein Grund sein darf, Mitglieder der Bevölkerung von der Möglichkeit, ihre eigenen Interessen zu erkennen, auszuschließen. Hiermit bekommt aber »Volks«-Bildung den Charakter politischer Bildung. Volksbildung in einer Demokratie hat die politische Intention, die Mitglieder des Staates zu befähigen, ihre Interessen (natürlich auch ihre Aufgaben und Pflichten) zu erkennen, zu artikulieren und dafür einzutreten.

Allerdings ist auch die Volksbildung der zweiten Hälfte des 19. Jahrhunderts nicht als unpolitische Angelegenheit zu verstehen. Sie war Reaktion auf gesellschaftliche Veränderungen und versuchte politisches Verhalten und Lebensformen zu beeinflussen (vgl. Dräger, 1975).

Zu Beginn des 20. Jahrhunderts kam es in der Volksbildung zu einer Erneuerungsbewegung (H. Nohl spricht sogar von einer pädagogischen Volksbewegung, 1963, S. 23 ff.). Einer der Hauptvertreter der »Neuen Richtung« definiert die Zielsetzung der Volksbildung: »Die neue Richtung bekennt sich darum zu einem Typ der Volkshochschularbeit, in der diese wenigen Menschen in gemeinsamer Arbeit mit geistigen Führern nicht Kenntnisse erwerben, sondern Erkenntnisse erarbeiten« (Erdberg in Henningsen, 1960, S. 56). Der politische Anspruch war die Herstellung einer »geistigen Einheit« sowie einer »wirklichen Volksgemeinschaft«.

Volksbildung bekam die Aufgabe der »Volks-Bildung« zugesprochen.

1.2 Arbeiterbildung

Der radikalere politische Anspruch und das unbedingte Engagement für gesellschaftlich Unterprivilegierte wurde in der Arbeiterbildung repräsentiert. Sie hatte zum Ziel, die Arbeiter zu befähigen, in der gesellschaftlichen Ordnung mit den anderen gesellschaftlichen Gruppen gleichberechtigt zu werden.

Arbeiterbildung integrierte politische Anstrengungen und Bildungsbemühungen, damit der vierte Stand politisch handlungsfähig gegen Unterdrückung und Ausbeutung, gegen soziale Not und gesellschaftliche Deklassierung wurde.

Mit A. Brock (1978, S. 11 ff.) lassen sich unter *historischem Aspekt* drei Positionen unterscheiden:
- die bürgerliche-liberale Arbeiterbildung
- die christliche Arbeiterbildung
- die proletarisch-sozialistische Arbeiterbildung.

Arbeiterbildung der letzten Position ist im 19. Jahrhundert nicht von der Arbeiterbewegung, vom Versuch politische Emanzipation zu erreichen, zu trennen. Bildung war insofern politisch, da sie immer zur Gestaltung und Veränderung gesellschaftlicher Zustände und Bedingungen beitragen wollte. Dieser Zielsetzung entsprechend standen in den Arbeiterbildungsvereinen in erster Linie soziale und Bildungsfragen im Zentrum der Arbeit. Sucht man eine Abgrenzung zur Volksbildung, so ergibt sich generalisierend gesehen: *Volksbildung,* mit ihrem bürgerlich-liberalen Charakter, bot Lernmöglichkeiten für aufstiegsorientierte Individualisten, *Arbeiterbildung* im sozialistischen Sinn vertrat das kollektive Aufstiegsideal der Arbeiterbewegung (vgl. Langewiesche, 1979, S. 455).

Für Brock sind die Hauptziele der Arbeiterbewegung des 19. Jahrhunderts, nämlich politische Handlungsfähigkeit und Vereinheitlichung der Arbeiterklasse herzustellen, noch nicht erreicht. Er bedauert, daß um die Jahrhundertwende nicht einer echten Massenbildung sondern einer »Funktionärs- oder Führerbildung« der Vorzug gegeben wurde. Damit setzte sich eine politische Denkweise durch, die die Probleme nicht durch die Arbeiter sondern durch eine Organisation gelöst wissen wollte. Arbeiterbildung im Sinne der Herstellung von Klassenbewußtsein, findet heute nur auf einer schmalen Ebene (vgl. Bergmann/Frank, 1977) statt. Die Entpolitisierung der Lernens Erwachsener wird am Beispiel Arbeiterbildung sehr deutlich. Parallel dazu verbreitet sich ein technokratisches Bildungsdenken, das Bildung als Mittel für persönlichen Aufstieg ansieht. »Der Gedanke der Bildung als gemeinsam zu erwerbende Kenntnisse, die eine bessere Welt für alle ermöglichen würden, ist verblaßt« (Rothschild, 1974, S. 543).

Die unterschiedlichen Intentionen, die sich mit dem Begriff Arbeiterbildung verbanden und verbinden, haben ihn zu einer sehr ungenauen Bezeichnung werden lassen (vgl. Brock, 1978, S. 21). »Bildungsarbeit der Gewerkschaft«, »berufliche Bildung«, »innerbetriebliche Bildung«, »arbeitsbezogene Erwachsenenbildung« lauten einige der verwendeten Umschreibungen. Abklärung der Interessen und Zielsetzungen sowie in der Folge eine begriffliche Klarstellung wäre auf diesem Sektor angebracht.

1.3 Erwachsenenbildung

Folgt man M. Starke (1970, S. 354), so kam der Begriff »Erwachsenenbildung« in Deutschland erst um 1920 durch die Übersetzung des englischen »adult education« in Gebrauch. W. Picht, ein Vertreter der »Neuen Richtung«, bevorzugte diesen Begriff, weil nicht mehr dem Kollektiv »Volk« sondern ». . . dem erwachsenen Menschen in seiner konkreten geistigen Situation« geholfen wird. Diese Individualisierung – auch ausgedrückt durch den Begriff »intensive Volksbildung« gegenüber dem traditionellen »extensiv« – bedeutet natürlich auch einen ideologischen Unterschied zum Versuch der kollektiven Veränderung der Klassenlage der sozialistischen Arbeiterbildung. Picht subsumiert unter Erwachsenenbildung ». . . jede organisierte Veranstaltung zur Befriedigung geistiger Bedürfnisse, die nicht der normalen Wissenschafts- und Kunstpflege sowie der sich ›an alle‹ wendenden unterhaltenden oder belehrenden Darbietung von ›Kulturgütern‹ zugehört und sich frei von weltanschaulicher oder politischer Bindung die Förderung der durch kulturelle Krisenerscheinungen erschwerten oder gestörten lebensnahen und bildungswirksamen Beziehungen zwischen Volk und Geist zum Ziel setzt« (Picht, 1950, S. 30).

In der Bundesrepublik Deutschland löste nach 1945 »Erwachsenenbildung« den Begriff »Volksbildung« ab. Bei Pöggeler (1974, S. 20 ff.) finden sich einige Beispiele, welche Bedeutungen in den Begriff gelegt wurden. So charakterisiert Raederscheidt (zit. nach Pöggeler, ebd., S. 21): »Der Begriff der Erwachsenenbildung umfaßt alle Wege und Mittel der Bildung und Erziehung, die nach der Zeit schulischer oder hochschulmäßiger Ausbildung einem Menschen zur Verfügung stehen. Erwachsenenbildung ist also derjenige Teil der Volksbildung, der unter ausdrücklicher Berücksichtigung der besonderen Möglichkeiten und Bedürfnisse des Erwachsenen diesem bei der Gestaltung seiner Persönlichkeit, seines Lebens, seiner Umwelt hilft.«

Im Begriff der Erwachsenenbildung schwingen, soweit er nach 1945 in Gebrauch kam, verschiedene Elemente mit: solche der humanistischen deutschen Bildungstradition, individualistische und aufklärerische. Im Sinne der letzteren wurde vom Deutschen Ausschuß für das Erziehungs- und Bildungswesen (1960, S. 20f.) Erwachsenenbildung definiert: »Gebildet im Sinne der Erwachsenenbildung wird jeder, der in der ständigen Bemühung lebt, sich selbst, die Gesellschaft und die Welt zu verstehen und diesem Verständnis gemäß zu handeln. Soweit es dabei um Einsicht und Verständnis, daß heißt um eine Erhellung des Bewußtseins geht, knüpft diese Definition der Bildung an einen der umstrittensten Bildungsbegriffe der europäischen Geistesgeschichte an: denn Erhellung des Bewußtseins ist nur ein anderer Name für das, was man früher Aufklärung nannte.«

Die Hauptaufgaben der Erwachsenenbildung lauten gemäß den Vorstellungen des Ausschusses:

– politische Bildung der Staatsbürger;
– sinnvolle Nutzung der Freizeit;
– Bewältigung der Anforderungen der modernen Gesellschaft.

Für den *österreichischen Sprachgebrauch* gelten für die Ablösung der Begriffe andere zeitliche Epochen. Meiner Ansicht nach werden die Begriffe »Volksbildung« und »Volksbildungswesen« erst seit Anfang der siebziger Jahre nicht mehr verwendet. Offizielles Signal ist das »Bundesgesetz vom 21. März 1973 über die Förderung der Erwachsenenbildung und des Volksbüchereiwesens aus Bundesmitteln, BGBl. Nr. 171«. 1973 schließen sich auch die größten Institutionen zur »Konferenz der Erwachsenenbildung Österreichs (KEBÖ)« zusammen. Berufsorientierte Institutionen akzeptieren damit den Oberbegriff Erwachsenenbildung. Dem ministeriellen Sprachgebrauch folgend, werden die Dienststellen der »Bundesstaatlichen Volksbildungsreferenten« in den Bundesländern in »Bundesstaatliche Förderungsstellen für Erwachsenenbildung« umbenannt.

Der Beginn der siebziger Jahre war aber für die österreichische Erwachsenenbildung nicht nur eine Zeit der veränderten Nomenklatur, sondern auch eine der neuen Perspektiven und Vorschläge. In einem Arbeitspapier für die Dritte Internationale Konferenz der UNESCO über Erwachsenenbildung (Tokio 1972) wurden folgen-

de Maßnahmen für notwendig erachtet (vgl. Altenhuber 1975, S. 252 ff.):
– Anerkennung der Erwachsenenbildung als gleichberechtigter Teil des gesamten Bildungswesens;
– Intensivierung von Bildungsinformation, Bildungsberatung und Bildungswerbung;
– verbesserte finanzielle Förderung der Erwachsenenbildung durch Bund, Länder und Gemeinden;
– Ausbau der Erwachsenenbildung nach dem Baukastenprinzip und Ausbau des Zertifikatswesens;
– stärkere Kooperation der Verbände und Institutionen der Erwachsenenbildung;
– Förderung der Professionalisierung;
– wissenschaftliche Erforschung der Erwachsenenbildung;
– Integration des Fernunterrichts in das Bildungssystem.

1.4 Weiterbildung

Die sechziger Jahre waren für die Expansion des Bildungswesens der europäischen Staaten von großer Bedeutung. Die Einschätzung von Bildung und Ausbildung als Faktoren wirtschaftlicher Prosperität und Bedingungen der Konkurrenzfähigkeit, beeinflußte alle Bildungsbereiche. Umstrukturierungen auf dem Arbeitsmarkt, neue Qualifikationsanforderungen, die These vom »Bürgerrecht auf Bildung« sowie das Erfordernis der Demokratie nach politisch gebildeten Staatsbürgern führten – in unterschiedlicher Gewichtung – zur Forderung nach Weiterbildung für alle. Weiterbildungsmaßnahmen wurden zudem mit dem Flair des sozialen Aufstiegs umgeben. Individuelle Lernanstrengung galt als Garantie für sozialen Aufstieg. Der neuen Situation für die Erwachsenenbildung wurde in der Bundesrepublik Deutschland vom Deutschen Bildungsrat im Strukturplan (1970) und von der Bund-Länder-Kommission im Bildungsgesamtplan (1973) Rechnung getragen. Äußeres Zeichen für die veränderte Bedeutung des Lernens Erwachsener war die Verwendung des Oberbegriffs »Weiterbildung«. Im Strukturplan wird davon ausgegangen, daß Weiterbildung – als orientierendes Prinzip und nicht als beherrschender Lebensinhalt – eine notwendige Ergänzung aller Erstausbildung ist. Damit wird ». . . ein gesamtgesellschaftliches Interesse an einer allseitigen ständigen Weiterbildung einer möglichst großen Anzahl von Menschen unterstellt . . ., das ähnlich stark ist wie das gesellschaftliche Interesse an der Schulbildung für alle« (Deutscher Bildungsrat,

1970, S. 199). Definitorisch heißt es: »Weiterbildung als Fortsetzung oder Wiederaufnahme früheren organisierten Lernens bildet mit vorschulischen und schulischen Lernprozessen ein zusammenhängendes Ganzes. Weiterbildung umfaßt Fortbildung, Umschulung und Erwachsenenbildung. Sie ergänzt die herkömmlichen geschlossenen Bildungsgänge und setzt sie unter nachschulischen Bedingungen fort« (ebd., S. 51).

Für die *österreichische Situation* trifft der mit Weiterbildung umschriebene Trend der Bundesrepublik Deutschland nicht in gleicher Weise zu. Durch die institutionelle Trennung von berufsorientierter und allgemeiner Erwachsenenbildung war eine »realistische Wende« nicht so stark in der Diskussion. Natürlich gab es Ende der sechziger Jahre und zu Beginn der siebziger Jahre spezielle Förderung der beruflichen und der allgemeinen Fortbildung (z. B. durch das Arbeitsmarktförderungsgesetz 1969, durch Anhebung der staatlichen Förderungsmittel 1972 oder durch das Erwachsenenbildungsförderungsgesetz 1973). Erwachsenenbildung unterliegt aber (ähnlich wie im Ausland) den ökonomischen Veränderungen und Bedingungen. Mit zunehmender Arbeitsplatzknappheit wird Weiterbildung nicht mehr als Garantie für soziale Sicherheit und sozialen Aufstieg angeboten. Darüber hinaus soll auch die durch einige Jahre den lernwilligen Interessenten angepriesene Vorstellung, daß Weiterbildung den Weg zu einem besseren Arbeitsplatz erleichtere, wieder genommen werden. Die Trennung von Bildungsmotivation und Statusdenken, die Entflechtung von Berechtigung und Bildungsniveau wird angezielt. Und so empfehlen Kowar/Piscaty (1978, S. 649), ». . . eine Weiterbildungsmotivation möglichst vom Wunsch nach (beruflichem) Aufstieg zu lösen bzw. dem Teilnehmer klarzumachen, daß Weiterbildung zwar seine individuellen Startchancen naturgemäß erhöht, keineswegs aber die Garantie für eine berufliche Besserstellung beinhaltet.«

Trotz veränderter bildungspolitischer Situation halte ich es aber *nicht* für notwendig, in Österreich einen *neuen* Leitbegriff zu prägen. Insbesondere weil der Begriff »Erwachsenenbildung« noch nicht einmal seit einem Jahrzehnt im offiziellen Sprachgebrauch verwendet wird. Ich halte es für sinnvoll, die Ausdrücke Erwachsenenbildung, Weiterbildung, Fortbildung und ähnliche synonym zu verwenden, bei offiziellen Aussagen, Gesetzen, Verordnungen etc. aber bei einem Oberbegriff zu bleiben.

A. Vulpius, Referent für Weiterbildung im Bundesministerium für Bildung und Wissenschaft, fordert für die Bundesrepublik Deutschland die einheitliche Verwendung des Terminus »Weiterbildung«. Er begründet dies mit dem Gebrauch des Begriffs in verschiedenen neueren Ländergesetzen (Nordrhein-Westfalen, Bremen, Rheinland-Pfalz, Baden-Württemberg). Außerdem haben Bund und Länder sich im Rahmen des Bildungsgesamtplanes für die Bezeichnung Weiterbildung entschieden. Schließlich führt Vulpius an, daß die neueren internationalen Kulturabkommen und die amtliche Übersetzung der UNESCO-Empfehlungen den Begriff Weiterbildung verwenden.

Vulpius hält es für notwendig, einen einheitlichen Begriff zu gebrauchen, um in der Gesetzgebung innere Folgerichtigkeit zu gewährleisten. Er erwartet sich durch konsequenten Einsatz des Begriffs Weiterbildung bei künftigen gesetzlichen Regelungen die Durchsetzung eines allgemein akzeptierten Oberbegriffs.

Die Gründe für die Wahl von »Weiterbildung« durch den Deutschen Bildungsrat erläutert Vulpius (1979, S. 67) folgendermaßen:

- Weiterbildung integriert den Zweiten Bildungsweg und Bildungsmaßnahmen der Wirtschaft;
- Weiterbildung geht über Lernprozesse für Erwachsene hinaus und schließt Jugendliche und Studenten ein;
- Weiterbildung bezieht auch Institutionen ein, die traditionell nicht mit dem Weiterlernen Erwachsener in Verbindung gebracht wurden (z. B. Betrieb, Museum, Hochschule).

Versteht man »Weiterbildung« als eine Etikette für eine bildungspolitische Epoche, so sind, meine ich, folgende *Charakteristika* zu nennen:

- Versuch die Weiterbildung als vierten, gleichberechtigten Teil des Bildungswesens zu etablieren;
- rechtliche Festlegungen;
- finanzielle und personelle Förderungsmaßnahmen;
- öffentliches, staatliches Interesse an der Weiterbildung;
- Diskussion des gesellschaftlichen Stellenwerts und der Legitimationsfrage;
- Erstellung von Plänen und Programmen für ein bedarfsdeckendes Angebot;
- Betonung der berufsorientierten Weiterbildung;
- Instrumentalisierung von Bildungsmaßnahmen;
- Kooperation mit Massenmedien;
- Verwissenschaftlichung;
- Professionalisierung;
- Diskussion didaktisch-methodischer Probleme;
- Versuche zur Integration beruflicher, allgemeiner und politischer Bildung.

Die tatsächliche Realisierung der verschiedenen Programmpunkte kam aber nicht im projektierten Ausmaß zustande. Dies nicht zuletzt durch die wirtschaftliche Rezession, die ab Mitte der siebziger Jahre die Hoffnungen mancher Bildungsplaner zerschlug.

Überblickt man den Wandel, der von der Volksbildung zur Weiterbildung vor sich gegangen ist, so scheint – sehr grob gesehen – aus einer Emanzipationsbewegung des 19. Jahrhunderts ein Instrument der berufsorientierten Anpassung und des hobbymäßigen Wissenserwerbs geworden zu sein. Zumindest programmatisch, ist einschränkend festzuhalten, wurde aber der Anspruch auf Chancengleichheit und Befähigung zur individuellen und kollektiven Selbstbestimmung nicht aufgegeben.

H. Tietgens kritisiert bezüglich Weiterbildung an der Bildungspolitik der sechziger und siebziger Jahre, daß sie zu sehr mit den ökonomischen Erfordernissen gekoppelt war. »Das Dilemma besteht darin, daß das Zielrepertoire der Reformen trotz aller gegensteuernden Versuche zu sehr unter dem Aspekt einer Koppelung von Bildungssystem und Beschäftigungssystem angeboten worden ist« (Tietgens 1979, S. 38). Allerdings nützt hier kein Bedauern – das ist die Logik unseres Gesellschaftssystems! Mit der gestiegenen Wertschätzung der Ausbildung für wirtschaftlichen Erfolg versuchte man die Adressaten für Weiterbildung zu motivieren. Diese Tendenz negativ beurteilend stellt Tietgens fest, daß im Bildungsgesamtplan ». . . die karrierebewußte Lebensplanung der fast alleinige Orientierungsgesichtspunkt« (ebd. S. 39) wurde.

Gerade in der neuen wirtschaftlichen Situation verliert Weiterbildung, deren Hauptargument auf sozialer Sicherheit und sozialem Aufstieg beruhte, ihre Legitimationsbasis (vgl. de Sotelo, 1978).

Ist aber nun der Begriff Weiterbildung gerade mit diesen Vorstellungen (sozialer Aufstieg, individuelles Weiterkommen) besetzt, stellt sich die Frage, ob nun nicht wieder ein neuer Begriff für das Weiterlernen Erwachsener angebracht erscheint? Auffällig ist nämlich, daß die Diskussion um eine neue Legitimationsbasis verstärkt geführt wird. Diesmal nicht gesellschaftspolitisch oder ökonomisch, sondern anthropologisch orientiert (vgl. Senzky, 1979).

Eine Renaissance der pädagogischen Anthropologie wäre und ist in diesen Zeiten das Eingeständnis, die politischen Implikationen der Erwachsenenbildung nicht nur aufgegeben, sondern auch verloren zu haben. Ein Stück Resignation mehr – diesmal auf dem Gebiet der Weiterbildung. Andererseits existieren sehr realistische Versuche, das politische Element, die aufklärende Intention der Erwachsenenbildung zu bewahren. Anhand der beiden Begriffe „stadtteilnahe Erwachsenenbildung« und »educación liberadora« soll dies gezeigt werden.

1.5 Stadtteilnahe Erwachsenenbildung –
Community Development

Stadtteilnahe Erwachsenenbildung stellt eine *Alternative* zur bisherigen Erwachsenenbildung dar. Diese konnte die Arbeiter in ihrer Alltagssituation nicht erreichen. Deshalb wird für Bildungsmaßnahmen plädiert, die sich aus der Alltagssituation der Lohnarbeiter ergeben und helfen, diese Alltagssituation zu verändern. Bildungsbarrieren der Lohnarbeiter sieht Lutz von Werder (1980, S. 47 ff.) wegen des individualistisch, privatistisch und utilitaristisch geprägten Alltagsbewußtseins, aufgrund dessen die eigene soziale Lage durch persönliches Versagen erklärt wird, gegeben. Dieses Alltagsbewußtsein soll durch *emanzipatorische Bildungsprozesse* überwunden werden. (Zur detaillierten Zielsetzung vgl. Abschnitt 2.5 Alltägliche Erwachsenenbildung.)

Am Beispiel eines Projekts in Liverpool (Educational Priority Area = EPA) beschreibt T. Lovett (1975) die Absichten des »*community development*«. Er nennt folgende Hauptziele (vgl. ebd., S. 49 ff.):

– Aktivitäten unterstützen, damit die Betroffenen in den Angelegenheiten, die ihren Alltag betreffen, eine positive Rolle spielen können;

– Die Beziehungen in der Gemeinschaft verstärken und die Möglichkeiten der Kommunikation und des Zusammenwirkens erweitern;

– über die Beziehungen der Menschen untereinander nachdenken sowie ihre Zufriedenheit mit den Bildungsmöglichkeiten erkunden.

Gerade die Verbindung zur Sozialarbeit zeigt auf, daß viele Probleme, die im Gemeinwesen erkennbar werden, in der gesamtgesellschaftlichen Struktur verzweigt sind und deshalb unmittelbar gar nicht zu lösen sind. Wichtige Absicht ist es aber, das Erkennen der Probleme zu fördern und Lösungsversuche zu überlegen. Für das Projekt in Liverpool gibt Lovett (1975, S. 52 f.) drei Ebenen an, auf denen Tätigkeiten im Rahmen des »community development process« durchgeführt wurden:

– *soziale Aktionen und Selbsthilfegruppen*, wobei der spezielle Beitrag der Erwachsenenbildung erst festgelegt werden mußte;

– *Diskussionen und Gruppenarbeit* – einige Gruppen waren bereits aktiv (z. B. mit therapeutischer Aufgabe), einige kamen erst durch Anregung der Initiatoren zustande;

– *Kultur- und Kommunikationsarbeit*, die sich auf die soziale Lage der Betroffenen bezog und zur kritischen Analyse der Lebenssituation anregte; auf die bestehende soziale Realität und die Möglichkeit, sie zu verändern, wurde eingegangen.

»Community development« erhebt nicht den Anspruch, Probleme der Arbeitslosigkeit, der Armut oder der sozialen Ungleichheit zu lösen. Zumindest aber soll, durch vermehrte und verbesserte Angebote im Rahmen der Bildungsarbeit, kritische Auseinandersetzung mit der unmittelbaren Lebenssituation und ihren Bedingungen angeregt werden.

Im europäischen Sprachraum wird mit den Ausdrücken »community work«, »community education« oder »Gemeinwesenarbeit« Unterstützung von Eigeninitiativen im räumlich überschaubaren Gemeinwesen durch Bildungsmaßnahmen charakterisiert. Blaschek (1978, S. 94) spricht von der ». . . Summe der Aktivitäten im sozialen, kulturellen, Erholungs- und Bildungsbereich, die außerhalb des formalen Schulsystems für Personen aller Altersgruppen organisiert werden und darauf abzielen, die Lebensqualität des Gemeinwesens zu verbessern.«

1.6 Befreiende Erziehung

Die befreiende Erziehung (educación popular oder liberadora) entstand aus der politischen und ökonomischen Situation Südamerikas. Diese Bildungsarbeit fußt ». . . auf der Vorstellung von einer Erziehung und Bildung, die die lateinamerikanischen Volksmassen unter höchstmöglicher Realisierung der individuellen Persönlichkeit zu solidarischem Handeln und aktiver Beteiligung bei der Beseitigung der sie bisher unterdrückenden sozio-ökonomischen und kulturellen Lebensbedingungen bringen soll« (Stückrath-Taubert, 1975, S. 9).

Konkrete *Tätigkeitsbereiche* und *Aufgaben* sind:
– Bewußtseinsbildung,
– Alphabetisierung,
– Weiterbildung in Verbindung mit beruflicher Tätigkeit,
– Jugendarbeit in Hinblick auf Schule und Kommune,
– Gemeinwesenarbeit,
– politische Organisation.

Wo diese Bildung auf Befreiung des Volkes und Veränderung der Verhältnisse zielt, hat sie ein *revolutionäres Selbstverständnis*. Der radikale politische Anspruch manifestiert sich in der Einstellung, wer nicht für uns ist, ist gegen uns (vgl. Freire 1973).

In der Absicht, unterdrückte Menschen aus ihrer Lage zu befreien, zeigen sich Parallelen zur proletarisch-sozialistischen Arbeiterbildung.

In den fünfziger und sechziger Jahren begann sich in der Diskussion um eine Ausweitung der Bildungsmaßnahmen (hauptsächlich wegen der Expansion der höheren Bildung) ein neues Argument durchzusetzen. Neben der humanistischen Begründung wurde lebenslange Bildung vor allem aus *ökonomischen und politischen Ursachen* für notwendig erachtet. Ökonomisch unter dem Hinweis, daß für Industrienationen zur Aufrechterhaltung des wirtschaftlichen Reichtums und der Konkurrenzfähigkeit ein größerer out-put an Personen mit höherem Bildungsabschluß wichtig sei. Unter politischem Gesichtspunkt wurde in Hinblick auf die zu erreichende Chancengleichheit das »Bürgerrecht auf Bildung« postuliert und zugleich darauf hingewiesen, daß die Demokratie gebildete, mündige, sich selbst bestimmende Staatsbürger brauche. Als Begründung für die Erweiterung des Zugangs zur Bildung, zur Ausdehnung der ersten Bildungsphase und zur Etablierung von Bildung als lebensbegleitende Maßnahme, sollen einige Aspekte zusammengefaßt werden (vgl. Lengrand, 1972):

– der beschleunigte Wandel der Grundgegebenheiten in unserer Welt bringt nicht nur zwischen den Generationen sondern bereits innerhalb der Generationen (durch den Besuch unterschiedlicher Schultypen etwa) beträchtliche Unterschiede im Wissen mit sich;

– Bildungsmaßnahmen werden sich überall dort besonders auf das Erwachsenenalter erstrecken, wo die schulische Versorgung in Kindheit und Jugend nicht ausreichend gegeben ist – das gilt in Industrieländern regional, besonders aber in der Dritten Welt;

– der Fortschritt in den Naturwissenschaften beeinflußt laufend die Produktionsweisen und damit die Qualifikationsanforderungen an die Berufstätigen;

– für die Erhaltung der Demokratie ist es notwendig, daß die Staatsbürger für politische, soziale, wirtschaftliche und kulturelle Angelegenheiten lernbereit und aufgeschlossen bleiben;

– die zunehmende Bedeutung der Medien macht das Verarbeiten von Informationen immer wichtiger;

– die steigende Freizeit und die Lebensverhältnisse, die eine längere Lebenszeit und bessere Lebensqualität mit sich bringen, lassen Bildungsmaßnahmen auch zu einem Angebot werden, das den Erwartungen verschiedener Gruppen der Bevölkerung entspricht; gerade für ältere Menschen ist es Erfüllung eines Lebenswunsches, wenn sie im Alter noch weiterlernen können;

– die Entwicklung der Gesellschaft bringt auch Krisen für das

Zusammenleben und für die Gestaltung des eigenen Lebens (z. B. Verlust traditioneller Wertvorstellungen oder Leitbilder ohne Ersatz); die Einstellung zur eigenen Existenz, das Verhältnis zur Umwelt oder die Stellung des Menschen in der Welt sind heute Herausforderungen für dauernde Auseinandersetzung.

Konzepte des lebenslangen Lernens wurden vorwiegend von internationalen Vereinigungen forciert (Council of Europe 1970, 1972). 1970, im »Internationalen Jahr der Erziehung« förderte die UNESCO das Vorhaben einer »lifelong integrated education«. 1973 veröffentlichte die OECD den Bericht: »Recurrent Education. A Strategy for Lifelong Learning.« Dieser Vorschlag, Phasen der Berufstätigkeit und der Weiterbildung alternierend anzubieten, ist als Versuch zu verstehen, dem Prinzip des lebenslangen Lernens eine Möglichkeit zur Realisierung zu schaffen. Gleichzeitig wendet sich dieses Modell gegen eine weitere Expansion des herkömmlichen Bildungssystems, von der man sich keine Verbesserung erwartet.

Recurrent Education – als deutsche Synonyme werden Ausbildung und Praxis im periodischen Wechsel, alternierende Weiterbildung oder auch rekurrente Bildung verwendet – wurde wie folgt definiert: »Dieses Konzept will einen konkreten Rahmen darstellen, innerhalb dessen ein großer Teil lebenslanger Bildung und Erziehung des einzelnen stattfinden kann. Vom Konzept der ›ständigen Weiterbildung‹ unterscheidet es sich dadurch, daß für die Definition ein Wechsel zwischen Bildung und anderen Aktivitäten von zentraler Bedeutung ist« (OECD, 1973, S. 8).

Recurrent Education ist aber nicht als kurzfristig verwirklichbare Alternativstrategie zum bestehenden Bildungswesen zu verstehen, sondern gilt als Strategie langfristiger Planung, die auf totale Systemveränderung abzielt. Insofern berührt dieses Konzept nicht nur die Erwachsenenbildung, sondern auch vorschulische, schulische und außerschulische Bildungsbestrebungen. Charakteristisch ist die schon erwähnte Verteilung der Ausbildung über die ganze Lebenszeit des einzelnen, wobei Ausbildung mit Phasen der Berufstätigkeit oder des Ruhestandes wechselt. Damit stellt Recurrent Education eine Alternative zur traditionellen Ausbildung, die sich im wesentlichen auf die Jugendzeit erstreckt, dar. Außerdem ist sie, durch Perioden organisierten Lernens während des ganzen Lebens, dem Prinzip des lebenslangen Lernens verpflichtet. Die Autoren des OECD-Berichts erhoffen sich durch die Kontinuität des Lernens »eine gegenseitige Befruchtung und Bereicherung zwischen der in den Ausbildungsphasen gewonnenen strukturierten Lernerfahrung und der unstrukturierten Lernerfahrung aus anderen Bereichen sozialer Aktivität« (ebd., S. 22). Als weiterer Gesichtspunkt der Recurrent Education wird angeführt, daß dadurch auch eine Alternative zu den bislang relativ beziehungslos nebeneinander bestehenden Formen der Weiterbildung, wie postsekundäres Bildungswesen, berufsbegleitende Aus- und Weiterbildung sowie Erwachsenenbildung im engeren Sinn – traditionell mit allgemeinbildend umschrieben – geschaffen wird. Als Grundprinzipien, die in einem System des periodischen Wechsels von Ausbildung und Praxis zu berücksichtigen sind, werden im OECD-Bericht genannt (vgl. ebd., S. 28):

– die letzten Jahre der Pflichtschulzeit sind so zu gestalten, daß den Schülern eine echte Alternative zwischen Weiterlernen und Berufsarbeit offensteht;

– der Besuch weiterführender Ausbildung nach der Pflichtschule sollte jederzeit garantiert sein;

– wesentliches Element einer neuen Bildungskonzeption ist es zu ermöglichen, daß jede Laufbahn künftig im Wechsel von Ausbildung und Praxis beschritten werden kann;

– Curricula sind in Kooperation mit den diversen Beteiligten zu entwickeln, um die unterschiedlichen Interessen und Motive berücksichtigen zu können;

– Zeugnisse und Graduierungen sind nicht mehr als Endergebnisse, sondern als »Wegweiser« im Prozeß lebenslanger Weiterbildung einzuschätzen;

– auf gesetzlicher Basis ist jedem einzelnen das Recht zu sichern, periodisch Ausbildungsphasen durchlaufen zu können, ohne ein Risiko in Hinblick auf berufliche und soziale Sicherheit einzugehen.

Hinter diesen Vorschlägen steht die schon genannte bildungspolitische Überzeugung: *es wird die Effizienz des derzeitigen Erziehungs- und Bildungswesens für ungenügend erachtet und vermutet, daß eine weitere Expansion des Bildungssystems keine Verbesserung bringt.*

An drei erziehungspolitischen Hauptzielen, nämlich individuelle Entwicklung, Chancengleichheit und Wechselspiel zwischen Bildung und Gesellschaft, stellt der OECD-Bericht die Vorteile von Recurrent Education gegenüber dem traditionellen Bildungswesen dar. In Hinblick auf individuelle Entwicklung gilt als Leitprinzip der Recurrent Education, daß die Lernprozesse in Eigenverantwortung des einzelnen aktiviert und kontrolliert werden. Vom Wechsel zwischen Ausbildung und Praxis, von der Chance, Erfahrungen im Beruf zu machen, wird besonderer Lernanreiz erwartet. Chancengleichheit im Bildungswesen ist auf zwei Ebenen herzustellen: einmal ist das Bildungsgefälle zwischen den Generationen, zum anderen die bildungsmäßige Ungleichheit innerhalb einer einzigen Generation auszuräumen. Gerade alternierende Weiterbildung soll im Vergleich zum bestehenden Bildungswesen besser geeignet sein, Gleichheit der Bildungschancen herzustellen und dadurch auch einen entscheidenden Beitrag für soziale Gleichberechtigung zu leisten. Unter Berücksichtigung des Arbeitsmarktes schließlich will Recurrent Education den sich rasch wandelnden Qualifikationsanforderungen entsprechen. Wegen der Schwierigkeit, genaue Vorhersagen über die Bedürfnisse des Arbeitsmarktes zu treffen, will Recurrent Education zur beruflichen Flexibilität beitragen, worunter Fähigkeit zu Umstellungen, Wendigkeit, Beweglichkeit, Einschätzungsvermögen der eigenen Kompetenzen, Fähigkeit der Laufbahnplanung, Entscheidungsvermögen sowie berufliches Wissen und Können im engeren Sinn subsumiert werden. In diesem Zusammenhang wird dem Konzept von Ausbildung und Praxis im periodischen Wechsel auch die Funktion zugeschrieben, Regulationsinstrument in Zeiten der Arbeitslosigkeit zu sein.

Konsequenzen ergeben sich aber nicht nur für den Bildungsbereich (Neustrukturierung der Lehrpläne, Vorbereitung auf weiterführendes Lernen, neue Zulassungsbestimmungen . . .) sondern auch für den Sozialbereich (Koordination von Bildungs-, Sozial- und Wirtschaftspolitik, verbesserte Förderungspolitik . . .).

Kritik an der Konzeption der »recurrent education« erfolgte bisher auf drei Ebenen:

– der Beitrag zur *Chancengleichheit* ist sehr gering, da weiterführende Bildung nur die Konkurrenz um höhere Positionen verschärfe; wichtiger sei es, qualitativ anspruchsvollere Arbeitsplätze zu schaffen;

– die These, daß eine generelle Weiterbildung durch allgemeines Ansteigen der Qualifikationsanforderungen für alle Arbeitnehmer notwendig sei, wurde revidiert; es zeichnen sich berufsspezifische Erhöhungen der Anforderungen – allerdings meist nur für eine kleine Gruppe der Beschäftigten – ab, andererseits diskutiert man inzwischen bereits die Dequalifikationsthese;

– lebenslange Bildung wurde im Rahmen der Diskussion um die *Entschulung der Gesellschaft* verdächtigt, eine »Verschulung« der Erwachsenenwelt zu betreiben; vor allem fürchtete man, daß mit den Bildungsmaßnahmen verstärkt die Werthaltungen hochindustrialisierter Gesellschaften (Leistungsdenken, Konkurrenz usw.) stärker verbreitet würden; besonders im Hinblick auf die Dritte Welt wurde das abgelehnt.

Meines Erachtens ist diese Kritik richtig, solange bei weiterbildenden Angeboten nicht berücksichtigt wird,

– daß diese allen erwachsenen Mitgliedern der Bevölkerung zu-

gänglich gemacht werden (dazu wäre z. B. die gesetzliche Regelung für die Bildungsfreistellung – der Bildungsurlaub – anzustreben),
– daß Programme, Kurse oder Veranstaltungen konzipiert werden, die nicht einseitig auf berufliche Qualifikation ausgerichtet sind, sondern auch Fragen der Lebenssituation sowie der ökonomischen und politischen Zusammenhänge der Arbeitswelt einbeziehen,
– daß bei der Durchführung solcher Veranstaltungen die Teilnehmer genügend Möglichkeiten zu Stellungnahme und Auseinandersetzung mit den dargebotenen Inhalten haben.
Es ist notwendig, die Anstrengungen fortzusetzen, um die Qualität der Erwachsenenbildung zu verbessern. Sie muß für die Lebenswelt der Menschen attraktiv sein, Antwort auf ihre Lebensfragen geben und helfen, zu den Problemen ihres Daseins Distanz und Alternativen zu finden. Dabei kommt es weniger darauf an, ob es sich um Erwachsenenbildung, Weiterbildung oder Fortbildung, sondern daß es sich um *Bildung* handelt.
Bildungsprozesse fordern die Teilnehmer zur Auseinandersetzung mit sich selbst, ihrer sozialen Umwelt, mit den Lerninhalten, mit der Lernsituation und den gesellschaftlichen Bedingungen des Lernens und des Lebens heraus. Diese Herausforderung zur aktiven Lebensgestaltung, die bei der Selbstverantwortung für eigene Lernprozesse beginnt, ist ein Kernstück der Bildungsbemühungen Erwachsener. Der terminologische Streit tritt bei dieser Zielsetzung in den Hintergrund.

2. Ziele der Weiterbildung

»Durch Bildung zur Freiheit« lautete ein Schlagwort in der zweiten Hälfte des 19. Jahrhunderts. Wilhelm Liebknecht, der Mitbegründer der Sozialdemokratischen Arbeiterpartei, hielt dem entgegen: »Durch Bildung zur Freiheit, das ist die falsche Losung, die Losung der falschen Freunde«. Und er meinte, richtig müßte es heißen: »Durch Freiheit zur Bildung«. Nur in einem freien Staat, in einem Staat, in dem politische und soziale Herrschaft, Knechtschaft und Ausbeutung bekämpft und beseitigt werden, könne das Volk Bildung erlangen. »Nur wenn das Volk sich politische Macht erkämpft, öffnen sich ihm die Pforten des Wissens. Ohne Macht für das Volk kein Wissen! Wissen ist Macht – Macht ist Wissen!« (Liebknecht, 1872, S. 159). Solche Überlegungen stammen aber aus dunklen Zeiten, die wir heute schon für überwunden halten.

Wir leben in einer Staatsform, die vom Anspruch ausgeht, daß gemeinsame Angelegenheiten auch gemeinsam und öffentlich geregelt werden. In diesen Zeiten aber charakterisiert der Pädagoge Hartmut von Hentig (1980) die Bundesrepublik Deutschland als eine »entmutigte Republik«. Er meint, viele Bürger seien enttäuscht von der Komplexität der anstehenden Probleme: z. B. Fragen der Schulreform, Hilfe für Gastarbeiter oder Einwanderer, Entscheidung für oder gegen Atomenergie. Bislang herrsche noch Ruhe im Land, bemerkt Hentig, aber Energiemangel, Arbeitslosigkeit, Inflation oder Terrorismus könnten die relativ friedliche Szene rasch verändern. Hentig fordert deshalb Stärkung des »Muts zur Republik« durch *Aufklärung*. Aufklärung über den prekären Zustand der Industriegesellschaft, Unterlassung utopischer Versprechungen, durch Betonung moralischer Forderungen und der Verantwortung, die jeder einzelne hat. Man muß *lernen*, mit diesen Notwendigkeiten zurechtzukommen. Für Hentig als Aufklärer gilt somit: wenn die Menschen nicht lernen, Mut zur Republik zu bekommen, könnte diese Staatsform leicht zerfallen.

Ich möchte noch einen zweiten modernen Aufklärer kurz vorstellen. Aurelio Peccei, der Präsident des Club of Rome, übt unverhohlen Kritik an den gegenwärtigen Zuständen auf unserer Welt – er kritisiert z. B. das wachsende Arsenal an todbringenden Vernichtungswaffen, die unkontrollierte Bevölkerungszunahme oder die Existenzverhältnisse, die die menschliche Würde verletzen. Er meint, man muß die Wahrnehmungsfähigkeit der Menschen für diese Probleme schärfen! Die Menschen müssen *lernen, daß sich ihre Verantwortung verändert hat.* In einer neueren Publikation (»Das menschliche Dilemma« 1979, ist der bezeichnende Titel), wird konsequenterweise gefordert: um das langfristige Überleben der Menschheit zu sichern, brauchen wir ein »innovatives Lernen«, das Veränderung, ständige Erneuerung, permanente Umstrukturierung und Transformation ermöglicht. Ebenso wichtig aber sind gegenseitige Achtung, Selbstbeschränkung, Verzicht auf Egoismus sowie Toleranz und internationale Kommunikation.

Ob Wilhelm Liebknecht wohl diese Intentionen billigen würde? Oder würde er meinen: »Durch Lernen aus dem Dilemma, das ist die Losung der falschen Freunde.«

Was ich mit den drei zitierten Autoren deutlich machen wollte, ist, daß das Lernen Erwachsener in der Zielsetzung nicht unabhängig von der gesellschaftspolitischen Situation, im Falle Pecceis sogar nicht unabhängig von der weiteren Entwicklung der Menschheit eingeschätzt wird.

Welche Funktionen kommen nun Einrichtungen zu, die dem Lernen Erwachsener gewidmet sind? Für Volkshochschulen, kirchliche Bildungsinstitutionen, für berufsorientierte und alltagsbezogene Weiterbildung sollen beispielhaft Zielsetzungen wiedergegeben werden.

2.1 Volkshochschule

Hans Tietgens, wohl einer der kompetentesten Vertreter des Volkshochschulwesens im deutschsprachigen Raum, formuliert die Zielsetzung so: Das Angebot an Volkshochschulen ist marktorientiert – es soll sich an den Bedürfnissen der Teilnehmer orientieren. Zum anderen bestehe auch die Aufgabe, Bedürfnisse zu wecken. Dies setzt aber einen hauptberuflichen Mitarbeiterstab voraus. Generell gesehen habe die Volkshochschule Lernbereitschaft und Lernfähigkeit bei den Teilnehmern zu wecken, unabhängig, wozu der einzelne diese Fähigkeit verwendet (sic!). Tietgens lehnt ein umfassendes Leitziel ab. Er bekennt sich zum »Bildungswarenhaus« und meint: Die Bezeichnung »Bildungswarenhaus« besagt, ». . . daß man das, was man will und braucht in einem umfassenden und übersichtlichen Sortiment finden und erhalten kann« (Tietgens, 1978, S. 53). Zugleich beansprucht Tietgens damit das Prinzip des Pluralismus, das seiner Meinung auch für die Gesamtgesellschaft Gültigkeit hat.

Ich habe gegenüber dieser Aussage *zwei Bedenken:*

1. Die Theorie des Pluralismus besagt, daß man die Vielfalt der

Individuen und Gruppen in der Gesellschaft als legitim akzeptiert – das Lernangebot der Volkshochschule ist aber offensichtlich für die diversen Gruppen nicht in gleicher Weise attraktiv (vgl. Kapitel Bildungsinteressen).

2. Auch im Pluralismus existiert eine Leitidee; nämlich die des Gemeinwohls. Und auf eine solche Leitidee, auf eine regulative Idee kann man gerade in einer Zeit nicht verzichten, »in der lebenswichtige Bedürfnisse des Individuums nicht mehr privat, sondern nur noch gesellschaftlich und politisch befriedigt werden können« (Kremendahl, 1979, S. 452). Deshalb kommt meiner Meinung nach eine sich als pluralistisch deklarierende Erwachsenenbildung nicht um die Frage herum, was denn ihr Leitziel, was denn das Gemeinwohl sei, das sie ihren Adressaten angedeihen lassen will. Denn bloß eine Summe partikularer Interessen zu befriedigen, führt leicht in die Gefahr, von einigen Interessen in Dienst genommen zu werden. Ob sich die Volkshochschulen oder andere Institutionen schon sehr weit in solche Abhängigkeiten begeben haben, überlasse ich aber genaueren Analysen.

2.2 Konfessionelle Weiterbildung

Für die kirchliche Erwachsenenbildung unterscheidet J. Lott *zwei Hauptrichtungen* in der Aufgabenstellung: *Glaubensbildung* und *Diakonie*. Glaubensbildung oder Verkündigung sieht die Kirche als Lerngemeinschaft in diesen Fragen. Diakonie – Lott spricht von »parteilicher Gesellschaftsdiakonie« (Lott, 1977, S. 11) – zielt darauf ab, den einzelnen für seine Verantwortung gegenüber gesellschaftlichen Entwicklungen zu unterstützen. Die etwas kompliziert formulierte Zielvorstellung lautet: »Kirchliche Erwachsenenarbeit als Konflikt-Lernen in sozialer Praxis ist nicht einseitig an kognitiver Aneignung eines abstrakten Wissenskatalogs ausgerichtet, sondern unter konstitutiver Einbeziehung der emotiven Dimension an der Veränderung von Einstellungen, Motivationen, Handlungs- und Denkformen interessiert als Konsequenz aus eigener sozialer Praxis bzw. Partizipationen an Erfahrungen anderer, nicht am gesellschaftlichen Bedarf (wer setzt ihn fest?), sondern am Entdecken authentischer Bedürfnisse des Menschen, nicht an der Quantität (entfremdeten) Habens, sondern an der Qualität (schöpferischen) Seins« (Lott, 1977, S. 19).

In der konkreten Arbeit mit Erwachsenen hält es Lott für konsequent, einen *alltagsorientierten, situationsbezogenen Ansatz* zu verfolgen (vgl. ebd. S. 19ff.):

– das für den Lernenden subjektiv Wichtige soll Ausgangspunkt der Lernprozesse sein;
– nicht Themengebiete, die aus einer wissenschaftlichen Disziplin (z. B. Theologie) abgeleitet werden, sondern alltägliche Erfahrungen und Lebenspraxis sind als Gegenstand der Erwachsenenbildung zu betrachten;
– nur wenn es gelingt, beim Erwachsenen Vertrauen in den eigenen Sachverstand und in seine Selbsttätigkeit (Selbständigkeit) zu wecken oder diese zu unterstützen, kann Erwachsenenbildung als »demokratische Öffentlichkeitsarbeit« Sinn haben.

In ähnlicher Weise bezeichnet M. Stallmann (1979, S. 28) die Aufgabe evangelischer Bildungsarbeit. Der eigentliche Lernstoff bestehe eben in der Reflexion und Artikulation der eigenen Lage der Teilnehmer. »Wo Menschen lernunfähig geworden sind, wo sie womöglich eingeschüchtert und verängstigt außerstande sind, ihre eigenen Interessen wahrzunehmen, oder widerstandslos sich den Bedingungen ihrer soziokulturellen Determiniertheit anpassen, kann eine Wiederaufrichtung der Schwäche, ein Wiedergewinnen der Chance menschlichen Wachstums nur so gelingen, daß der unterdrückte oder verschleierte Konflikt und seine Folgen thematisiert und zum eigentlichen Lernfeld gemacht werden« (Stallmann, 1979, S. 34).

F. Henrich, ein Vertreter der Erwachsenenbildung in katholischer Trägerschaft, sieht die besondere Aufgabe in der Hilfe für den Menschen, der mehr als nur funktionsfähig sein soll. Es geht Henrich um die Entwicklung aller Fähigkeiten und besonders der schöpferischen, ethischen und religiösen Dimensionen. Eine so verstandene Erwachsenenbildung ist in privaten, gesellschaftlichen und berufsorientierten Bereichen engagiert – die zusätzliche Aufgabe besteht darin, ». . . die Aussage des Glaubens über den Auftrag des Menschen in dieser Welt zu formulieren« (Henrich, 1978, S. 150).

2.3 Arbeitgeberinteresse an der Weiterbildung

Aus Sicht der Unternehmer nennt A. Beelitz (1979) folgende wichtige Aspekte der Weiterbildung:
– *Fortbildung,* um mit den technologisch bedingten Veränderungen am Arbeitsplatz Schritt zu halten oder für qualifiziertere Funktionen im Beruf ausgestattet zu sein;
– *Umschulung,* die wegen struktureller Bedingungen des Betriebs oder des Arbeitsmarkts oder wegen Wiederherstellung der Arbeitsfähigkeit (Rehabilitation) notwendig wird;

– *Reaktivierung von Kenntnissen,* die bereits früher erworben fähigkeit (Rehabilitation) notwendig wird;
– *Reaktivierung von Kenntnissen,* die bereits früher erworben wurden;
– über berufsspezifische Bildung hinausgehende Lerntätigkeit, wie etwa *gesellschaftspolitische Bildung.*

Als spezielles Arbeitsfeld der Weiterbildung bezeichnet Beelitz (ebd., S. 61) die Notwendigkeit für Hochschulabsolventen, die Arbeitsplätze in der Wirtschaft anstreben, bestehende Qualifikationsdefizite auszugleichen – vor allem auf den Gebieten Führungsverhalten, Kreativität, Planung, Teamarbeit, Arbeitsrecht, Gesellschaftspolitik, Rhetorik.

Die »Bildungswerke der Wirtschaft«, als spezielle Institutionen von Weiterbildung, die am Bedarf der Unternehmen orientiert sind, legen den Schwerpunkt ihrer Tätigkeit auf berufliche Fortbildung. Sie bieten aber auch politisch orientierte Veranstaltungen an. In einer Analyse der Ziele der »Bildungswerke« stand an oberster Stelle die Anpassung an veränderte berufliche Anforderungen gefolgt von der Absicht, Unterstützung für beruflichen Aufstieg zu geben (Sauter/Fink, 1979, S. 8).

2.4 Arbeitnehmerinteresse an der Weiterbildung

Von seiten der Gewerkschaft werden zwei Ziele in der Lernarbeit mit Erwachsenen genannt (vgl. Lotz, 1980; Preiss, 1979):
– als *kompensatorisches Ziel* gilt es, zum einen Defizite der schulischen Ausbildung auszugleichen, zum anderen Qualifikationen für sich verändernde Berufsanforderungen nachzuliefern;
– das *Ziel der politischen Bildung* lautet, den Arbeitnehmer zu unterstützen, in Betrieb und Gesellschaft so handlungsfähig zu werden, daß er auf gegebene gesellschaftliche Bedingungen einwirken kann; dabei stehen nicht Einzelaktionen, sondern die Befähigung zu solidarischem Handeln im Vordergrund.

Im unmittelbaren Interesse der Arbeitnehmer liegen, konstatiert Lotz (1980, S. 135), folgende Anliegen:
– berufliche Flexibilität, um von der wechselnden Arbeitsmarktlage unabhängiger zu sein;
– Steigerung der sozialen Sicherheit;
– in der betrieblichen Hierarchie eher niedrig stehende Gruppen bedürfen der Chancengleichheit bei der Qualifizierung, um die gruppenspezifischen Unterschiede nicht zu vergrößern;
– erweiterte Kenntnis über gesellschaftliche, wirtschaftliche und

politische Zusammenhänge sowie des eigenen Stellenwerts in der Gesellschaft;
– Entwickeln der Fähigkeit zu solidarischem Handeln, damit gemeinsame Interessen durchgesetzt werden können;
– um nicht an bloß produktionsbezogenen Inhalten orientiert zu sein, ist es notwendig, die Verbindung zwischen allgemeinen, beruflichen und politischen Bildungsinhalten anzustreben.
Stärker politisch akzentuiert lauten die Ausführungen von O. Negt (Brock u. a., 1979, S. 53 f.) zur Arbeiterbildung. Er sieht die Aufgabe gewerkschaftlicher Bildungsarbeit als Beitrag, Klassenbewußtsein herzustellen. Dazu müssen die Arbeiter die Konflikte der Gesellschaft erfahren (im Sinne Negts meint »Erfahrung« eine spezifische Produktionsform der Verarbeitung von Realität und der aktiven Reaktion auf diese Realität, vgl. S. 43) und auch eine positive Perspektive der Überwindung dieser Konflikte im Rahmen einer sozialistischen Demokratie entwickeln. Bildungsarbeit soll solche Lernprozesse zur *Entfaltung politischen Bewußtseins* anregen und unterstützen.

2.5 Alltägliche Erwachsenenbildung

Lutz von Werder (1980, S. 47 ff.) kritisiert an den bisherigen Versuchen, Bildungsziele abzuleiten, sie seien im wesentlichen ohne Zusammenhang mit dem Alltag der Lohnarbeiter gewesen. Als Ideale hätten sie die Arbeiter in ihrer Alltagssituation nicht erreichen können. Werder plädiert deshalb für eine Erwachsenenbildung, die sich aus der Alltagssituation der Lohnarbeiter entfaltet und hilft, diese Alltagssituation zu verändern.
Bildungsbarrieren sieht Werder für die Lohnarbeiter durch individualistisch, privatistisch und utilitaristisch geprägtes Alltagsbewußtsein, das die eigene soziale Lage durch persönliches Versagen erklärt, gegeben. Dieses Alltagsbewußtsein gilt es zu durchbrechen. Von Werder meint, daß *Grenzsituationen* dafür die Voraussetzung schaffen. Um das zu unterstützen, bedarf es emanzipatorischer Bildungsprozesse. Dem Erwachsenenbildner kommt somit die Aufgabe zu, in Grenzsituationen ein Lernen anzuregen, das Tendenzen zur Überwindung des Alltagsbewußtseins fördert. Ein ähnlicher Gedanke findet sich übrigens bei Giere (1979, S. 120). Er sieht die bewußte Bildungsaufgabe – die politische Aufgabe der Erwachsenenbildung – in der verstärkten Bemühung, kritisches Bewußtsein zu entwickeln.
Von Werder bekennt sich zu folgender Zielsetzung: »Alltagsbe-

wußtsein wird durch demokratisches Bewußtsein abgelöst. Das generelle Richtziel alltäglicher Erwachsenenbildung kann deshalb demokratisches Bewußtsein heißen. Wird aber an die Grenze der Demokratisierung der bürgerlichen Gesellschaft gestoßen und entsteht radikaldemokratisches Bewußtsein, so kann mit diesem Bewußtsein die höchste Zielstufe sozialen Lernens angestrebt werden« (von Werder, 1980, S. 48).

In vierfacher Weise werden von Werder (ebd., S. 48 f.) *Richtziele,* die die Veränderung des Alltagslebens beabsichtigen, festgelegt:

– Veränderungen in der Freizeit sollen Familie und Freundesbeziehungen beeinflussen, um die Distanz zum Nächsten zu durchbrechen.

– Ebenso sind die Beziehungen zum urbanen Leben und zur kommunalen Verwaltung zu verbessern.

– Das Verhalten im Betrieb, gegenüber Kollegen, Betriebsleitung und zur Wirtschaft im ganzen, ist auf eine neue Ebene zu stellen.

– Schließlich bedarf es auch eines veränderten Verhaltens gegenüber politischen Rahmenbedingungen.

Stadtteilnahe oder alltägliche Erwachsenenbildung versucht somit dem Beziehungsbereich städtischer Lohnarbeiter vom sozialen Verhalten bis zu den politischen Bedingungen eine neue Qualität zu geben. Mit verändertem demokratischen Bewußtsein werden, so nimmt von Werder an, Initiativen in Wohn- und Betriebsbereich entstehen. Haben die Betroffenen die radikal-demokratische Bewußtseinsstufe erreicht, werden sie als aktive Demokraten ihre Interessen und Bedürfnisse in Partei und Öffentlichkeit artikulieren und vertreten.

2.6 Ziele ohne Relevanz

Die hier angebotenen Beispiele für Zielsetzungen in der Weiterbildung geben einen Ausschnitt schriftlich formulierter Zielvorstellungen wieder. Abgesehen vom historischen Wandel, sind für Zielformulierungen auch der jeweilige bildungspolitische Stellenwert der Erwachsenenbildung sowie die zugrundeliegende anthropologische Auffassung mitbestimmend (vgl. Kapitel: Legitimationsprobleme).

Um aber festzustellen, welche Ziele in der Erwachsenenbildung und ihren Institutionen tatsächlich verfolgt werden, halte ich eine repräsentative Erhebung bei den haupt- und nebenberuflichen Mitarbeitern für notwendig: über deren Auffassung, was sie eigentlich in der Erwachsenenbildung erreichen wollen. Verstehen sie sich als Wissensvermittler, als Lernanreger, als Menschenfreunde, als Gesellschaftsreformer, erfüllen sie Lernwünsche, beachten sie persönliche Probleme der Erwachsenen, sorgen sie für ein gutes soziales Klima, verhalten sie sich neutral oder engagiert usw. Abgesehen von den ungewollten Nebenwirkungen, die sich aus Unterrichtsstil und Auswahl der Inhalte, aus methodischen und kommunikativen Strukturen ergeben, hätte man zumindest ein Selbstbild der Lehrenden. Diese, als Träger des Unterrichts und der Betreuung, der Interaktion und Kommunikation, vertreten die eigentlichen Zielsetzungen der Weiterbildung. Die Lehrenden sind letztlich für die Realisierung von Zielen verantwortlich.

Die programmatischen Zielsetzungen finden wenig Widerhall. Verschiedene Gründe sehe ich als Ursache für die geringe Orientierungshilfe an, die formulierte Zielansprüche leisten:

– die Auflösung des Bildungsbegriffs, wodurch alle mit »Bildung« zusammenhängenden Bestimmungen eher als inhaltsleer betrachtet werden;

– die geringe öffentliche Diskussion über Zielsetzungen: die Notwendigkeit des »lebenslangen Lernens«, die ja einige Zeit sehr nachdrücklich diskutiert wurde, findet kaum mehr Platz in öffentlichen Diskussionen, sondern bestenfalls in Expertengesprächen; letztlich mag das geringe Interesse aber damit zusammenhängen, daß Bildungsreform und Bildungswesen aus der politischen Diskussion fast ganz ausgeklammert werden;

– der Mangel an geförderter Auseinandersetzung über die Ziele der Weiterbildung bei den Lehrenden und Verantwortlichen im Management;

– mit Überlegungen zur intensiveren Planung von Weiterbildung wird auch der Legitimationsdruck stärker, doch scheint auch dann weniger die inhaltliche Aufgabe im Vordergrund zu stehen als vielmehr Überlegungen zu einem »bedarfsdeckenden«, quantitativen Angebot (vgl. Landesinstitut . . . 1979).

Auf Grund der verschiedenen gesellschaftlichen Kräfte, die die Weiterbildung beeinflussen oder für ihre Zwecke einsetzen, besteht kein einheitliches Bildungskonzept sondern vielmehr eine »plurale Struktur« ohne gemeinsame Basis.

Wenn auch keine festen Bindungen von Institutionen und Trägern an bestimmte Bildungskonzepte existieren, so heißt das nicht, daß es sich bei Einrichtungen der Erwachsenenbildung um Hochburgen mit experimentellem Charakter handelt. Gerade bei gesellschaftskritischen Veranstaltungen sind die Grenzen sehr bald zu erkennen und zu bemerken (vgl. die Berichte über das Scheitern verschiedener Versuche in: Bergmann/Frank, 1977).

Ein gewisser Druck zu einer Konzeption des Bildungsgeschehens geht natürlich vom Finanzier einer Institution aus, sei es nun die Gemeinde, ein privater Verein oder über die Form der Bezuschussung durch das Land oder den Staat. Gerade der Staat erzeugt durch direkten und indirekten Eingriff in die Erwachsenenbildung einen Zwang zur Legitimierung und damit zur Besinnung auf die eigentlichen Absichten. Bislang ist aber der Feststellung von Dahm und Wilkiewicz (1980, S. 81) zuzustimmen: »Bei den Trägern und Institutionen finden sich unterschiedliche Bildungskonzepte, die jedoch oft nur das Selbstverständnis eines Anbieters von Weiterbildung auf der Ebene bildungspolitischer Konkurrenz signalisieren und kaum mehr eine handlungsorientierende Verbindlichkeit besitzen.«

2.7 Richtziele

Als erste formale Bestimmung für die Ziele der Erwachsenenbildung lassen sich folgende gemeinsame Anliegen, im Sinne von vier aufeinander bezogenen Dimensionen, als Aufgaben zusammenfassen:
– Selbsterfahrung – *Persönlichkeitsbildung*
– Auseinandersetzung mit einem Gegenstand – *Sachbezogenheit*
– Umgang mit anderen – *soziales Lernen*
– Berücksichtigung der gesellschaftlichen Situation – *politische Bildung.*
Dabei ist die Vorstellung leitend, daß *Bildung* als Bemühung des Menschen zu verstehen ist, sich mit den Ereignissen und Bedingungen seines Lebens auseinanderzusetzen. Bildung verstehe ich als Anstrengung, um die Bedingungen des Lebens zu begreifen, zu reflektieren und zu gestalten. Sie ist reflexiv, nicht beschaulich, sie ist handlungsorientiert, aber nicht aktivitätsabhängig, sie ist dem Prinzip der Demokratisierung verpflichtet, scheut sich aber nicht, dieses zu hinterfragen.
Wer sich auf den Prozeß der Bildung einläßt, gibt die Beschaulichkeit, das ruhige Dasein, das unbefragte Hinnehmen von Zuständen und ihren Bedingungen, das Akzeptieren ohne nagenden Zweifel auf. Er begibt sich auf eine Reise mit viel Verunsicherung, Zweifel und Unsicherheit. Wer zum Nachdenken begonnen hat, übernimmt Verantwortung, die man nicht so leicht wieder abgeben kann. Wer sich auf Bildungsprozesse einläßt, wird nicht mehr gleichgültig und unbeteiligt sein – zumindest wird ihm klar, daß er Mitverantwortung trägt – auch für Bereiche, in die er nicht unmit-

telbar eingreifen kann. Er verliert das Unbeteiligtsein, die Leichtigkeit im Ausweichen. Der Bildungsprozeß entfacht Betroffenheit, Zweifel, Beunruhigung, Unsicherheit.

Damit kommt auch dem Anreger von Bildungsprozessen Verantwortung zu, weil er weiß, Bildungsprozesse lassen den Menschen nicht unberührt. Wer Bildungsprozesse aufnimmt, ist entweder bereits in einer Situation, in der er seine Umwelt kritisch betrachten will, oder er wird im Laufe des Bildungsprozesses dazu angeregt oder veranlaßt. Der Initiator und Leiter von Bildungsprozessen übernimmt die Verantwortung, den Lernenden in dieser Situation nicht sich selbst zu überlassen. Hilfestellungen durch den Lehrenden oder durch andere Mitglieder der Lerngruppe sind bei einem solchen Verunsicherungsprozeß zu überlegen.

Bildung als Auseinandersetzung ist keineswegs eine beschauliche Sache. Sie hat viel mit der Infragestellung der eigenen, bisherigen Gewohnheiten, Ansichten und Einstellungen zu tun. Wer sich auf dieses Risiko einläßt, wer andere zu diesem Unternehmen ermutigt und anregt, muß bereit sein, ein Stück Verantwortung für den Aufbruch zu übernehmen – für sich selbst und für andere.

Leopold von Wiese (1931, S. 556) hat in diesem Sinn davon gesprochen, daß Volksbildung undenkbar ist, ». . . die den Menschen gleichzeitig Selbstbewußtsein und Naivität, Besinnlichkeit und Seelenfrieden, Streben und Behagen gewähren will . . . Denkende, selbstbewußte, selbstverantwortliche und damit vielleicht unglücklichere Menschen sind das Ergebnis einer folgerichtigen Volksbildung.«

Natürlich provoziert eine solche Aussage ausführliche Überlegungen über die Glücksvorstellung. Es ist zu beurteilen, was als größeres »Unglück« zu betrachten ist: Unwissenheit, geringe Betroffenheit von aktuellen Problemen sowie ein niederer Reflexionsstand oder: Wissen um Zusammenhänge gepaart mit der Einsicht in die eigene Ohnmacht, kompensiert vielleicht durch ein größeres Maß an Selbstsicherheit und mehr Chance zur Selbstbehauptung? Verfügbar sein für andere, weil einem die Ursachen und Gründe für bestimmte Handlungen und Entscheidungen nicht einsichtig sind oder Selbstbestimmung und Mitbestimmung aufgrund ausreichender Orientierung und damit ein verringertes Maß an Disponibilität?

Vielleicht kann ich so schließen: *Bildungsprozesse, die den Teilnehmer zur Auseinandersetzung mit Ursachen und Problemen von Sachverhalten individueller und sozialer Verhältnisse bringen wollen, bergen die Problematik, Lernende zu verunsichern.* Dies ist fruchtbar als Moment der Motivation, soll aber nicht zur Resignation führen. Bildung impliziert Hoffnung und zeigt zugleich die Grenzen für den Handlungs- und Entscheidungsbereich.

Daraus ergibt sich eine Definition von Erwachsenenbildung, deren Verwirklichung eine dauernde Aufgabe ist. *Erwachsenenbildung ist eine Orientierungs- und Entscheidungshilfe zur Bewältigung von Lebensproblemen.* Insofern Lehrende nicht nur Wissen sondern auch Denkanstöße vermitteln, führen sie die Erwachsenen zur Auseinandersetzung. Wer Bildungsprozesse Erwachsener unterstützt, hat insofern *politische Verantwortung,* weil er die Handlungsfähigkeit der Menschen im gesellschaftlichen Kräftefeld beeinflußt.

Der Entwicklungsstand unserer Gesellschaft läßt es sinnvoll erscheinen, Bildungsmaßnahmen zu fördern, die die Verantwortung der Menschen für ihr soziales Umfeld, für den öffentlich-politischen Bereich und für den Bereich in dem sie berufstätig sind, stärker als bisher unterstützen. Lernen, um in diesen Bereichen selbständiges Handeln zu entwickeln, bedarf aber dann weniger der Wissensvorgabe. Vielmehr sind Hilfen nötig, um das eigene Lernen selbständig zu organisieren, um Probleme und Interessen zu artikulieren und um Perspektiven und Lösungsschritte zu finden.

3. Legitimationsprobleme

3.1 Legitimationskrise?

Weiterbildung wird von verschiedenen gesellschaftlichen Interessengruppen wahrgenommen. Letztlich liegt sie aber, wie das gesamte Bildungswesen, im Bereich *öffentlicher Verantwortung*. Eine Legitimation, eine Rechtfertigung, der Form der Verantwortung und damit zugleich der Maßnahmen in der Gesetzgebung, Finanzierung, Dienstaufsicht u.a.m., stellt sich für den Staat ebenso wie für Institutionen der Erwachsenenbildung. Mir scheint es sich aber nicht um eine Krise zu handeln, aus der die in letzter Zeit verstärkte Diskussion um Rechtfertigung und Aufgabenstellung hervorgegangen ist, sondern um eine veränderte gesellschaftliche Situation, die das Bildungswesen und somit die Weiterbildung beeinflußt. Wenn man das Weiterlernen Erwachsener seit der Aufklärung betrachtet, so zeigen sich verschiedene Legitimationsmuster – unterschiedliche Sichtweisen anthropologischer, bildungstheoretischer und gesellschaftspolitischer Art kommen dabei zum Tragen: Der Ausgleich von Benachteiligungen, die Entfaltung aller menschlichen Kräfte und Fähigkeiten, das Erreichen wahren Menschtums, aber auch die Erhaltung sozialen Friedens sowie die Einbettung in bestehende gesellschaftliche Verhältnisse kennzeichnen die historischen Legitimationsversuche. Tietgens (in Olbrich, 1980, S. 36) bemerkt: »Es bedarf keiner tiefgründigen Analyse, um zu erkennen, daß Erwachsenenbildung seit eh und je in einem Spannungsverhältnis von emanzipativen und integrativen Tendenzen gestanden hat. Erwachsenenbildung als Beitrag zu Befähigung der Selbstbestimmung und Erwachsenenbildung als Mittel der sozialen Befriedung lassen sich ohne Mühe in den Dokumenten nachweisen« (vgl. dazu auch: Tietgens, 1979, Dräger, 1980).
Für die Gegenwart, in der die Diskussion über die Rechtfertigung des Stellenwerts der Weiterbildung nicht nur Verteidigung getroffener Maßnahmen, sondern auch Entwicklung von Perspektiven bedeutet, haben verschiedene Ursachen die Aussagen zu Aufgabenstellungen und Begründung der Weiterbildung angeregt:
– Weiterbildung wird als *gesamtgesellschaftliche Notwendigkeit* betrachtet. Dies geschieht aus verschiedenen Überlegungen:
a) um neue Einstellungen und Verhaltensweisen zu fördern, aufgrund derer die Menschen die auf sie zukommenden Probleme (z.B. Umweltverschmutzung, Überbevölkerung, Energie- und Rohstoffknappheit) erkennen und bewältigen;

b) um in der Phase der wirtschaftlichen Rezession für verschiedene Angebote, von der Umschulung bis zum Nachholen schulischer Abschlüsse, Aufgeschlossenheit zu finden;

c) um Personengruppen, die in der gegenwärtigen gesellschaftlichen Entwicklung besonders benachteiligt sind, wie etwa jugendliche und erwachsene Arbeitslose, neue Einstiegsmöglichkeiten in eine Berufstätigkeit zu schaffen;

d) um der großen Gruppe der alten Menschen den Übergang in die Zeit ohne regelmäßige Arbeit zu erleichtern und einen befriedigenden Lebensabend zu ermöglichen;

e) um zu verhindern, daß aufgrund von Unzufriedenheit mit den Konsequenzen des bestehenden gesellschaftlichen Systems, die Opposition gegen dieses – sei es in Form von Resignation und Verweigerung (Alkoholismus, Drogenmißbrauch, Selbstmord) oder in Form aktiver Gegengewalt (Kriminalität, Terrorismus) – noch stärker zum Ausdruck kommt;

f) um die wirtschaftliche Entwicklung und Konkurrenzfähigkeit durch sich weiter qualifizierende Arbeitskräfte national und international zu gewährleisten.

– Das *Interesse des Staates* an einer Förderung der Weiterbildung äußert sich durch Gesetzgebung, Richtlinien für Finanzierung, gezielte Planung der Entwicklung von Maßnahmen für das systematische Weiterlernen Erwachsener, Unterstützung von Projekten zur Aus- und Fortbildung von Personen, die haupt- oder nebenberuflich in der Weiterbildung tätig sind, durch Schaffung entsprechender Abteilungen an Universitäten oder durch Bereitstellung von Dienstposten. Insofern mit staatlichen Maßnahmen die Weiterbildung zunehmender öffentlicher Kontrolle unterworfen wird, stellt sich die Frage, inwieweit partikulare Interessen der verschiedenen Träger und Verbände beibehalten werden können. In dieser Situation halten es offensichtlich die Protagonisten der einzelnen Richtungen der Weiterbildung für notwendig und wichtig, ihr Selbstverständnis neu zu fassen und zu bekunden. Teilweise um die eigene Institution zu behaupten, teilweise um sich in der Eigenständigkeit gegenüber anderen Institutionen abzugrenzen. Die traditionelle Weiterbildung befindet sich somit in einer Situation, in der sie legitimatorisch reagieren muß, will sie nicht Opfer staatlicher Vereinnahmung werden.

– Im letzten Jahrzehnt hat sich die Erwachsenenbildung als *Teildisziplin der Erziehungswissenschaft* etabliert. Daraus ergibt sich eine systematische Auseinandersetzung mit dem Phänomen Weiterbildung unter verschiedenen Gesichtspunkten wissenschaftstheoretischer Art. Nicht zuletzt wurde dadurch das Theorie-Praxis-Verhältnis artikuliert. Von seiten der Hochschulen wurden aber auch Eigeninteressen laut: Etwa im Bemühen Ausbildungsgänge für künftige Mitarbeiter in der Weiterbildung zu schaffen oder indem die Hochschulen selbst Angebote für die Weiterbildung erstellten, wobei sie sich ihrer Verantwortung und ihres Beitrags für die gesellschaftliche Entwicklung besannen. Durch die Einrichtung von Fernstudien wurden sogar Bildungsinstitutionen geschaffen, deren Klientel hauptsächlich aus berufstätigen Erwachsenen besteht (vgl. Abschnitt: Universitäre Weiterbildung).

– Der Gedanke, über Maßnahmen im Bildungssektor *gesellschaftspolitische Reformen* zu bewirken, hat an Zugkraft verloren. Nach Jahren der Bildungsexpansion und der Differenzierung des Bildungswesens ist eine gewisse Stagnation eingetreten. Offensichtlich handelt es sich um eine Phase, in der der Stellenwert des Bildungswesens neu zu beurteilen ist – insgesamt, sowie die Beziehung der einzelnen Teile zueinander. Waren noch vor wenigen Jahren Konzepte wie »lebenslanges Lernen« oder »recurrent education« lautstark diskutiert und breit publiziert worden, finden sie in der gegenwärtigen Diskussion eigentlich kaum mehr Aufmerksamkeit. Von den großen reformerischen Gesamtkonzepten wieder Abschied nehmend (das scheint mir nicht nur für die Bildungspolitik zu gelten), werden eher kurzfristige Maßnahmen geplant und bevorzugt. Die Dringlichkeit der Anliegen (z. B. Angebote für Arbeitslose oder soziale Randgruppen, berufsorientierte Weiterbildung für bestimmte Berufsgruppen) wirkt natürlich auf Selbstverständnis und Rechtfertigung der Institutionen für Weiterbildung zurück. Nicht zuletzt deshalb, weil sich aus dem Beantworten dringlicher Fortbildungsbedürfnisse finanzielle Unterstützung und gesellschaftspolitische Wirksamkeit ergeben.

Faßt man die Gründe zusammen, die zur Diskussion der Rechtfertigungsfrage beitragen, so zeigt sich keineswegs eine Legitimationskrise. Ich meine, daß die Auseinandersetzung nur eine Reaktion auf die veränderten ökonomischen und gesellschaftspolitischen Bedingungen darstellt. Diese werden aber keineswegs allzu offen in Frage gestellt. Doch vor einer abschließenden Kritik noch einige Überlegungen zum Verhältnis Weiterbildung und wirtschaftliche Lage.

Das Angebot in der Weiterbildung ist größer und differenzierter geworden. Damit folgt der quartäre Sektor einer Entwicklung des allgemeinen Bildungswesens. In einem Überblick über Reformtendenzen, Reformentwicklung und Situation des Bildungswesens in der Bundesrepublik Deutschland stellte eine Arbeitsgruppe am Max-Planck-Institut für Bildungsforschung (1979, S. 261) fest, daß im letzten Jahrzehnt einige Reformen und Reformansätze etabliert wurden, deren Wirkung auf die traditionellen Strukturen der Bildungsorganisation auch in Zukunft sichtbar bleibt. Somit ist in der Bundesrepublik Deutschland ein pluralistisches Angebot an Bildungsmöglichkeiten entstanden. Diese Tendenz zur Vielfalt entspricht der Entwicklung in anderen westlichen Industrieländern und ergibt sich als Konsequenz einer »nachfrageorientierten Bildungspolitik«. So urteilt die Arbeitsgruppe: »Auf der Ebene der gesamten Bundesrepublik entspricht einer solchen bildungspolitischen Orientierung eine Entwicklung zur verstärkten Vielfalt des Bildungswesens und zur Tolerierung unterschiedlich institutionalisierter Bildungswege – eine Tendenz, die sich gegenwärtig auch bei der Fortschreibung des Bildungsgesamtplans abzeichnet« (Arbeitsgruppe . . ., 1979, S. 261 f.). Die Vielfalt des Bildungswesens findet eine positive Einschätzung: »Die Tendenz zu einer stärker nachfrageorientierten Bildungspolitik ist eine Konsequenz der Entwicklung des Bildungssystems in den letzten fünfzehn Jahren. In dieser Entwicklung konnten sich Reformkonzeptionen nicht als einzige Alternative zum Bestehenden durchsetzen, aber dennoch als neue Bildungsinstitutionen etablieren, die für bestimmte Regionen, für bestimmte Bevölkerungsgruppen und für bestimmte Bildungsbedürfnisse sich als angemessen erwiesen und in diesem Sinne bewährt haben. Das Ergebnis ist ein offeneres und vielfältigeres Bildungswesen, das man nicht unter den in der Öffentlichkeit so vorherrschenden Einheitlichkeitsvorstellungen ohne weiteres negativ beurteilen sollte. In der Vielfalt sind auch vermehrte Chancen für den einzelnen beschlossen, einen ihm gemäßen Bildungsweg zu finden« (Arbeitsgruppe . . ., 1979, S. 262).

Auch in der Erwachsenenbildung existiert eine Vielfalt des Angebots – allerdings mit verschiedener Wertigkeit für die Adressaten. Besonders Nachfrage hat das *berufsorientierte Lehrangebot* erfahren. Dies läßt sich auf den wirtschaftlichen Strukturwandel zurückführen: etwa ein Drittel der männlichen Berufstätigen wechselte zwischen 1955 und 1970 seinen Beruf – davon hat etwa ein Viertel eine weiterführende Ausbildung auf sich genommen. Die »Arbeitsgruppe Bildungsforschung« des Max-Planck-Instituts nennt im weiteren einige Berufe, in denen es notwendig war, spezielle Qualifikationen und Kenntnisse zu erwerben, weil sich Veränderungen im Beruf selbst ergaben: technische Industrieberufe, Ärzte, Lehrer, Lokomotivführer, Fachleute in Bank- und Versicherungswesen, Wirtschaftsprüfer und Steuerberater. Die Arbeitsgruppe (ebd., S. 253) folgert: »Organisierte berufliche Weiterbildung dient damit zunächst einmal der Sicherung des Arbeitsplatzes durch Erhaltung und Anpassung des Qualifikationsstandes an neue Anforderungen, und sie dient dem beruflichen Fortkommen und sozialen Aufstieg.«

Im Hinblick auf den bestehenden Mangel an Arbeitsplätzen in westeuropäischen Ländern muß hinzugefügt werden, daß Bildung und Weiterbildung keinen Schutz gegen strukturelle Arbeitslosigkeit bieten. Bildung verhindert nur individuell gesehen Arbeitslosigkeit – Personen mit geringer schulischer und beruflicher Ausbildung sind durch sie stärker betroffen – gesamtgesellschaftlich betrachtet, bewahrt ein höheres Bildungsniveau natürlich nicht vor zu wenig Arbeitsplätzen. In seinem Aufsatz zur Thematik »Technischer Wandel und Beschäftigung« befindet G. Friedrichs (1978, S. 11): »Bildung ist ein nicht zu unterschätzender Schutzfaktor gegen individuelle Arbeitslosigkeit. Gegen Massenarbeitslosigkeit ist sie machtlos, weil sie öffentliche und private Nachfragedefizite nicht ausgleichen kann.«

3.3 Anpassung statt sozialer Aufstieg

Qualifikation durch die Ausbildung stand und steht in einem gewissen Zusammenhang mit dem Lebensstandard, mit der Lebensführung, mit der Qualität des Arbeitsplatzes. Mit der schlechter werdenden wirtschaftlichen Situation und mit einer beginnenden Umstrukturierung der Arbeitsplätze bleibt aber ein gewisses Schwergewicht bei der Bedeutung von Ausbildung und Fortbildung. So zeigt sich, daß besonders diejenigen von Arbeitslosigkeit betroffen sind, die eine geringe Grundausbildung und daher auch wenig Interesse an und Chance für Fortbildung haben. Fortbildung bleibt auch dort interessant, wo sie Erhaltung des Arbeitsplatzes bedeutet. Die in den sechziger Jahren mit »realistische Wende« bezeichnete Phase hat auf diese Anforderungen des Arbeitsmarktes reagiert. Natürlich auch auf die Erwartungen und Hoffnungen der Arbeitnehmer, die über Fortbildungsmaßnahmen soziale Sicherheit und sozialen Aufstieg erwerben wollten. Die wirtschaftliche

Rezession hat hier eine gewisse Zäsur gebracht. In der Weiterbildung erworbene Qualifikationen sind nämlich nicht mehr so einfach in soziale Besserstellung umzusetzen, weil die Arbeitsplätze und – durch die bessere Schulausbildung der jüngeren Generation – auch die Aufstiegsmöglichkeiten geringer geworden sind. Daß aber der Aufstieg immer nur einer begrenzten Zahl von Arbeitnehmern offenstand – wegen der Verfügbarkeit von Arbeitsplätzen – kam dabei gar nicht recht ins Bewußtsein (vgl. Lenhardt, 1974). Berufsorientierte Erwachsenenbildung bestärkte somit die Menschen in ihren Vorstellungen, es seien für alle genug Möglichkeiten vorhanden, den sozialen Aufstieg zu schaffen. In bezug auf die Funktion beruflicher Weiterbildung, meint E. Schmitz, ihr komme der Wert zu, Aufstiegserwartungen hervorzurufen und zu bestätigen. Dem zugrunde liege das Motto: »Jeder kann aufsteigen, wenn er sich nur anstrengt.« Schmitz folgert: »Berufliche Weiterbildung ist in diesem Sinne also auch eine Legitimationsinstanz, die geeignet ist, eine vorhandene Verteilung sozialer Chancen auf dem Arbeitsmarkt als zwar ungleiche, aber zugleich doch gerechte auszuweisen, das heißt sie hilft in besonderer Weise, die Vorstellungen von der ›offenen Leistungsgesellschaft‹ zu bestärken« (1978, S. 38). Gerade diese Argumentation konnte allerdings in den letzten Jahren nicht mehr durchgängig aufrechterhalten werden. Die wirtschaftliche Lage destruierte das zweifelhafte Versprechen, Weiterbildung bringe soziale Sicherheit und/oder sozialen Aufstieg mit sich. Ähnlich wie ein Hochschulstudium keine unbedingte Garantie für das Bewältigen der sozialen Stufenleiter mehr abgibt. Die *Entkoppelung von Bildung und Berechtigung* wird bildungspolitisch Realität. Wenn die Funktion der Qualifikation und die der Zuweisung sozialer Chancen über Weiterbildung dadurch einen geringeren Stellenwert bekommt, so steigert sich andererseits der Legitimations- oder Sozialisationseffekt. Lühr/Schuller (1977, S. 57) meinen in diesem Zusammenhang von der Erwachsenenbildung: »Ihre Funktion ist vor allem die Vermittlung nichttechnischer Qualifikationen. Da damit insbesondere soziale Fähigkeiten gemeint sind, deren Gemeinsamkeit die uneingeschränkte Anpassungsfähigkeit an je veränderte Produktionsbedingungen ist, läßt sich auch von einer auf das System und eine seiner wichtigsten Elemente bezogenen legitimatorischen Funktion sprechen.«

W. Schulenberg (in Olbrich, 1980, S. 18 ff.) trennt den Terminus Legitimation, womit er ». . . die wirksame Rechtfertigung erfolgreichen politischen Handelns . . .« bezeichnet, vom Begriff der »fundamentalen Begründung«. Damit will er die Rechtfertigung politischen Handelns in einem bestimmten Interaktionsrahmen von den relativ autonom festgelegten Begründungen der Ziele in der Weiterbildung trennen (vgl. ebd., S. 20 f.). Es fällt auf, daß dabei ein Maßstab für pädagogisches Handeln offensichtlich völlig abhanden kommt. Schulenberg begründet die Trennung in Legitimation und fundamentale Begründung mit der Sorge, wer die durch geringe finanzielle Mittel und bescheidene personelle Ausstattung bedingte Praxis der Weiterbildung an ihren Zielsetzungen mißt, könne leicht zu einem Fehlurteil neigen. Zielsetzungen und Erfolg der praktischen Arbeit stimmen, aufgrund der ungünstigen Rahmenbedingungen, bei weitem nicht überein.

So steht schließlich der Legitimation des politisch Möglichen die fundamentale Begründung der Zielperspektive gegenüber. Letztere beschreibt Schulenberg: »Ich begründe die Erwachsenenbildung nicht als etwas Neuhinzukommendes, insofern die sozialen, ökonomisch-technischen und geistigen Veränderungen der Welt es neuerdings notwendig machen, daß auch der Erwachsene noch regelmäßig systematisch lerne. Vielmehr sehe ich die fundamentale Begründung der Erwachsenenbildung darin, daß hier etwas zu restituieren ist, was genuin zum Wesen des Menschen gehört, nämlich seine besondere Lernfähigkeit. In dieser besonderen Lernfähigkeit liegt wesentlich die Möglichkeit jedes Menschen zur Selbstentfaltung und Selbstbestimmung begründet, und darüber hinaus die Möglichkeit einer humanen Gesellschaft für alle. Diese besondere Lernfähigkeit ist daher bei allen Menschen zu schützen, zu pflegen oder wiederherzustellen, wann und wo immer sie unterdrückt oder geschädigt wurde« (Schulenberg in Olbrich, 1980, S. 22).

Schulenberg nimmt engagiert Partei gegen die Unterdrückung der Lernfähigkeit. Diese Art der Unterdrückung, so stellt er kursorisch fest, sei Kennzeichen der bisherigen Menschheitsgeschichte. Demokratische Verhältnisse und Entwicklung von Technik und Ökonomie hält er für günstige Voraussetzungen, um der Lernfähigkeit des Menschen eine besondere historische Chance zur Entfaltung zu geben. Aus bildungspolitischer Sicht bezeichnet Schulenberg (ebd., S. 25) die Probleme der Legitimation als »Strategieprobleme« und als Ziel der Erwachsenenbildung ». . . die Aufhebung der Restriktionen und Fesselungen der Lernfähigkeit, die im Laufe der Geschichte (und keineswegs erst mit dem Kapitalismus) vollzogen wurden« (ebd., S. 24).

Zur fundamentalen Begründung der Erwachsenenbildung, zugleich aber auch zu ihrer Zielsetzung (vgl. Tietgens 1978, S. 51 ff.) sowie zu ihrer anthropologischen Voraussetzung wird der *Begriff der Lernfähigkeit*. Dazu sind noch einige Anmerkungen notwendig.

Wie schon vorhin angedeutet, entzieht sich die Begründung der Ziele in der Weiterbildung, wie sie Schulenberg vorschlägt, einer Kritik, indem Lernfähigkeit gesetzt wird. Ebenso meint übrigens Tietgens, Lernfähigkeit ist zu fördern, egal wozu der einzelne diese Fähigkeit einsetzt (Tietgens, 1978). Beide Argumentationen signalisieren eine Phase, in der Weiterbildung nicht als Frage einer bestimmten gesellschaftlichen Entwicklung interpretiert wird, sondern als *anthropologische Konstante*. Die anthropologische Begründung der Erwachsenenbildung unterstützt auch K. Senzky (1979, S. 3 ff.). Er bezeichnet Weiterbildung als wichtigen Beitrag, um dem Menschen zu helfen, die wechselnden Lebenserfahrungen, die auch unterschiedliche Bewußtseinslagen bedingen, zu bewältigen. G. Breloer (1980) schließlich spricht bereits von einer »anthropologischen Wende« in der Erwachsenenbildung. Nachdem Weiterbildung ihre Anerkennung als quartärer Bereich des Bildungswesens gefunden habe, sei es nicht mehr Funktion der Theorie, das Weiterlernen Erwachsener als Beitrag zur Demokratisierung oder als Kompensation für ungleiche Chancen auszuweisen. Von einer Theorie der Erwachsenenbildung werden gegenwärtig, vor allem durch die Erwartungen der vergrößerten Zahl an hauptberuflichen Mitarbeitern, Anleitungen, um die Berufspraxis zu bewältigen, verlangt. Breloer (1980, S. 22 ff.) vermerkt, daß seit Ende der siebziger Jahre Fragen der Lernforschung breiter aufgegriffen wurden. Mit dem Begriff der »Teilnehmerorientierung« und der Auseinandersetzung mit Sozialisations-, Identitäts- und Alltagstheorien sieht er den Versuch markiert, ». . . die Erwachsenenbildung konkret anthropologisch, d. h., vom Teilnehmer her zu begründen und den Teilnehmern deshalb zum Orientierungspunkt der Planung und Realisierung von Erwachsenenbildung zu machen . . .« (ebd., S. 26).

Meine *erste These* zur »anthropologischen Wende« lautet: Diese ist nicht zufällig und nicht aufgrund der Entwicklung wissenschaftlicher Theorie der Weiterbildung in den Vordergrund der Diskussion gerückt. Ihre Aktualität liegt in der besonderen Situation der Erwachsenenbildung der Bundesrepublik Deutschland:

1. Weiterbildung soll als öffentliches Anliegen eine möglichst breite Absicherung in der öffentlichen Meinung erhalten. Dazu eignet sich der Rekurs auf Lernfähigkeit als anthropologische Konstante. Dagegen kann man schwer argumentieren.

2. In einer Zeit, in der man auf die Überwindung partikularer Interessen in der Weiterbildung hofft, wird es für ungünstig gehalten, dezidierte gesellschaftspolitische Intentionen mit der Erwachsenenbildung zu verbinden, weshalb man das neutrale Ziel »Entwicklung der Lernfähigkeit« propagiert.

3. Damit wird zugleich der staatliche Eingriff in die Weiterbildung entpolitisiert und der Zusammenhang staatlicher Intervention mit ökonomischer und gesellschaftspolitischer Entwicklung geleugnet.

4. Die Vorstellung von einer pluralistischen Gesellschaft, in der es keine Interessengegensätze, sondern für alle Anliegen und Meinungen gleiche Rechte und Chancen gibt, wird aufrechterhalten.

Meine *zweite These* lautet: Die Postulierung von Lernfähigkeit als fundamentale Begründung der Erwachsenenbildung ist eine schlechte bildungspolitische Strategie. Lernfähigkeit um ihrer selbst willen von Restriktionen zu befreien, scheint mir keine besonders interessante Perspektive zu sein. Abgesehen davon, daß die Lernfähigkeit des Menschen prinzipiell und faktisch in jedem Individuum vorhanden ist – sonst könnte es ja gar nicht überleben. Was jedoch der Entwicklung, der Entfaltung, der Anregung und Herausforderung bedarf, ist die *kritische Reflexivität*. Es geht in der Weiterbildung nicht darum, einen ungezügelten Lernwillen zu entfachen, sondern dem Teilnehmer soll geholfen werden, jene Restriktionen zu überwinden, die ihm die kritische Auseinandersetzung mit den Bedingungen seiner Lebenswelt verwehren. Insofern ergibt sich als fundamentale Begründung der Weiterbildung *die Restitution kritischer Reflexivität in Denken und Handeln.*

Damit komme ich zur *dritten These:* Die Trennung von Legitimation und fundamentaler Begründung der Weiterbildung behindert die kritische Auseinandersetzung mit der praktischen Arbeit im quartären Bereich. Wenn Ziele in der Erwachsenenbildung gesetzt wurden und werden, die sich unter den gegenwärtigen Rahmenbedingungen nicht erreichen lassen, so ist das kein Grund, diese Ziele in ein idealistisches Reich zu verbannen und sich der politischen Realität zu beugen. Die Ziele sind darauf zu prüfen, ob sie realutopischen Charakter haben, das heißt, welche tatsächlichen Ursachen sie noch nicht erreichbar machen. Sind Ziele argumentativ abgesichert, so kann man sie nicht aufgrund politischer Realität beiseite schieben. Sie sind dann Anlaß, die Praxis auf ihren jeweiligen Fortschritt in Richtung auf die Realisierung der Ziele zu befragen.

Umgekehrt sind die Zielsetzungen in ihrer Begründung gegenüber der Entwicklung des Argumentationsstandes offen. Ziele und Realität erscheinen dann nicht voneinander abgehoben, sondern sie sind wechselseitig auf ihre Gültigkeit zu kontrollieren. Legitimation und fundamentale Begründung der Weiterbildung sehe ich als zwei Komponenten eines Prozesses, der nicht unabhängig von den Bedingungen gesellschaftlicher Realität vor sich geht. »Die wirksame Rechtfertigung erfolgreichen politischen Handelns« (Schulenberg in Olbrich, 1980, S. 29) ist somit als Legitimation nicht ausreichend. Zu ergänzen ist die kritische Rückfrage und Kontrolle, wie weit das politische Handeln mit der formulierten Zielsetzung – nämlich kritische Reflexivität wieder herzustellen und zu fördern – angestrebt wird.

Daraus folgt schließlich eine *vierte These:* Teilnehmerorientierung bescheidet sich nicht mit der Anerkennung von Bildungsinteressen der Adressaten. Konstitutives Merkmal von Bildungsprozessen ist Auseinandersetzung. Weiterbildung kann sich nicht als Vermittlungsinstanz zementierter Wissensinhalte begründen, sondern als Einrichtung, die lehrt, Erkenntnisse zuzuordnen, Urteilskraft zu entfalten und selbstbestimmte Entscheidungen zu treffen. Das beinhaltet die Auseinandersetzung mit den eigenen Lernbedürfnissen. Wo dies unterlassen wird, reduziert sich Weiterbildung bestenfalls auf Unterhaltung und schlimmstenfalls auf Manipulation. Lernen verliert dabei seine kritische Dimension und damit bildenden Charakter. *Das kritische Element von Bildung läßt keine Neutralität zu.* Wenn sich Weiterbildung keine kritische Substanz bewahrt (oder wieder erwirbt), kann sie in der gegenwärtigen Situation rasch in ein funktionelles Instrument staatlicher Interessen verwandelt werden. Weiterbildung verliert dann um den Preis staatlicher Förderung ihre letzte politische Brisanz und wird – wie wir es an der Schule verurteilen – zur bürokratischen Instanz versteinern. Sodann werden auch Bildungsbedürfnisse nicht mehr zur Diskussion stehen, sondern dem Angebot entsprechen oder nicht.

3.5 Sozialpolitische Implikationen der Weiterbildung

Weiterbildung ist kein neutrales Feld. Das Bildungsangebot richtet sich an Personen, deren Handeln im gesellschaftlichen Kräftefeld durch die Teilnahme an Lernprozessen nicht unberührt bleibt. Unter dem Eindruck der staatlichen Bemühungen um die weitere Entwicklung der Erwachsenenbildung tritt der gesellschaftspoliti-

sche Charakter deutlich hervor. Mader (in Olbrich, 1980, S. 84) spricht von einem *sozialpolitischen Krisenmanagement,* das in der staatlich beeinflußten Weiterbildung zum Tragen kommt:
– bei der gegenwärtigen Arbeitsmarktlage dient Weiterbildung nicht nur durch Ausstattung mit neuen Qualifikationen (z. B. Umschulung), sondern entlastet vor allem durch längerfristige Kurse den Arbeitsmarkt;
– durch Maßnahmen, die Bildungsurlaub, Zertifikate oder Baukastensysteme betreffen, werden Bereiche kontrollierbar, die bislang außerhalb des Systems Markt lagen;
– Angebote für Zielgruppen, in der Diskussion bisher kompensatorisch oder emanzipatorisch begründet, schlagen um in Maßnahmen des Staates, wodurch Illoyalität benachteiligter Bevölkerungsgruppen (z. B. Arbeitslose) abgewehrt werden soll.
Mader stellt die These auf, ». . . daß dann, wenn arbeitsmarkt- und bildungspolitisch erwartete Dienstleistungen der Erwachsenenbildung nicht eintreten, Erwachsenenbildung immer noch als sozialpolitischer Mechanismus eingesetzt wird. Dies aber ist konsequent verbunden mit einer Zunahme *materialer Intervention* des Staates, da Sozialpolitik eine *materiale* Verteilung von Gütern und nicht nur formale Verwaltung ist« (Mader in Olbrich, 1980, S. 85; Hervorhebungen von Mader).
Ich kehre zum Ausgangspunkt dieses Kapitels zurück: Die Frage der Rechtfertigung der Weiterbildung ist wesentlich durch die ökonomische Situation und sozialpolitischen Maßnahmen des Staates mitbestimmt. Wenn sich Weiterbildung in scheinbare Neutralität begibt, indem sie ökonomische und gesellschaftspolitische Indizien weder für die eigenen Zielsetzungen kritisch reflektiert noch in den Horizont der lernenden Teilnehmer einbringt, agiert sie nicht als Bildungsinstitution sondern als funktionales Instrument staatlicher Gesellschaftspolitik. Es besteht dann die Gefahr, daß über Intervention des Staates, in Veranstaltungen der Weiterbildung jenes kritische Potential nicht mehr entfaltet und gepflegt werden kann, wodurch Demokratie ihre Lebenskraft bezieht.

4. Universitäre Weiterbildung

Historisch betrachtet, verzeichnet das Verhältnis von Erwachsenenbildung und Universität gegenseitiges Mißtrauen und wechselseitige Ablehnung. So ist von seiten der Hochschule oft Widerstand geäußert worden, »Nichtakademiker« zu unterrichten. Auch dann, wenn Popularisierung wissenschaftlicher Erkenntnisse betrieben wurde oder wird, geschah und geschieht es oft in einer Weise, die weniger den Erfahrungshorizont des Zuhörers erweitert, sondern ihn eher seine Distanz zur Wissenschaft spüren läßt. Umgekehrt war die Erwachsenenbildung nicht immer positiv zur Integration wissenschaftlicher Inhalte eingestellt: vorwiegend, wenn die Zielsetzung der Erwachsenenbildung weniger auf Wissensvermittlung als vielmehr auf Persönlichkeitsbildung gerichtet war oder auch aus Widerstand gegen die Dominanz der Intellektuellen. Eine Aufarbeitung der hier angedeuteten Problematik, eine Untersuchung über den Stellenwert wissenschaftlicher Kenntnisse im Rahmen der Volksbildung und die Chancen der Bevölkerung zu Partizipation an Wissen und Wissensproduktion, ist noch zu leisten.

Mit der steigenden Bedeutung wissenschaftlicher Ergebnisse für die moderne Industriegesellschaft hat sich aber die Einstellung der Erwachsenenbildung gegenüber der Vermittlung wissenschaftlicher Inhalte gewandelt. So meint K. Meissner (1969), für die Bewältigung der Aufgaben der Gegenwart sei sogar eine »wissenschaftliche Volkshochschule« notwendig. Sie hätte die Aufgabe, sich vom Antiintellektualismus abzuwenden und den Beitrag der Wissenschaft zur Änderung des öffentlichen Bewußtseins zu fördern. Diese Tendenz zur *Verwissenschaftlichung der Weiterbildung,* die in der Bedachtnahme auf wissenschaftliche Inhalte durch die Erwachsenenbildung und in der wissenschaftlichen Analyse der Weiterbildung besteht, ist unter zwei Aspekten zu sehen:
– in ihrer aufklärenden kritischen Funktion;
– als Instrument, um optimale Funktionalität zu erreichen.
Initiativen von seiten der Hochschulen auf dem Gebiet der Weiterbildung haben schon eine längere Tradition. In England wurden dafür die Bezeichnungen »extra-mural-studies« oder »university-extension« (vgl. Peers, 1963; Künzel 1974) im deutschsprachigen Raum der Begriff »Universitätsausdehnungsbewegung« gewählt (vgl. Altenhuber, 1972).
Für die europäischen Länder ist im letzten Jahrzehnt wieder ein

verstärktes Engagement der Universitäten auf dem Weiterbildungs-
sektor zu vermerken (vgl. Krüger, 1978). Die Angebote der Hochschulen richten sich
– an Absolventen der Universität
– an berufstätige Erwachsene mit Zugangsqualifikation (meistens
  Abitur)
– an berufstätige Erwachsene ohne Abitur, wobei entweder Eingangsvoraussetzungen für die Universität zu erwerben sind oder
  keine verlangt werden.
Die Gespräche über das Verhältnis von Hochschule und Weiterbildung haben in letzter Zeit aus mehreren Gründen wieder Aktualität erlangt:
– durch den gesetzlichen Auftrag an die Hochschulen für die
  wissenschaftliche Weiterbildung Sorge zu tragen (in der Bundesrepublik Deutschland im Hochschulrahmengesetz, in Österreich
  im Universitätsorganisationsgesetz);
– durch Bemühungen um die »Öffnung der Hochschulen«;
– durch neue Konzeptionen im Bereich der Weiterbildung, wobei
  die Hochschule als Institution permanenter Bildung betrachtet
  wird (»recurrent education«, Prinzip der lebenslangen Bildung);
– durch die Aufgabe, Erkenntnisse der Wissenschaft zu populari-
  sieren, das heißt diese in ihrer Bedeutung für die weitere, positive Entwicklung der Gesellschaft aufzuzeigen;
– durch die wirtschaftliche Notwendigkeit, die Qualifikationen
  Berufstätiger zu verbessern;
– durch die Etablierung von Erwachsenenbildung als Teildisziplin
  der Erziehungswissenschaft an den Hochschulen;
– durch das Angebot an Fernstudien, die hauptsächlich von berufstätigen Erwachsenen belegt werden.

4.1 Gesetzliche Festlegungen

Der gesetzliche Auftrag für die Hochschulen, die Aufgabe der
Weiterbildung zu erfüllen, ist im *Hochschulrahmengesetz* (HRG)
von 1976 formuliert. Im § 2, Abs. 3 heißt es: »Die Hochschulen
dienen dem weiterbildenden Studium und beteiligen sich an Veranstaltungen der Weiterbildung. Sie fördern die Weiterbildung ihres
Personals.«
Der Arbeitskreis Universitäre Erwachsenenbildung hat die Anregung des Gesetzgebers aufgenommen und Empfehlungen zu den
Weiterbildungsaufgaben entworfen (vgl. AUE, 1980). Es wird
davon ausgegangen, daß die wissenschaftliche Weiterbildung der

Universitäten nur in Zusammenarbeit mit außeruniversitären Einrichtungen der Erwachsenenbildung geleistet werden soll. Die Empfehlungen umfassen vier Gebiete:
– weiterbildende Studiengänge für Berufstätige
– Beteiligung der Hochschulen an Veranstaltungen der Weiterbildung
– Fortbildung des Personals der Hochschulen
– Entwicklung von Studiengängen in der wissenschaftlichen Disziplin Erwachsenenbildung.
Die *österreichische Hochschulgesetzgebung* betont vor allem die Verpflichtung der Universitäten zur Weiterbildung der Absolventen nach dem Fortschritt der Wissenschaften (vgl. Universitätsorganisationsgesetz § 1, Abs. 3). Indirekt ist aber aus § 104, Abs. 2, desselben Gesetzes ein Engagement der Universität in der Weiterbildung zu interpretieren: »Der Besuch der Lehrveranstaltungen ist jedermann auch ohne Inskription gestattet.«
Für die Praxis österreichischer Universitäten gilt aber, daß sich Fortbildungsveranstaltungen hauptsächlich auf die wissenschaftliche Weiterbildung der Absolventen konzentrieren (vgl. Nigsch/Pichler, 1980). Von einem Anknüpfen an die um die Jahrhundertwende sehr aktive »Universitätsausdehnungsbewegung« österreichischer Hochschulen kann noch nicht die Rede sein (vgl. Lenz, 1979).

4.2 Öffnung der Hochschule

In Zusammenhang mit Angeboten zur wissenschaftlichen Weiterbildung erhält das Schlagwort »Öffnung der Hochschule« mehrere Aspekte:
– attraktive Gestaltung des Zweiten Bildungsweges, um vorwiegend bildungsmäßig benachteiligten Bevölkerungsgruppen den Erwerb der Eingangsqualifikation zu ermöglichen;
– Verzicht auf traditionelle Zugangsvoraussetzung (Abitur), indem z. B. Berufstätigkeit oder der Besuch eines Vorbereitungskurses akzeptiert wird;
– Diskussion der Studierfähigkeit für bestimmte Fachrichtungen;
– größere Bereitschaft der Universität Erwachsene mit Abitur neben ihrer Berufstätigkeit (weiterbildendes Studium oder Kontaktstudium) oder nach ihrer Berufstätigkeit (Seniorenstudium) zu betreuen;
– die curriculare Wende der Hochschule intensiver als bisher Probleme zu behandeln, die gesellschaftlich aktuell und bedeutend sind;

– die Bemühung der Hochschullehrer ihre Veranstaltungen didaktisch so zu planen und zu gestalten (das betrifft den Sprachgebrauch und die Orientierung an den Interessen der Teilnehmer genauso wie angenehme räumliche Bedingungen), daß die besondere Lernsituation Erwachsener berücksichtigt wird.

4.3 Lebenslanges Lernen als Prinzip

Bildung verstehe ich als einen Prozeß, in dem eine Person Gewißheit für das eigene Handeln sucht. Dies geschieht in Form der Auseinandersetzung mit Wissen, eigener Lebenssituation und den sozialen Rahmenbedingungen. Insofern ist Bildung kein abschließbarer Prozeß, sondern eine lebensbegleitende Aufgabe. Bildung in diesem Verständnis beschränkt sich nicht auf Wissenserwerb, der der beschaulichen Analyse oder dem Rückzug aus der gesellschaftlichen Realität dient. Bildung, als Beitrag zu Bewältigung der Lebenssituation und der Lebensprobleme, umfaßt das Bemühen eines Menschen, Orientierung und Begründung für seine Einstellungen, Überzeugungen, Werthaltungen und somit für sein Handeln zu gewinnen.
Bildung als Anstoß zur Auseinandersetzung, hat aufklärenden Charakter. Bildungsmaßnahmen versuchen anzuregen, aus der unmittelbaren Betroffenheit herauszutreten und Distanz zu Sachverhalten und Ereignissen zu gewinnen. Bildung beschränkt sich nicht auf Rezipieren von Wissensinhalten oder kritiklose Übernahme von Wertungen und Einstellungen, sondern fordert die Stellungnahme des Lernenden heraus. Bildung ist eine dauernde Suchbewegung, die sich nicht mit beschaulicher Reflexion bescheidet, sondern letztlich auf Handeln, das sich vom besseren Argument leiten läßt, zielt.
Institutionalisierte Bildung und Ausbildung sind im wesentlichen auf Kindheit und Jugend begrenzt. Dadurch kommt es zu einer gewissen Abgrenzung systematischer und organisierter Auseinandersetzung von der Lebenswelt der Erwachsenen. Vor allem als Hilfe für die Neubestimmung des eigenen Lebensweges, für die Suche nach der eigenen Identität und für die Revision einmal getroffener Auffassungen und Entscheidungen tritt institutionalisierte Bildung wenig in Erscheinung.
Dem Prinzip der lebenslangen Bildung entspricht aber auch, daß nicht nur Institutionen, denen Bildungsaufgaben zugesprochen werden, diese vermitteln können. Bildung als Auseinandersetzung mit Lebensproblemen ist nicht auf organisierte systematische Lernprozesse zu begrenzen.

Institutionalisierte Bildungsmaßnahmen haben einen gewissen Abstand zu aktuellen Problemen (cultural lag); sie reagieren in ihrer institutionalisierten Form eher langsam auf gesellschaftliche Veränderungen. Deshalb suchen Institutionen durch Weiterbildungsangebote, durch Auffrischen und Erneuern einmal erworbenen Wissens, diesem Mangel abzuhelfen. Durch die zunehmende Bedeutung der Weiterbildung könnten sich die Positionen und Aufgaben der traditionellen Bildungsinstitutionen verändern: die Universität nimmt verstärkt die Ausbildung in den Grundlagen wahr, die Forschung wird mehr von der Lehre in den Universitäten getrennt, aber dafür in ihren aktuellen Bezügen für die Weiterbildung fruchtbar gemacht.

Abstand zur Praxis – und damit eine Isolierung der Bildung von Arbeits- und Lebenswelt – machen es notwendig, neue Formen der Verbindung zu finden. Die Wiederaufnahme von Lernprozessen in der Arbeitszeit soll aber nicht nur der Weiterqualifikation zugute kommen, sondern auch Anlaß sein,
– die eigene Situation als arbeitender Mensch in der Gesellschaft,
– die gesellschaftliche Veränderung und damit die Veränderung der Arbeitswelt,
– die Veränderung des eigenen Lebensplanes
zu überlegen.

Der rasche Wechsel des Erkenntnisstandes erfordert die ständige Integration neuer Wissensinhalte, aber auch die Reaktion auf veränderte Betrachtungsweisen und unter Umständen deren Revision. Im persönlichen Lebensbereich handelt es sich vor allem um die durch eigene Geschichte und Erfahrung »gefestigten Grundeinsichten«, die einer Reflexion bedürfen.

Für die Bewältigung von Lebensproblemen zeigt sich, daß Spezialkenntnisse nicht sehr brauchbar sind, sondern übergreifendes Wissen – erworben aus interdisziplinärer Sichtweise – hilfreich ist. Bildungsangebote im Sinne lebenslanger Bildung sollen demgemäß eine andere Strukturierung oder Problematisierung von Wissen und eine andere Fragestellung berücksichtigen, als dies in konventionellen Bildungsinstitutionen geschah und geschieht.

4.4 Qualifikation durch wissenschaftliche Weiterbildung

Gerade die Universität ist als Institution der Lehre und Forschung besonders mit der *Überholbarkeit eines festen Wissensstandes* konfrontiert. Es gehört sogar zu ihrer Aufgabe, einmal erworbenen Wissensstand immer wieder in Frage zu stellen. Als Institution, die berufliche Vorbildung für Führungskräfte vermittelt, unterliegt sie natürlich besonders dem Anspruch, in ihrer Lehre den letzten Stand des Wissens zu repräsentieren. Die Darbietung des aktuellen Standes der Forschung erschöpft sich allerdings nicht in der Übermittlung einer Summe von Kenntnissen. Den aktuellen Stand einer wissenschaftlichen Diskussion wiedergeben, bedeutet auch Fragen, Unsicherheiten, Problemstellungen und Vermutungen, Thesen sowie nicht bewiesene Einsichten vorzubringen. Damit wird die Verpflichtung der Wissenschaft deutlich, bei der Vermittlung eines relativ gesicherten Erkenntnisfeldes zugleich die mögliche Infragestellung und die Grenzen der Aussagekraft anzugeben. Wissenschaftliche Ausbildung impliziert demgemäß die Verankerung des Zweifels und der kritischen Rückfragen beim Lernenden. Im weiteren sollte die Fähigkeit erreicht werden, *selbständig* wissenschaftliche Aussagen in ihrem Stellenwert, in ihrer Bedeutung und in ihrer Reichweite zu beurteilen. Schließlich sollte, und das halte ich für das konstitutive Moment *wissenschaftlicher Bildung,* die Tragkraft wissenschaftlicher Ergebnisse für die Gestaltung der Wirklichkeit erkannt und die Entwicklung von Problemstellungen unterstützt werden, die für die Lösung offener Fragestellungen wichtig sind. Daraus ergibt sich Grundlagenforschung und Achtung der Praxis durch Wissenschaft. Als Konsequenz für die wissenschaftliche Lehre stellt sich die Aufgabe, die Lernenden soweit wie möglich in den Prozeß des Fragens, Suchens, Verunsicherns einzubeziehen, um Wissenschaft als Erkenntnisprozeß verständlich und begreiflich zu machen. Das Projektstudium sowie Versuche interdisziplinärer Lehre – der Begriff des »forschenden Lehrens« trifft den hier formulierten Anspruch wahrscheinlich am ehesten – sind noch intensiver zu nutzen. Damit ist auch gemeint, daß Veranstaltungen im Rahmen wissenschaftlicher Weiterbildung nicht bloß die Intention haben können, neue Erkenntnisse anzubieten. Es kommt vielmehr darauf an, aus Anlaß wissenschaftlicher Problemstellungen bei den Teilnehmern kritisches Potential anzuregen und weiter zu entfalten. Umgekehrt besteht für die Universität eine große Herausforderung, wenn sie Weiterbildung für Absolventen oder für Erwachsene ohne Hochschulerfahrung anbietet: *Wissenschaftliche Lehre bedeutet, sich dem Urteil der Lernenden zu stellen und das Urteil der Lernenden zu provozieren.*

Beachtet man die Analysen innerbetrieblicher Weiterbildungsmaßnahmen, die E. Schmitz (1978) durchführte, so zeigt sich der wissenschaftliche Beitrag keineswegs im soeben beschriebenen Verständnis. Wo Weiterbildung der Verteilung technisch-organisatorischer Kenntnisse dient, um einer Arbeitssituation zu genügen, die neue Fertigkeiten oder neues Wissen erfordert, spricht Schmitz von »adaptiver Weiterbildung«.

Mit technologischen Innovationen versuchen vorwiegend kleinere und mittlere Betriebe in externen Veranstaltungen bekannt zu werden. Großbetriebe sind von der externen Verteilung innovatorischen Wissens eher unabhängig, ».. . da sich hier der Transfer von Wissen in das Unternehmen vor allem auf Kontakte mit der Wissenschaft beschränkt, die von den Mitgliedern der betrieblichen Forschungsabteilung gepflegt werden und die sich als laufende Kommunikation mit der jeweiligen wissenschaftlichen Disziplin verstehen lassen« (Schmitz, 1978, S. 182). Dies ist besonders bei großen Unternehmen der Fall, die eigene Forschungsstätten unterhalten. Schmitz fährt aufgrund seiner Untersuchungen fort: »In diesen Fällen beschränkt sich der Bedarf dieser Unternehmen an neuem naturwissenschaftlichen Wissen nur auf einige spezielle Ergebnisse der Grundlagenforschung. Ansonsten stellt sich die Diffusion von technischem Wissen dort hauptsächlich als internes Problem dar, wobei es darum geht, die in unternehmenszentralen Stabsabteilungen entwickelten technischen Problemlösungen innerhalb der Unternehmensorganisation zu verbreiten.«

Wissenschaftliche Kenntnisse interessieren nur soweit, wie sie den Betrieb effizienter zu gestalten helfen. Es ist verständlich, daß dann Forschung und Anwendung ihrer Ergebnisse in einem sehr linearen Mittel-Zweck-Zusammenhang betrachtet werden. Lange grundsätzliche Reflexionen würden sich im Sinne der Effizienz nur störend auswirken. Das zweite Problem ergibt sich aus der weiteren Distribution des neuen Wissens auf die verschiedenen Ebenen eines Betriebs zu den betreffenden Angestellten. Hier wird wissenschaftliche Erkenntnis eindeutig zum Verwendungswissen reduziert, darüber hinaus auch nicht mehr in seiner Komplexität vermittelt, sondern nur mehr für den Detailbereich des jeweiligen Produktionsabschnittes portioniert. Instrumentalisierte Teilergebnisse wissenschaftlicher Forschung stehen zur Verfügung. Sie sind losgelöst aus einem Gesamtzusammenhang und in ihrer Isoliertheit kritischer Auseinandersetzung schwer zugänglich.

Dieselbe Problematik ergibt sich auf dem Sektor, wo »Sozialtechniken« angeboten werden. Auch hier steht vor allem die Umsetzung in gebrauchsfertige Anwendung im Vordergrund – im Rahmen innerbetrieblicher Weiterbildung von der Logik des Systems her verständlich. Andernfalls wäre vermutlich für viele, über den sozialen Umgang reflektierende Mitarbeiter, Arbeitsform, Kommunikation und daraus resultierender Lebensstil schwer zu ertragen.

Wissenschaftliche Weiterbildung steht in der Spannung von Reflexion und Verwendungswissen. Es liegt nicht zuletzt an den Wissenschaftlern selbst durch die Betonung der sozialen Dimension ihrer Erkenntnisse, die Instrumentalisierung und Vermarktung zumindest in Frage zu stellen.

4.5 Popularisierung von Wissenschaft

Versucht man sich in Popularisierung von Wissenschaft, so gerät man leicht zwischen die Stühle. Von Wissenschaftlern wird man schnell als Übersetzer abgewertet. Adressaten wissenschaftlicher Vorträge und Publikationen stehen dem Versuch der Popularisierung oft mit Verwunderung, wenn nicht mit Ablehnung, gegenüber. Sind sie es doch gewohnt, von wissenschaftlicher Seite mit Fremdwörtern, Fachjargon und Komplexität bedacht zu werden – wer mit klarer Sprache den Wert wissenschaftlicher Erkenntnisse für die alltägliche Lebenswelt darzustellen versucht, kommt leicht in den Verdacht, kein »echter« Wissenschaftler zu sein.
Neben diesem Vorurteil, das in den Schattierungen von Autoritätsgläubigkeit bis Gleichgültigkeit auftritt, existieren noch andere:
– Die Hochschule wird als *entpolitisierter Raum* verstanden. Ihre Vertreter sollen neutral und sachlich informieren, diskutieren und berichten. Demgemäß erwartet die Öffentlichkeit wertneutrale Aussagen und nicht weltanschaulich beeinflußte Stellungnahmen.
– Wissenschaftlich begründeten Ansichten wird *Wahrheitscharakter* zugemutet. Verwirrend ist es scheinbar für die Öffentlichkeit, wenn widersprüchliche Stellungnahmen zu einem Sachverhalt getroffen werden. In letzter Zeit war dies bei den Themen Atomenergie, Umweltverschmutzung, Gesundheit deutlich. Die Einsicht, daß Wissenschaft in starkem Maße darauf ausgerichtet ist, Widersprüche zu gefundenen Ansichten herauszufordern, scheint für die Öffentlichkeit nicht einfach nachzuvollziehen.
– Der Anspruch auf *Wahrheit* und damit auf Erklärung des »richtigen Verhaltens« läßt außer acht, daß wissenschaftliche Erkenntnisse auf historisch sich wandelnden Interpretationsmustern beruhen. Ferner handelt es sich nicht um eine geradlinige Entwicklung, sondern um eine in Brüchen und Widersprüchen (vgl. Kuhn, 1973).
– Von der Wissenschaft wird erwartet, *Sinngebung für den Lebensvollzug* zu leisten. Die für die Sozialisation des Menschen traditionell bedeutsamen Mächte, wie das autoritäre Staatsoberhaupt, die Kirche oder das Militär, haben in demokratischen Staatsformen ein gewisses Maß ihrer Wirkung verloren. Von der wissenschaftlichen

Erkenntnis der Welt wird erhofft, ein rationales Verhalten empfohlen zu bekommen, das Lebensprobleme lösen hilft. Diese Haltung vergißt, daß wissenschaftliche Aussagen, in einer Atmosphäre der Rationalität getroffen, eher der Lebenspraxis fernstehen. Außerdem übersieht man damit die Täuschung, daß Handeln, der eigenen Entscheidung entbunden, nun neuen Göttern oder neuen Autoritäten übertragen wird.

– Vom Wissenschaftler wird eine besondere *Moral* erwartet. In Analogie zur Annahme, mit Wissenschaft sei Wahrheit erkennbar, werden dem Wissenschaftler moralische Eigenschaften wie Redlichkeit, Integrität, bedingungsloses und unbeeinflußbares Erkenntnisstreben zugesprochen. Forschungsarbeit, meint man demzufolge, gehe in Unabhängigkeit von gesellschaftlichen Interessengruppen, finanziellen Verlockungen und persönlichen Karrierestreben vor sich.

Wer solche Vorstellungen nicht kultiviert, dem fällt auf, daß der gegenwärtige Wissenschaftsbetrieb im deutschsprachigen Raum einen borniertenen Standpunkt einnimmt. Finanziert von der Öffentlichkeit gibt es nur wenige Ansätze zu bemerken, für diese Öffentlichkeit zugänglich zu werden. Das bezieht sich auf die Publizität in Wort, Bild und Schrift. Das gilt aber auch für die Aufgeschlossenheit gegenüber der Artikulation und Lösung von Problemen, denen gesamtgesellschaftliche Bedeutung zukommt. Ich halte die Universität nicht für den Seismographen gesellschaftlicher Nöte. Die Tätigkeit in »Einsamkeit und Freiheit« verlangt aber nach einem Korrektiv. Dieses bieten die Universitäten nicht ausreichend – kritischen Stimmen von Insidern bleibt aufgrund von Hauspolitik nur allzu leicht die Aufmerksamkeit versagt. Auch die Ministerien stellen kein Korrektiv dar, weil sie durch Bürokratie und politische Verantwortung befangen sind. Die Massenmedien schließlich beschränken sich zumeist auf Wiedergabe oder Sensationsberichte – kritische Rückfragen geschehen selten und noch seltener erlauben sich Journalisten Fragen nach Aufgaben und Verantwortung wissenschaftlicher Disziplinen. Das wissenschaftliche Ghetto pflegt sich oft selbst und wird gepflegt.

Die soziale Bedeutung von Wissenschaft kommt in dieser Situation kaum ins Gespräch. Gemeint ist nicht die unmittelbare Anwendung wissenschaftlicher Erkenntnisse in gesellschaftlicher Praxis, sondern die Wirkung in neuen Produktionsformen, veränderten Möglichkeiten der Kommunikation oder der Lebensgestaltung. Arbeits- und Lebensbedingungen ändern sich und damit die Sozialisationsbedingungen für den Menschen. Wissenschaft zeigt sich hier in ihrer hier in ihrer politischen Dimension.

Nach diesen Überlegungen kann ich mein Verständnis von Popularisierung definieren: *Popularisierung* von wissenschaftlichen Erkenntnissen heißt, diese mit ihren aufklärerischen, politischen und kritischen Elementen darzustellen. Unter Berücksichtigung der Lebenswelt der Adressaten verliert die Systematik der Disziplinen an Bedeutung. Eine Neuorientierung in der Problemsicht, die sich in Forschung und Lehre niederschlägt, folgt daraus. Wissenschaftliche Weiterbildung für Adressaten, die bislang keinen Kontakt mit der Universität hatten, erfordert also kritische Reflexion über die Aufgabe der Hochschule. Der Versuch, für Wissenschaft mehr Öffentlichkeit zu erreichen, bringt somit die Frage nach dem gesellschaftlichen Stellenwert der Hochschule und dem Stand der Hochschulreform radikal ans Licht – allerdings nur für jene Forscher und Lehrer, die ihr Publikum nicht vornweg als unkritische Konsumenten zynisch abqualifizieren.

4.6 Fernstudium

Die Arbeits- und Lebenssituation Erwachsener legt es nahe, Lernformen zu finden, die es ihnen gestatten, möglichst unabhängig von zeitigen und räumlichen Bedingungen, ihren Lernanstrengungen nachzugehen. Fernunterricht, bei dem die Wissensvermittlung im wesentlichen über schriftliche Materialien, Ton- oder Fernsehaufzeichnungen erfolgt, haben deshalb in der Weiterbildung eine längere Tradition.

Seit Mitte der sechziger Jahre wurden in der Bundesrepublik Deutschland Konzepte für Fernstudien intensiv diskutiert. Die Absichten dieser Konzepte richteten sich in erster Linie auf die Ziele »Öffnung der Hochschule« und Studienreform. Dies erfolgte im Rahmen einer Bildungs- und Hochschulpolitik, die Hamann (1979, S. 212 ff.) einer »dissoziativen Phase« zuordnet. In dieser Periode (etwa von 1966 bis 1969) standen die Aufgaben der Qualifikation und der sozialen Integration des Bildungswesens im Vordergrund. Führende Forschungsarbeit leistete das DIFF (Deutsches Institut für Fernstudien) in Tübingen. Erste Programme wurden für die Lehrerfortbildung, für Interessenten des Zweiten Bildungsweges (Telekolleg) und das Kontaktstudium (Funkkolleg) angeboten. Hamann findet allerdings, daß der Anspruch, Chancengleichheit herzustellen, über diese Angebote nicht eingelöst wurde und kritisiert (ebd., S. 242): »Der in der dissoziativen Phase verkündeten *Zielsetzung* der *Öffnung der Hochschulen für* möglichst *jedermann* u. a. *durch* das ›*System Funkkolleg*‹ ist man nicht näher gekommen. Dazu trug natürlich auch bei, daß die einzelnen Funkkollegs nicht in nennenswertem Umfang von den entsprechenden Fachbereichen der Hochschulen als substitutive Studienleistungen anerkannt worden sind, infolgedessen konnten sie nicht nennenswert zur Erhöhung der Kapazitäten des tertiären Bereichs beitragen« (Hervorhebung von Hamann).

Ende 1974, unter dem Eindruck der Kapazitätsprobleme im universitären Bereich, wurde die Initiative, in Hagen (Nordrhein-Westfalen) eine Fernuniversität zu gründen, realisiert. »Kapazitätsentlastung« steht auch als Perspektive im Bericht des Gründungsrektors über das erste Arbeitsjahr der Fernuniversität (vgl.: Die Fernuniversität, 1976, S. 160): »Die Fernuniversität wurde mit dem Ziel gegründet, ›neuartige Kapazitäten‹ zu schaffen, um die bestehenden Hochschulen angesichts der Tatsache zu entlasten, daß infolge der schwierigen Haushaltslage die Grenzen des Hochschulausbaus in Nordrhein-Westfalen und auch in anderen Bundesländern erreicht sind. ›Kapazitätsentlastung‹ hieß deshalb in der Gründungsphase vor allem die Devise.« Die weiteren Zielsetzungen lauteten: für die Studienreform Impulse zu geben und die Weiterbildung zum eigenständigen vierten Bereich des Bildungswesens entwickeln zu helfen.

Gewiß ist es nach wenigen Jahren noch schwierig, Situation und Zukunft einer neuen Hochschule zu beurteilen. Mußte sich doch die Fernuniversität in Hagen zunächst einmal organisieren, gegenüber den etablierten Universitäten profilieren und mit ihren besonderen Aufgaben vertraut machen. Gemessen aber an den formulierten Zielansprüchen bleibt eine gewisse Skepsis gegenüber der praktischen Durchführung allerdings nicht unbegründet (vgl. Hamann, 1979, S. 318 ff.; Brinck, 1979). Im Vergleich mit Englands Open University fallen bei der Fernuniversität die rigidere Form der Herstellung von Studienprogrammen und die geringere Bereitschaft, Hörer ohne Hochschulzugangsberechtigung zum Studium zuzulassen, auf (vgl. Brinck, 1979). Schließlich hat die Fernuniversität, nach Ansicht Hamanns (1979, S. 375), auf didaktischem Gebiet keine alternativen Lehr- und Lernformen gefördert, sondern eher pragmatisch agiert: »Die ursprünglich in der Fernstudiendebatte vorhandenen Reformintentionen auf der Ebene pädagogisch-didaktischer Ansprüche an Studium und Lehre mußten im Laufe der Entwicklung dem Kosten- und Kapazitätsaspekt untergeordnet werden und sind inzwischen völlig verlorengegangen.« Immerhin besteht die Hoffnung, daß nach einer Konsolidierungsphase und der verstärkten Aufmerksamkeit, die wissenschaftlicher Weiterbildung zugewendet wird, didaktische Fragen des Fernstudiums wieder mehr Gewicht bekommen.

In *Österreich* hat man von der Gründung einer eigenen Fernuniversität vor allem wegen der wirtschaftlichen Rentabilität Abstand genommen. Hier wird ein eigenständiges Fernstudienkonzept verfolgt: Die Universitäten werden in Zusammenarbeit mit dem Interuniversitären Forschungsinstitut für Fernstudien (Universität Klagenfurt) an der Entwicklung von Programmen beteiligt. Fernstudien sollen dann als Teile regulärer Studien eingesetzt werden. Für verschiedene Bereiche sind Fernstudien geplant und teilweise bereits in Erprobung:
– als Teile konventioneller Studiengänge,
– als Ergänzungs- und Erweiterungsstudien,
– in der wissenschaftlichen Weiterbildung von Absolventen,
– für den Erwerb der Hochschulzugangsberechtigung (Studienberechtigungsprüfung),
– als Angebot im Rahmen allgemeiner Erwachsenenbildung.
Zielsetzungen wie Öffnung der Universität, Studienreform in curricularer und didaktischer Hinsicht, Chancengleichheit und Kapazitätserweiterung charakterisieren auch dieses Konzept. Es bleibt abzuwarten, wie es mit diesem integrativen Versuch gelingt, den Ansprüchen gerecht zu werden.

4.7 Erwachsenenbildung als wissenschaftliche Disziplin

Erste Ansätze, die Weiterbildung wissenschaftlich aufzuarbeiten, gingen 1927 von der Deutschen Schule für Volksforschung und Erwachsenenbildung aus (vgl. Henningsen, 1958). Doch erst nach 1945 begann sich die Forschung auf diesem Gebiet intensiver durchzusetzen. Neben dem genuin pädagogischen Interesse waren es soziologische Fragestellungen, die diese Thematik aufgriffen. Strzelewicz (1968, S. 17) unterscheidet *zwei Linien der Forschungsarbeit:*
– erstens die an sozialen und politischen Emanzipationsprozessen sowie an der Veränderung der Qualifikationsanforderungen interessierte, systematische Theoriebildung,
– zweitens statistische Übersichten über Hörerzahlen, Themenauswahl, Lehrerschaft und Verwaltungsagenden, die vorwiegend wegen finanzieller Fragen und kulturpolitischer Aktivitäten notwendig wurden.
Das Interesse der Soziologie an der Erwachsenenbildung erklärt Strzelewicz mit den Veränderungen in der Gesellschaft (Freizeitentwicklung, Abnahme der Berufstätigen in der Landwirtschaft und Zunahme der Beschäftigten in den Dienstleistungsberufen),

mit der Entwicklung der empirischen Soziologie (etwa ab 1950 werden die in den angelsächsischen Ländern entwickelten Methoden der Sozialforschung übernommen) und mit den Veränderungen in den Bildungskonzeptionen (Berücksichtigung von gesellschaftlichen, politischen und wirtschaftlichen Aspekten in Bildungsfragen, Neubestimmung des Verhältnisses von Allgemein- und Berufsbildung, Industrialisierung und Demokratisierung der Gesellschaft).

In den sechziger Jahren begann sich mit der Einsicht in die Brauchbarkeit und Verwertbarkeit der Erwachsenenbildung auch die Psychologie und im besonderen die Entwicklungspsychologie stärker mit dem Erwachsenen zu befassen. Lernfähigkeit, Lernverhalten, Motivationsfragen des Erwachsenen und ähnliches traten bei Forschungsarbeiten in den Vordergrund. Schließlich sollten solche Aussagen auch für die Weiterbildungsplanung nützlich sein. Parallel zur erweiterten Forschungstätigkeit begann sich auch die Lehre an den wissenschaftlichen Hochschulen zu etablieren. Beklagte H.-K. Beckmann noch 1969, daß es in der Bundesrepublik Deutschland nur einen Lehrstuhl für Erwachsenenbildung gab (vgl.: Klafki, 1971, Bd. 3, S. 245), so ist es heute bereits an 27 Hochschulen der Bundesrepublik Deutschland möglich, das erziehungswissenschaftliche Diplomstudium mit dem Schwerpunkt Erwachsenenbildung zu studieren (vgl. Gerhard, 1981).

In *Österreich* wurde 1971 am Institut für Pädagogik der Universität Wien ein Lehrstuhl für »Erwachsenenbildung und außerschulische Pädagogik« eingerichtet. An anderen Universitäten wird die Disziplin Erwachsenenbildung durch Lehraufträge vertreten. Forschungsarbeiten werden eher von Instituten für Soziologie oder Psychologie als von solchen für Erziehungswissenschaft durchgeführt.

Näher eingehen möchte ich auf das für die wissenschaftliche Erwachsenenbildung wichtige *Problem des Verhältnisses von Theorie und Praxis.* Diese Frage scheint zentral für das Teilgebiet einer wissenschaftlichen Disziplin, die sich als Reflexion und Analyse von Praxis für Praxis versteht. Wer sich als Wissenschaftler in der Weiterbildung beschäftigt, ist mit zwei – nicht immer konvergierenden Erwartungen – konfrontiert.

a) *Erwartungen von seiten des Wissenschaftsbetriebes:* Erwachsenenbildung als Spezialgebiet innerhalb der Erziehungswissenschaft, muß sich als Fachgebiet erst etablieren und Anerkennung bei den traditionellen wissenschaftlichen Disziplinen finden. Damit ist für jemanden, der Erwachsenenbildung wissenschaftlich betreibt, die Anstrengung verbunden, sich durch Publikationen, die dem traditionellen Wissenschaftsbetrieb entsprechen, sowie durch Forschung und Lehre Reputation zu verschaffen. Dabei wird im wesentlichen auf Methoden, Designs, Theoriekonzepte und Ergebnisse anderer Einzelwissenschaften zurückgegriffen, weil sich Eigenständigkeit noch nicht entfaltet hat. »Wenn sich die Wissenschaft der Erwachsenenbildung damit begnügt, bekannte psychologische, soziologische, bildungsökonomische u. a Erkenntnisse lediglich zu übertragen, wird sie sich kaum gegenüber diesen Wissenschaften emanzipieren können – was konkrete Auswirkungen bis zur inneruniversitären Verteilung von Mitteln und Personalstellen haben kann« (Siebert, 1979, S. 58). Somit sieht man sich als Wissenschaftler auf dem Gebiet der Weiterbildung einer *doppelten Belastung* ausgesetzt: Zum einen wird man mit Skepsis betrachtet, weil man von den Vertretern etablierter Einzelwissenschaften wegen fehlender Grundlagenforschung noch keine vollwertige Anerkennung erhält; zum anderen handelt man sich den Vorwurf des Eklektizismus ein, wenn man auf Erkenntnisse der Sozial- oder Humanwissenschaft zurückgreift.

b) *Erwartungen von seiten der Erwachsenenbildner:* Personen, die in der Weiterbildung haupt- oder nebenberuflich tätig sind, erwarten sich von der Wissenschaft Unterstützung, Hilfe und Anleitung für ihre Tätigkeit. Sie fordern Richtlinien an, um ihre Arbeit mit den Erwachsenen möglichst optimal zu gestalten. Hinweise, die diese Aufgaben erfüllen, sollen sehr präzis, unkompliziert und handlungsregulierend formuliert sein. Diese Erwartung hängt mit der Vorstellung zusammen, daß wissenschaftliche Aussagen sicheres und richtiges Handeln ermöglichen. Für den Wissenschaftler bringt diese Haltung das Dilemma, mehr geben zu sollen, als er hat. Offenheit gegenüber den Praktikern ist angebracht: Der Wissenschaftler kann eben nicht Lösungen für die konkreten Fälle und Situationen der Arbeit des Weiterbildners anbieten, sondern allenfalls pädagogisches Handeln und dessen Bedingungen analysieren und reflektieren. Wer Wissenschaft im andragogischen Bereich vermittelt, hat die Aufgabe, Orientierungshilfen für Fakten, Erkenntnismethoden, Theorieansätze oder Problemstellungen anzubieten. Daraus ergibt sich das Ziel, dem Erwachsenenbildner ein selbständiges Urteil über die »Brauchbarkeit« wissenschaftlicher Erkenntnisse für das pädagogische Handeln zu gestatten: kein Vorurteil, das wissenschaftliche Aussagen für die Praxis generell als wertlos einschätzt, keine Unterwerfung unter wissenschaftliche Autorität, sondern die Einsicht, daß wissenschaftliche Aussagen einen begrenzten Stellenwert haben und besonders auf praktische pädagogische Situationen nicht einfach handlungsnormierend angewandt werden können.

Wissenschaftliche Tätigkeit geschieht nie völlig neutral. Die wissenschaftstheoretischen Voraussetzungen, die verfolgten Zielsetzungen, beinhalten Implikationen, die eine völlige Unabhängigkeit von weltanschaulichen Standpunkten fraglich erscheinen lassen. In der wissenschaftlich ausgerichteten Weiterbildung merkt man darüber hinaus oft die Orientierung an den Zielsetzungen und gesellschaftspolitischen Positionen diverser Institutionen der Erwachsenenbildung. Siebert (1977) hat für die Weiterbildung eine idealtypische Klassifizierung theoretischer Positionen vorgeschlagen: personalistisch, marktorientiert, reformerisch, politökonomisch, neomarxistisch, systemtheoretisch und alltagstheoretisch (vgl. Siebert, 1977 und Siebert, 1979, S. 42 ff.).
Ich halte es für günstiger, eine solche Unterscheidung theoretischer Ansätze in Hinblick auf den gewünschten Praxisbezug der jeweiligen wissenschaftlichen Position zu treffen. Ebenfalls idealtypisch gesehen – also in der Wirklichkeit wahrscheinlich nicht in dieser »reinen« Form vorkommend – ergeben sich dann *vier Richtungen wissenschaftlicher Erwachsenenbildung:*
– *gesellschaftsverändernde Position:* dies reicht von reformerischen Aspekten (Beitrag zur Chancengleichheit, Aufhebung nicht akzeptabler Lebensbedingungen durch Bürgerinitiativen) bis zur revolutionären Einschätzung (Erwachsenenbildung als Vehikel des Klassenkampfes) der Weiterbildung,
– *neutrale Position:* sie verfolgt am ehesten das Ziel, Fakten zu produzieren und fühlt sich im positivistischen Sinn frei von weltanschaulicher Gebundenheit, das Anliegen, für die Praxis zu wirken, ist nicht sehr ausgeprägt;
– *individualisierende Position:* hier versteht sich Erwachsenenbildung unmittelbar bezogen auf Einzelfallhilfe (Beratung, Erwachsenenbildung als Therapie, Resozialisierung), zumeist verbunden mit einer psychologisierenden Betrachtungsweise;
– *systemfunktionale Position:* sie versucht Material zu liefern, wie Lernanstrengungen und Sozialisationsvorgänge, die nicht systemverändernd oder -transzendierend motiviert sind, möglichst effektiv zur Geltung kommen (Konzepte beruflicher Weiterbildung).
Diese Positionen bringen auch didaktische Konsequenzen mit sich. An dieser Stelle (vgl. ausführlicher den Abschnitt »Methodisches Handeln«) möchte ich das nur kurz andeuten: Weiterbildung in gesellschaftsverändernder Absicht hat Interesse, Lernsituationen

zu schaffen, in denen konkrete Erfahrungen gewonnen werden. Systemfunktionale Erwachsenenbildung ist eher auf Effektivität des Lernens, weniger auf Kritik und Infragestellen gerichtet. Praxisbezug kommt dort zustande, wo sich der Wissenschaftler selbst um die Umsetzung bemüht und sie nicht an andere delegiert. Die Publikation von Ergebnissen allein bringt eine eher bescheidene praxisrelevante Wirkung mit sich.

Will die Hochschule in Hinkunft stärker als bisher erwachsene, berufstätige Interessenten ansprechen, so ist eine verstärkte wissenschaftliche Aufarbeitung, der sich aus dieser Aufgabe ergebenden Probleme angebracht. Beispielhaft hebe ich einige Themen für Weiterbildungsforschung, die meiner Meinung nicht allein auf Institute der Erziehungswissenschaft mit dem Schwerpunkt Erwachsenenbildung konzentriert zu sein braucht, hervor:

- Bildungsbedarf Erwachsener nach universitären Lehrinhalten;
- Umstrukturierung bestehender Curricula, um für Erwachsene attraktiv zu sein;
- didaktische Voraussetzungen für erwachsenengerechte Lernsituationen;
- Einstellung der Hochschullehrer gegenüber den neuen Adressaten;
- Ausbau begleitender Maßnahmen wie Beratung, Stipendien, Lehrmaterialien, Wochenendseminare;
- Kooperationsmöglichkeiten mit Institutionen der Erwachsenenbildung;
- Zulassungsvoraussetzungen für Erwachsene – Angebote von vorbereitenden Kursen;
- finanzieller und personeller Aufwand;
- gesetzliche Regelungen.

5. Erwachsenensozialisation

Findet die Frage der Sozialisation Erwachsener in der Wissenschaft zu wenig Berücksichtigung? Wird die Problematik von wissenschaftlicher Seite verdrängt? Diese Vermutungen drängen sich auf, wenn man die wenigen in deutscher Sprache erschienenen Monographien zu diesem Thema zur Kenntnis nimmt (Brim/Wheeler, 1974; Griese 1976; Griese, 1979 a). Einzelwissenschaften wie Soziologie, Psychologie, Pädagogik oder Anthropologie nähern sich offensichtlich nur sehr selten dieser Problematik. Das Fehlen systematischer Erforschung dieses Bereichs veranlaßt Griese zur Feststellung: *»Eine in sich geschlossene oder gar empirisch gesicherte Theorie der Erwachsenensozialisation existiert nicht. Ebenso mangelt es an Ansätzen, die geeignet sind, Erwachsenensozialisation innerhalb einer Theorie der lebenslangen Sozialisation analytisch zu erfassen. Der Objektbereich Erwachsenensozialisation stellt nach wie vor ein oftmals zitiertes, aber wenig empirisch untersuchtes und theoretisch umschriebenes Forschungsfeld der Sozialwissenschaften dar«* (Griese, 1979, S. 186; Hervorhebungen von Griese).
Ich habe einige Gründe für diese Enthaltsamkeit überlegt:
– Die Humanwissenschaften konzentrierten (und konzentrieren sich zum Großteil noch immer) bei der Untersuchung menschlicher Verhaltensweisen auf Kindheit und Jugend.
– Aus erzieherischer Sicht werden die ersten Lebensjahrzehnte als sehr beeinflußbar angesehen. Besonders Erfahrungen in der frühen Kindheit spricht man – aus Erkenntnissen der Psychoanalyse – Bedeutung für das Verhalten im späteren Leben zu. Umgekehrt proportional zum zunehmenden Alter verringert sich – nach üblicher Annahme – beim Menschen die Bereitschaft, seine Lebensweise zu ändern.
– Diese Vorstellung vom »fertigen« Erwachsenen mit stabilen, statischen Persönlichkeitszügen birgt offensichtlich eine politische Komponente. Der »fertige« Erwachsene ist relativ berechenbar (z. B. in seinem Wahlverhalten) und verläßlich (etwa in seinem Bedürfnis nach Sicherheit und politischer Stabilität). Ob vielleicht das Wunschbild von der gefestigten Persönlichkeit des Erwachsenen selbst erhalten werden soll?
So stabil, konfliktfrei und ohne Brüche läuft aber das Leben erwachsener Menschen nicht ab. An drei Lebensbereichen möchte ich das erläutern:
1. Im *persönlichen Bereich* sieht sich der Erwachsene z. B. mit

seiner Erziehungsauffassung und seinen Erziehungszielen konfrontiert, wenn er mit schulischen Normen nicht konform geht. Im familiären Bereich gibt es unterschiedliche Auffassungen zwischen den Ehepartnern sowie zwischen Eltern und Kindern. Hier wird der Erwachsene mit neuen Interessen und Auffassungen bekannt, die er verarbeiten muß – es sei denn, er setzt sich gleichgültig oder autoritär über diese hinweg. Mit Heranwachsenden zusammenzuleben und an ihrer schulischen Betreuung Anteil zu nehmen, bedeutet einfach Herausforderung, die eigenen Wertvorstellungen, Einstellungen, Einsichten und Verhaltensweisen der kritischen Auseinandersetzung preiszugeben. Das Ende einer Partnerbeziehung halte ich für einen besonders gravierenden Bruch in bis dahin gepflegten Verhaltensweisen. Die Suche nach einem neuen Anfang, nach neuen Freundesbeziehungen, oder – besonders bei Frauen – der Wunsch nach Bildungsmöglichkeiten und damit verbunden nach verbesserter Berufsqualifikation, um die finanzielle Selbständigkeit zu sichern, ist mehr als Äußerlichkeit (vgl. M. Wander, 1978, mit ihren Lebensbildern von Frauen). Lebenseinstellung, Perspektiven, Selbstbewußtsein, Gewohnheiten unterliegen, besonders in Lebensphasen der Umorientierung, einem revidierenden Urteil – ein neuer Anfang wird gesetzt.

2. Der Wechsel des Arbeitsplatzes gilt wohl für den *beruflichen Bereich* als deutliches Beispiel für Instabilität im Leben des Erwachsenen. Einstellen auf den neuen Chef, die neuen Kollegen, veränderte Arbeitsbedingungen, gewandelte Anforderungen und Konkurrenzsituation oder geänderte Zielsetzung des Unternehmens sind Anlässe für den Erwachsenen, sein Verhalten zu kontrollieren und eventuell zu revidieren. Sehr auffällig und oft mit Konflikten behaftet ist die Situation eines Erwachsenen, der von einer untergeordneten Funktion zur Führungskraft aufsteigt. Abgesehen vom Verhalten gegenüber anderen ist die Übereinstimmung mit sich selbst, die Identität mit bisher vertretenen Werten, in solchen Fällen nicht ganz einfach durchzuhalten. Wo es sich um ein Verlassen des bisherigen Lebensraumes handelt – sozialer Aufstieg vom Arbeiter zum Angestellten, Mobilität vom Land in die Stadt – kommt es zu Krisen, deren Bewältigung offensichtlich für eine längere Lebenszeit anstehen. (Literarisch finde ich diese Problematik am eindruckvollsten bei Wolfgruber, 1978, behandelt.) Wo der Bruch mit den bisherigen Lebensformen nicht erfolgt, und es deshalb zu einer dauernden Konfrontation mit der Umgebung kommt, oder wo er so total erfolgt, daß der traditionelle Lebensrahmen völlig abgelehnt wird, zeigt das Leben ausländischer Arbeiter (vgl. die Biographien, die Max von der Grün, 1975, zusammengestellt hat).

3. Keine stabilen Formen sind schließlich im *politischen Bereich* zu

erkennen. Seit der Jahrhundertwende wechselten Monarchie, Republik, Diktatur, Demokratie – Staatsformen, auf die sich die Menschen jeweils einstellen mußten. Für die Persönlichkeitsentwicklung und Ausprägung von Verhaltensweisen ist das politische Klima nicht unbedeutend: der Glaube an eine oberste Autorität (Kaiser oder Führer), der unbedingte Gehorsam gegenüber Vorgesetzten (Militarismus), die Zugehörigkeit zu einem Volk und damit verbunden die Ablehnung Fremder (Nationalismus), das Vertrauen auf eigenes Urteil und eigene Entscheidungsfähigkeit (Demokratie) oder die Herstellung materiellen Wohlstandes als wichtigstes Ziel (konsumorientierte Leistungsgesellschaft) bergen Ansprüche an die Menschen, die nicht widerspruchsfrei miteinander existieren können. Dieser Wechsel der politischen Gegebenheiten, der gesellschaftlichen Bedingungen und der persönlichen Ansprüche erlaubt eine erste Erklärung für *Sozialisation: Sie hat integrierende Funktion, um eine relative Stabilität gesellschaftlicher Systeme zu gewährleisten.*

Das Leben der Erwachsenen erweist sich also nicht als ein stabiler, linearer Ablauf, in dem sich gefestigte Verhaltensweisen kontinuierlich entfalten. Unübersehbar zeigen sich eine große Zahl von Aufforderungen, einmal gefundene Lebenseinstellungen zu verändern. Der Umgang mit Energie, das Verhalten im Verkehr, die Einstellung gegenüber Kindern, tolerante Haltung zu Ausländern oder Rücksichtnahme auf Körperbehinderte stellen einige Beispiele dar, wofür gegenwärtig Umdenken und Neuorientierung im Handeln vom Erwachsenen erwartet wird. Die Beeinflussung der Erwachsenen geht über Broschüren, Radio, Fernsehen, Ansprachen in Kirche und Öffentlichkeit u. a. m. vor sich. Das Erfüllen solcher Erwartungen wird, je nach gesellschaftlicher Bedeutung, an bestimmte Sanktionen gebunden. Dieser alltägliche Einfluß auf den Menschen, der je nach Erwerbssituation, sozialer Position, ökonomischer Struktur, politischer Staatsverfassung unterschiedlich verläuft, fällt normalerweise im Alltagsleben gar nicht besonders auf. Ganz offensichtlich wird aber die Normiertheit, in der wir uns bewegen, wenn wir erkennen, wie fremd sich Flüchtlinge oder Fremdarbeiter in unserer Gesellschaft fühlen. Wo wir nicht borniert den Fremden, mit seiner Schwierigkeit sich bei uns einzuleben, ablehnen, scheint Gelegenheit zu bestehen, das eigene Verhalten auf seine Richtigkeit zu befragen. Wo wir sehr stark zur Integration beitragen, nämlich bei der Anpassung der Jugendlichen an das bestehende Gesellschaftssystem mit seinen Normen und Werten, ergibt sich natürlich auch ein interessanter Ansatzpunkt zur Selbstreflexion. Die Abwehr gegen diese in größerem Maße zu durchbrechen, wäre aber selbst wieder eine Aufgabe für den Erwachsenen, sein eigenes Verhalten in Frage zu stellen.

5.1 Begriffsbestimmung

Die Frage des Zusammenhalts eines bestehenden Gesellschaftssystems und die Integration neu hinzukommender Mitglieder, stand in den USA, wo die systematische Sozialisationsforschung ihren Ausgang nahm, Anfang der dreißiger Jahre zur Diskussion (vgl. Walter, 1973, S. 22). Definitionen, die diesem Forschungsinteresse Rechnung trugen, umschrieben Sozialisation als einen Vorgang, in dem das Individuum, das mit relativ weitem Verhaltensspielraum zur Welt kommt, gruppenspezifische Verhaltensweisen übernimmt (verschiedene Beispiele sozialwissenschaftlicher Definitionen finden sich bei Gukenbiehl, 1979, S. 54 ff.). Der Mensch, anthropologisch bestimmt als instinktreduziertes Wesen, mit wenigen angeborenen Verhaltensweisen ausgestattet, ist auf Lernen von seinesgleichen angewiesen, um selbst menschliches Wesen zu entfalten: »Der Mangel an endogenen vorgegebenen konkreten Formen des Verhaltens macht den Menschen die Sozietät seinesgleichen als Anschauungs- und Vorbildfeld zum Erwerb dieser Formen unumgänglich« (Kamper, 1974, S. 39).
Die Übernahme gesellschaftlich akzeptierter Normen, Werte und Verhaltensweisen betont mehr den Anpassungsvorgang. Sozialisation ist aber als Wechselwirkungsverhältnis (vgl. Lorenzer, 1972) und somit als Ursache einer interaktionsfähigen, sozial handlungsfähigen Persönlichkeit zu verstehen (Habermas, 1973; Krappmann, 1969).
Der *Sozialisationsbegriff* drückt aus, daß menschliches Handeln immer gesellschaftlich vermittelt zu begreifen ist. In der Sozialisationstheorie liegt aber nicht nur der Erklärungsgrund für »vermittelte gesellschaftliche Herrschaft« (Geulen), sondern auch die Chance, Bedingungen für emanzipatorisches Handeln des Subjekts zu eruieren. »Wenn aber Sozialisation bis in die Genese des Ich reicht, so müßte sie auch die Chance bieten können, statt eines defizienten, ein mündiges Ich zu bilden. Unter dieser Perspektive erscheinen Gesellschaft und Sozialisation nicht mehr primär als Herrschaft, sondern als eine *Bedingung der Möglichkeit, Herrschaft aufzuheben*« (Geulen, 1977, S. 25; Hervorhebung vom Autor).
Im deutschsprachigen Raum erfolgte die Rezeption der Sozialisationsforschung in größerem Ausmaß erst zu Beginn der sechziger

Jahre. Vornehmlich allerdings, um Benachteiligung und Chancenungleichheit im Bildungswesen, später auch in Hinblick auf schichtspezifische oder geschlechtsspezifische Differenzen, zu erklären. Trotz der Einsicht, daß Sozialisation einen lebenslangen Prozeß darstellt, blieb die Frage nach Veränderungen der Verhaltensweisen und Einstellungen im Erwachsenenalter eigentlich ausgeblendet (zur Entwicklung der Forschung auf dem Gebiet der Erwachsenensozialisation vgl. Griese, 1979). Mit eine Ursache, Wandlungen der Gesellschaft und mithin der menschlichen Persönlichkeit weniger Aufmerksamkeit durch Forschung zuzuwenden, mag auch am veränderten soziologischen Denkstil des 20. Jahrhunderts liegen. So meint Elias in seiner Arbeit »Über den Prozeß der Zivilisation«, daß sich im 20. Jahrhundert, als Reaktion auf viele soziologische Erklärungsmodelle gesellschaftlicher Entwicklung des 19. Jahrhunderts, eine »Zustandssoziologie« entwickelt habe, ». . . aus deren Forschungsbetrieb das Bemühen um die weitere Aufhellung langfristiger gesellschaftlicher Prozesse so gut wie völlig verschwunden ist« (Elias, 1978, S. 23). Elias (ebd., S. 25) setzt fort: »Die Beschäftigung mit der langfristigen Entwicklung der Gesellschaft wurde so gut wie völlig verworfen und das Zentrum des soziologischen Interesses verlagerte sich in einer radikalen Reaktion gegen den älteren Theorietyp auf die Untersuchung von gesellschaftlichen Gegebenheiten, die man sich als normalerweise ruhend und in einem Zustand des Gleichgewichts befindlich vorstellte.«
Erwachsenensozialisation zu erforschen, bedeutet also auch die Notwendigkeit, die Sozialisation des Wissenschaftlers aufzubrechen. Wenn akzeptiert wird, daß der Wandel einer Gesellschaft zu ihrem Wesen gehört, wird es leichter sein, den Blick für die Veränderungen des Menschen im Laufe des Lebens zu schärfen.
Menschliches Handeln zu begreifen und zu erklären – so lautet der Anspruch der Sozialisationstheorie – stößt natürlich auf die Schwierigkeit, eine Vielzahl von Phänomenen und Bedingungen einander zuzuordnen zu müssen. Einige Gesichtspunkte, unter denen das zweckmäßig erscheint, möchte ich im Anschluß an Sandbrink (1979, S. 282f.) nennen.
Zu berücksichtigen sind:
- Analyse der ökonomischen und politischen Gegebenheiten;
- Situation der Produktionsbedingungen;
- Zusammenhang zwischen Arbeitsbedingungen und Lebenssituation (Freizeit, Familie, Bildung);
- Möglichkeit der Artikulation von Bedürfnissen und Interessen (kommunikative Kompetenz, Chancen der politischen Beteiligung, Mitbestimmung am Arbeitsplatz);

- Überprüfung traditioneller sozialwissenschaftlicher Methoden, ob sie sich für Erkenntnisgewinn eignen;
- Distanzierung von Modellen, die Kindheit und Jugend determinierend für das Erwachsenenleben betrachten;
- im Sinne von Elias: Zugrundelegung der These, daß die Theorien über den Menschen selbst historischem Wandel unterworfen sind.

5.2 Berufliche Sozialisation

Arbeit oder Berufstätigkeit umfassen nicht nur zeitmäßig einen wesentlichen Teil unseres Lebens. Auch in unseren Stimmungen, Plänen und Wünschen zeigen sich Zusammenhänge und Abhängigkeiten. In Übereinstimmung mit der beruflichen Tätigkeit, wenn man z. B. Arbeit aus dem Büro nach Hause nimmt oder in der Freizeit hobbymäßig weiterarbeitet. Bekannt ist auch nach dem Urlaub oder schon nach einem längeren Wochenende die Sehnsucht nach dem Arbeitsplatz, der offensichtlich eine sinngebende Funktion für manches Menschenleben übernimmt. Schließlich gibt es – im negativen Sinn – Auswirkungen der Arbeit, die Flucht- und Abwehrreaktionen mit sich bringen: völliges Abschalten in der arbeitsfreien Zeit, Gleichgültigkeit, Aggressivität, Alkoholismus. Die Bedingungen der Arbeitswelt werden u. a. als ein Erklärungsgrund für das allgemeine Verhalten herangezogen: Aufstiegsmöglichkeiten, selbständige Tätigkeit, relativ freies Disponieren über die Einteilung der Arbeit, Umgang mit Menschen, Erfolgserlebnisse am Arbeitsplatz, Erkennen eines Endergebnisses – sei es die Lösung eines Falls oder die Herstellung eines Produkts – fördern offensichtlich Zufriedenheit, Selbstvertrauen und Selbständigkeit. Stark angeleitete Arbeitsverhältnisse, standardisierte Arbeitsabläufe (Fließband!), geringe Möglichkeiten für Initiativen und Entscheidungen, wenig Aufstiegschancen, körperlich anstrengende Arbeit, Umgang mit Maschinen und Dingen, keine Einsicht in den Stellenwert der eigenen Tätigkeit für die Entstehung des Endprodukts rufen eher Einstellungen hervor, die als resignativ, abwehrend oder außengelenkt zu bezeichnen sind. Diese Zusammenhänge lassen Erziehungsverhalten und Wertschätzungen Erwachsener plausibel erscheinen. Grauer (1973, S. 45) faßt die Ergebnisse diverser Untersuchungen zusammen: »Je stärker die einzelnen Merkmale von Berufen der Mittelschicht ausgeprägt sind, desto höher wird Selbstbeherrschung bewertet; umgekehrt wird in der Erziehung um so mehr Wert auf Gehorsam gegenüber äußeren

Vorschriften und elterlicher Autorität gelegt, je stärker die Arbeitssituation durch bloßen Vollzug und Anpassung an von außen gesetzte Regeln, starke Arbeitsüberwachung und primären Umgang mit Sachen bestimmt ist.«

Mit dem Einfluß von Arbeitserfahrungen und Lebensbedingungen auf das tatsächliche Erziehungsverhalten von Eltern in der Bundesrepublik Deutschland haben sich Grüneisen/Hoff (1977) auseinandergesetzt. Dabei werden Zusammenhänge zwischen den Arbeitserfahrungen der Eltern und ihrem Verhalten den Kindern gegenüber gefunden. So halten berufstätige Frauen Konformitäts- und Leistungsanforderungen für sehr wichtig. Frauen, die nicht berufstätig sind, erfahren diese Bedingungen des Berufs offensichtlich weniger und erwarten sich von ihren Kindern in geringerem Ausmaß Leistung und Konformität. Für Väter können die Autoren einen direkten Zusammenhang zwischen Arbeitserfahrung und Erziehung herstellen (ebd., S. 213): »Die Arbeitsbedingungen von Vätern bestimmen ihre tagtäglichen Arbeitserfahrungen, und diese bestimmen ganz wesentlich den Erziehungsprozeß zwischen ihnen und dem Kind.« In Beziehung auf die Konflikte, die Väter mit ihren Kindern haben – also in Beziehung auf erzieherische Ernstsituation und nicht nur auf Aussagen über eventuelles Verhalten – heißt dies (ebd., S. 212): »Es bestehen bedeutsame Zusammenhänge zwischen tagtäglichen väterlichen Erfahrungen und tagtäglichen Vater-Kind-Konflikten; dies gilt wiederum vor allem für die häufigsten Konflikte, in denen Konformitätsanforderungen unmittelbar verhaltensrelevant sind: je höher ihre am Arbeitsplatz erfahrene Restriktivität ist, desto mehr Konflikte, in denen auch für die Kinder restriktive Anforderungen handlungsleitend sind, nennen sie. Je geringer ihre am Arbeitsplatz erfahrene Restriktivität ist, desto mehr Wert legen sie auf einen internalen Prozeß wie Selbstbewußtsein beim Kind.« Für die Situation des Erwachsenen läßt sich ableiten, daß die Werte, die er für die Erziehung seiner Kinder schätzt, auch für die eigene Lebensführung und somit für sein Bildungsverhalten gelten.

Familiäre und schulische Sozialisation werden für einen Großteil der Bevölkerung in der Mitte des zweiten Lebensjahrzehnts durch berufliche Sozialisation abgelöst oder ergänzt. Viele Jugendliche müssen in diesem Alter den Status eines Erwachsenen annehmen, wofür sie wohl nicht immer genügend vorbereitet sind. Zudem fehlt häufig die Möglichkeit, sich über die neuen Erwartungen mit jemandem aussprechen zu können. Dadurch wird die Umorientierung, die sich mit dem Eintritt ins Berufsleben ergibt, zu einer ziemlich brutalen Zäsur im Leben des jungen Menschen. Negative

Ergebnisse der beruflichen Sozialisation (etwa zu wenige fachliche Qualifikationen oder eingeschränkte Fähigkeit zur Kommunikation oder zu geringe Lern- und Leistungsbereitschaft) veranlassen Lempert/Franzke (1976, S. 136) zur Feststellung: »Durch die vorzeitige Zumutung bestimmter Erwachsenenrollen aufgrund bestimmter ökonomischer Interessen wird so die Entfaltung der Persönlichkeit bis zu dem in unserer Gesellschaft erreichbaren, für ihre Weiterentwicklung nötigen, aber nicht allgemein erwünschten Niveau bei einem großen Teil der berufstätigen Jugendlichen verhindert.«

Der *Eintritt ins Berufsleben,* meinen Kern/Schumann (1973), werde aber vom Arbeiter als Widerspruch erlebt. Plötzlich erfahre er den kapitalistischen Produktionsprozeß. »Dieses neue Erfahrungsfeld setzt neue Leistungsansprüche: es fordert nicht nur die Übernahme produktiver Funktionen, sondern zugleich die Beschränkung auf jene Qualifikationen und Eigenschaften, die für den konkreten Produktionsablauf wichtig sind« (Kern/Schumann, 1973, S. 157). Der Widerspruch zwischen erlebter Arbeitswelt und den Normen der Ausbildungszeit wird von den Autoren als Möglichkeit eingeschätzt, zumindest für eine kurze Übergangszeit, Konfliktpotential zu entwickeln. Ähnlich urteilt Ottomeyer (1977, S. 232): »Es scheint hier ... eine kritische Übergangszeit zu geben, in der die einzelnen zwischen Anpassung, Flucht und Widerstand hin- und herschwanken und sich mit den neuen Formen, in die ihre Persönlichkeitsentwicklung nun gepreßt werden soll, noch nicht abgefunden haben.« Die Annahme einer »kritischen Übergangszeit«, mit der sich die Hoffnung verbindet, daß der Jugendliche neue Anforderungen und Erwartungen der Umwelt nicht fraglos übernimmt, ist sehr gewagt. Es scheint ja so zu sein, daß oft die Sozialisation durch den Betrieb gar nicht als Bruch oder Widerspruch mit der bisherigen Erfahrung erlebt wird. Das Diskrepanzerlebnis steht in Zusammenhang mit der Dauer der Ausbildungsphase – je länger der junge Mensch die Chance hat, seine Identität zu entfalten und nicht den ökonomischen Zwängen der Produktion unterworfen ist, um so eher gelingt es ihm, Distanz zu neuen Erwartungen seiner Umwelt aufzubauen. Aber auch das ist spekulativ, wenn man die Realität betrachtet. Abgänger der höheren Schule fügen sich eigentlich problemlos in das Arbeitsleben, nach der Ausbildung zum Lehrer spricht man zwar von einem »Praxisschock«, der den Berufsanfängern widerfährt, aber es ist kaum kritische Resonanz zu bemerken; schließlich geben auch die Abgänger von den Hochschulen keinen Anlaß, davon zu sprechen, daß die Sozialisation durch den Beruf, durch die in der Ausbildungszeit erfahrenen Normen, Werte, Einstellungen und Verhaltensweisen besonders gestört würde. Es liegt eher der Verdacht nahe, daß das Ausbildungssystem in seiner Sozialisationsleistung dem Jugendlichen Widersprüche kaum gewahr werden läßt und auch nicht darauf angelegt ist, solche zu erkennen und zu bewältigen. Dies ist in einer gesellschaftlichen Situation wie der gegenwärtigen – wirtschaftliche Rezession, Arbeitslosigkeit, Verknappung von Arbeitsplätzen, Zweifel am Fortschritt, Abwehr von Ansprüchen ärmerer Länder – besonders problematisch: Der Großteil der jungen Erwachsenen paßt sich den Erwartungen der Konsumgesellschaft an und verhält sich relativ teilnahmslos gegenüber Angelegenheiten, die nicht unmittelbar ihr eigenes Wohlergehen betreffen. Ein Teil resigniert und flüchtet in Drogen, Gewalt und Kriminalität. Die kritische Auseinandersetzung mit den Ursachen des gesellschaftlichen Zustandes bleibt auf der Strecke.

Bildungs- und Berufssystem kommen aus soziologischer Sicht verschiedene *Funktionen* zu:
- die Vermittlung von Kenntnissen, Fertigkeiten und Fähigkeiten (Qualifikation);
- die Akzeptanz und Übereinstimmung mit dem zugrunde-liegenden gesellschaftlichen und gruppenspezifischen Normen und Werten (Sozialisation);
- die Zuweisung bestimmter Positionen im hierarchisch gegliederten Gesellschaftssystem (Allokation);
- die Auswahl der Personen für welche Positionen sie gemäß bestimmter Kriterien geeignet sind (Selektion);
- die Entwicklung von kritischem Potential zur Erneuerung und Veränderung gegebener Situationen und Sachverhalte sowie zur Bewältigung neuer Gegebenheiten (Innovation).

Mit der Verschiebung der Spezialausbildung auf die Fortbildung bekommt die Grundbildung immer mehr die Aufgabe der Sozialisation. Sie soll den einzelnen ausstatten, gemäß den Erwartungen der bestehenden Gesellschaftsordnung, seine Funktion zu erfüllen. Schmitz bemerkt aber auch bei innerbetrieblicher Weiterbildung einen Sozialisationseffekt, durch den soziale Ungleichheit gefestigt wird: »In dem Maße, in dem es dieser Weiterbildung gelingt, innerbetrieblich festzuschreiben, was ›herrschende Meinung‹ ist und woran sich die Beschäftigten auszurichten haben, wenn sie nicht mit den betrieblichen Normen in Konflikt geraten wollen, wird das damit verbreitete Wissen zu einem Mittel, mit dem innerorganisatorisch soziale Ungleichheit und Machtgefälle gefestigt werden« (Schmitz, 1978, S. 255). Hier ist die Sozialisationsauswirkung von innerbetrieblicher Weiterbildung zu beachten, wenn Identifikation der Arbeitnehmer mit dem Betrieb hergestellt werden soll, oder wenn Veranstaltungen bloß darauf ausgerichtet sind, bestehende Verhältnisse fraglos zu akzeptieren. Anpassende Sozialisation im Rahmen der Weiterbildung kündigt sich dort an, wo Erwachsenenbildung als Mittel der Arbeitsmarktpolitik (z. B. Nachliefern von Qualifikationen) oder der Sozialpolitik (z. B. Angebote als Beschäftigungstherapie für Arbeitslose) eingesetzt wird. Solche Maßnahmen verlieren nämlich leicht aufklärenden Charakter und reduzieren die Ziele des Weiterlernens auf Integration und Subordination.

5.3 Persönlichkeitsforschung

Die Lebenslaufforschung macht deutlich, daß die menschliche Persönlichkeit im Laufe des Erwachsenenalters noch Veränderungen unterliegt. Ungeklärt ist aber die Frage, wie stark Sozialisationseinflüsse den Wandel der Persönlichkeit unter normalen Umständen beeinflussen. Der Ausdruck »normale Umstände« soll Phänomene gewaltsamer Einwirkung (etwa: Gehirnwäsche, Isolationshaft) oder Krankheiten (z. B. Schizophrenie) als Ursache ausschließen. Zu Beginn dieses Kapitels habe ich bereits auf Beispiele hingewiesen, die Veränderungen der Persönlichkeit mit sich bringen oder bewirken (vgl. S. 68 ff.).
Kohli (vgl.: 1980, S. 312 f.) faßt die grundsätzlichen Schwierigkeiten, die eine klare Antwort auf die oben gestellte Frage nicht erlauben, zusammen:
– Der Mensch handelt situationsbezogen. Die situativen Bedingungen erschweren es, zwischen den Handlungen der ursprünglichen und der veränderten Persönlichkeit zu unterscheiden.
– Es bestehen individuelle Unterschiede in der Entwicklung von Persönlichkeitsdimensionen; darüber hinaus gibt es aufgrund sozialer Lebensumstände Differenzierungen.
– Offensichtlich ist es dem Menschen möglich, Sozialisationsdefizite der Jugend (z. B. geringe Schulbildung) im Erwachsenenalter zu kompensieren.
– Der Wunsch nach Stabilität, die Tendenz zur »Festlegung« (vgl. Pieper, 1978, commitment-Begriff) im Erwachsenenalter, drückt soziale Vorstellungen aus, nicht aber unbedingt belegbare Erkenntnisse der Persönlichkeitsbildung.
Kohli resümiert aufgrund des von ihm festgestellten Tatbestandes:
»Als Fazit ergibt sich, daß auf die Frage nach den Möglichkeiten

zur Veränderung im Erwachsenenalter eine allgemeine Antwort ohne Bezug auf die jeweiligen sozialen Bedingungen sehr problematisch ist« (Kohli, 1980, S. 313).

Die Relativität von Aussagen über Persönlichkeitsveränderungen im Laufe des Lebens wird durch die Selbstkonzept-Forschung noch verstärkt. Das Wissen über sich selbst wird als *relationales Wissen* definiert. Damit ist ein Wissen gemeint, das ». . . sich nur aus der Transaktion mit der jeweils gegebenen sozialen und/oder gegenständlichen Außenwelt konstituieren kann. Somit kann sich auch Stabilität bzw. Wandel von Selbstkonzepten über die Zeit nur relativ zu Stabilität oder Wandel des Transaktionsgefüges zwischen Person und Umwelt darstellen lassen« (Filipp, 1980, S. 119). Für forschende Analysen zur Problematik des Selbstkonzepts bedeutet dies, ». . . daß Person und Umwelt gleichzeitig als sich verändernde Systeme beschrieben werden müssen, eben weil das Wissen über die eigene Person als relationales Wissen zu definieren ist« (ebd. S. 122; vgl. auch Filipp, 1979). Grundsätzlich ist mithin davon auszugehen, daß aufgrund von personellen und durch die Umwelt verursachten Bedingungen, während der ganzen Lebenszeit Veränderungen in der Persönlichkeit auftreten können.

5.4 Lebenssituation in der Industriegesellschaft

Im Hinblick auf die sozialen Bedingungen des Erwachsenenlebens in westlichen Industriegesellschaften sind folgende Werte und Leitmotive zu nennen, an denen sich der Erwachsene der Leistungsgesellschaft orientiert (vgl. dazu auch Doehlemann, 1979, S. 26 f.):

– *Es ist dauernd eine Leistung zu erbringen.* Hohe Leistungsmotivation, viel zu arbeiten, wenig Zeit zu haben, gilt als positiv. Damit einher geht Konkurrenzangst und -drohung. Muße – im Sinne des Freiseins für sich selbst – erfährt nur geringe Wertschätzung.

– *Der moderne Mensch ist auf sich selbst gestellt und erfährt soziale Vereinzelung.* Kleinfamilie, moderne Produktionsformen, Wohnsituation, Kommunikation sind auf eher wenige soziale Kontakte reduziert. Egoismus, Individualismus und Verlust von Solidarität sind die Folge.

– *In zunehmendem Maße werden mit unbekannten Menschen »Teilkontakte« eingegangen.* Es kommt zum Verlust längerdauernder Bindungen durch berufliche Mobilität, Wechsel des Wohnorts, stets geänderte Ziele in Urlaub und Freizeit. Die Arbeitssituation ist in Betrieben oft so, daß man zwar nebeneinander aber nicht miteinander arbeitet; die Unpersönlichkeit des Lebens im Wohnblock ist bekannt. Verlust von Solidaritätsgefühl, Mitverantwortung und Mitleid resultiert daraus.

– *Alle Menschen sollen grundsätzlich gleich behandelt werden.* Menschliche Situationen sollen somit neutral, sachgemäß und unabhängig beurteilt werden. Daraus erwächst die Gefahr, daß nicht auf die Individuallage des einzelnen eingegangen, sondern nach einem Schema mit Individuen verfahren wird. Objektive Leistungsbeurteilung in der Schule ist solch ein negatives Beispiel.

– *Sachfragen werden emotionslos und beherrscht verhandelt.* Daraus folgt eine Entpersönlichung, eine Versachlichung von Problemen, die eine Kälte gegenüber menschlichen Leiden und Freuden mit sich bringt. Rationalität verdrängt Emotionalität.

– *Die Menschen verlieren das Vertrauen in das eigene Urteil.* Die Überbetonung der Urteilskompetenz von Experten oder Wissenschaftlern, die Darstellung aller Sachfragen als komplexe, »globale« Probleme, nehmen den Betroffenen das Vertrauen in das eigene Sachurteil. Teilinformationen in den Massenmedien, Wissenschaftsgläubigkeit, Expertenkult, Verheimlichung der Tragweite bestimmter Entscheidungen durch politische Mandatsträger tragen zur Entmündigung des Staatsbürgers bei. Letztlich führt das zur Scheu, überhaupt Entscheidungen selbst zu treffen oder zumindest zu Ratlosigkeit (z. B. in Erziehungs- oder Schulproblemen).

– *Versagungen werden als Bestandteil des Lebens akzeptiert.* Dies ist dann problematisch, wenn damit die Kraft, Veränderungen anzustreben, erlischt. Resignation und Flucht in die Innenwelt treten an die Stelle von Hoffnung auf die Verwirklichung des eigenen Lebenskonzepts. Das Erreichen persönlicher Gratifikationen, das Suchen nach dem kleinen Vorteil bestimmt das weitere Handeln.

– *Unterdrückung wird akzeptiert und ertragen.* Die eigene Abhängigkeit von den Entscheidungen anderer wird zum Maßstab, daß sich auch andere mit ihrer Situation abzufinden haben. Reaktionär erweist sich dieses Verhalten dann, wenn die Infragestellung bestehender Zustände abgewehrt wird, weil man um die eigene Bequemlichkeit fürchtet.

– *Der Sinn des Daseins wird in Besitz und Konsum gesucht.* Um Lebensperspektiven, realisierbare Ziele und alternative Lebensweisen beraubt, sucht der Mensch durch materiellen Besitz und raschen Konsum, Lebenserfüllung zu finden (vgl. Frankl, 1978, Fromm, 1976). Rasch Erreichbares dient als Ersatz für Eingriff in und Steuerung des – im weitesten Sinn – politischen Geschehens; letzteres verspricht allerdings keine kurzfristige Befriedigung von Bedürfnissen, sondern bedarf langfristiger Anstrengungen.

Kritik an der Lebensform der Arbeitnehmer in der westlichen Industriegesellschaft wird von Gesellschaftstheoretikern mit dem Begriff »Alltagsleben« ausgedrückt. Gemeint sind damit die Beziehungen, Kommunikationsformen und die Art des Zusammenlebens in den Bereichen Arbeit, Freizeit, Familie, Freundeskreis usw. »Weil das Alltagsleben wirkungslos und ohne Einfluß ist, erschöpft es sich im Gerede, verliert es sich in Plattheiten und Banalitäten, ist es Ausdruck der Entfremdung, Zeichen dafür, daß die Menschen von den Verhältnissen, die sie geschaffen haben, beherrscht werden und nicht umgekehrt diese beherrschen« (Leithäuser, 1976, S. 49). Als Ausdruck einer dirigierten Gesellschaft gelingen über das verarmte Alltagsleben immer weniger ». . . Begründungen von subjektivem Lebenssinn« (ebd. S. 54). Leithäuser zieht sich – in Anschluß an Lefebvre – aber dann auf einen ambivalenten Begriff von Alltagsleben zurück; er geht nicht von einer totalen Ausblendung kritischen Bewußtseins aus: einerseits wirkt Alltagsleben sozial integrierend und reduziert die komplexe Welt zur Umwelt, andererseits gelingt die Bewußtmachung, die Politisierung, indem die alltäglichen Probleme als Ausgangspunkt zur Aufarbeitung der Erfahrung genommen werden. Diese Chance zur Auseinandersetzung ist übrigens die Voraussetzung für das Gelingen der »alltäglichen Erwachsenenbildung« (Werder, 1980, vgl. Kapitel: Ziele der Weiterbildung).

Welche Chancen haben Bildungsprozesse gegenüber der sozialisierenden Wirkung der gesellschaftlichen Bedingungen? Es kann, soweit Bereitschaft vom Lernenden gegeben ist, der Erwachsenenbildner den einzelnen unterstützen, sein Handeln zu reflektieren und neu zu bestimmen. Um die Gesellschaft zu verändern, bedarf es politischer Anstrengungen. Diese setzen allerdings kritisches Bewußtsein bei den Betroffenen voraus, wenn sie nicht in neue Abhängigkeiten geraten wollen. Deswegen möchte ich für ein neues Selbstverständnis des erwachsenen Menschen plädieren. Den Erwachsenen festgelegt in seinen Werten, Verhalten und Denken anzunehmen, halte ich für eine Prophezeiung, die sich selbst erfüllt. Mir scheint ein dynamisches Verständnis – insofern auch ein weniger bequemes – angebracht. *Erwachsensein* heißt dann: offen sein für Veränderungen, bereit sein, Herausforderungen anzunehmen, Mut zum Risiko haben! Das klingt vielleicht unter den gegebenen wirtschaftlichen Bedingungen und in Beziehung auf den Arbeitsmarkt illusionär. Insgesamt will dieses Leitbild eines dynamischen Erwachsenseins aber andeuten: Der Erwachsene strebt seine Identität nicht als endgültige an, sondern akzeptiert, daß er gefundene Einsichten immer neu prüfen und diese im Handeln immer neu bewähren muß. Jedes Handeln, das neue Erfahrung mit sich bringt, ist somit Anlaß zur Auseinandersetzung mit dem Selbstkonzept. Die Welt erfahren, heißt in diesem Verständnis von Erwachsensein: der Erwachsene erfährt sich als Handelnder in der Welt. Erwachsenensozialisation geschieht durch Erfahrungen. *Bildung umfaßt die Vorgänge, in denen die Erfahrungen für das Handeln verarbeitet werden.*

Für den Erwachsenenbildner ist es natürlich nicht möglich auf die Ergebnisse der Sozialisationsforschung zu warten. Seine Bildungsarbeit verlangt dauernd Entscheidungen. Außerdem wäre das Abwarten nicht sehr sinnvoll. Konsequent der These folgend, daß menschliches Handeln gesellschaftlich vermittelt ist und sich die Theorien über den Menschen mit dem historischen Prozeß wandeln, sind keine endgültigen Ergebnisse zu erwarten. Grundsätzlich ergibt sich aus der Beschäftigung mit der Sozialisationsthematik die Notwendigkeit, sich mit Zielen und Beweggründen menschlichen Handelns dauernd auseinanderzusetzen. Weiterbildung versteht sich dann als kritische Instanz und Anlaß zur Reflexion. Die praktische Konsequenz äußert sich in der Berücksichtigung der Lebens- und Arbeitsbedingungen bei der Beurteilung menschlichen Verhaltens.

6. Qualifikation

Der Bildungsabschluß wird in Zukunft weniger Garantie für eine adäquate Anstellung im Berufsleben abgeben. Diese Entwicklung ist durch die zunehmende Zahl an Lernenden bedingt, die eine höhere Schule oder Universität absolvieren und durch die Stagnation der Zahl der Arbeitsplätze.

Die Erweiterung des Zugangs zur höheren Bildung hat keine arbeitsmarktpolitischen Konsequenzen mit sich gebracht: für mehr besser Ausgebildete gibt es keine größere Zahl an entsprechenden Arbeitsplätzen. Einem bezüglich des Zugangs demokratisierten Bildungswesen steht ein hierarchisch gegliedertes Beschäftigungswesen gegenüber, das durch das »Laufbahnsystem« Arbeitnehmern mit höherem Bildungsabschluß günstigere Berufe offenhält.

Die Antwort der Bildungspolitiker für Absolventen des höheren Bildungswesens, die eine adäquate Anstellung suchen, ist einfach: Bildungssystem und Beschäftigungssystem sind zu entkoppeln – wer eine höhere Bildung durchlaufen hat, soll dies als persönliche Bereicherung verstehen, nicht aber als Anspruch auf eine gute soziale Position. Beispielhaft für diese Einstellung zitiere ich Bekker (1980, S. 24 und 26f.): »Wenn man die schichtenspezifische Vorauslese abschafft, das Bildungswesen für alle öffnet und auch die weiterführende Bildung allen zugänglich macht, dann verschärft sich zwangsläufig der Konkurrenzkampf. Wenn nur drei oder vier Prozent eines Jahrgangs auf die höhere Schule gehen, dann gibt es nach dem Abitur keinen Konkurrenzkampf; wenn fünfzig Prozent eines Jahrgangs oder mehr auf die höhere Schule gehen, entsteht ein Widerspruch zwischen der hierarchischen Struktur des Beschäftigungssystems und der stärker demokratisierten Struktur unseres Bildungswesens. Dieser Widerspruch ist in der Bundesrepublik bisher ungelöst . . . In Deutschland haben wir angefangen, die Bildung zu demokratisieren, wollen aber den elitären Anspruch beibehalten.« – »Der Deutsche, der in höherer Bildung stets nicht nur ein Ideal sah, sondern auch einen sozialen Anspruch damit verband, soll nun akzeptieren, daß er möglicherweise gar keinen Aufstieg erfährt, sondern nur gebildeter wird, und keine Fahrkarte zu einer Position mit besserem Einkommen und höherem Einfluß gelöst hat. Die Entkoppelung zwischen unserem herkömmlichen Beschäftigungssystem mit seinen strengen Hierarchien und unserem demokratischer werdenden Bildungssystem vollzieht sich nur langsam.«

In der gegenwärtigen Phase der Arbeitsplatzknappheit fällt auf, daß mit höherer Ausbildung mehr Chancen auf eine Anstellung verbunden sind – die These der Entkoppelung erfährt einen praktischen Widerspruch. Mit der Sättigung des Arbeitsmarktes geht ein Moment *neuer sozialer Ungleichheit* einher: Die Aufstiegschancen für Personen, deren Abschlußniveau der Schulbildung weniger hoch ist, verringern sich. Ihre Möglichkeiten in mittlere und höhere Positionen aufzusteigen, werden laufend reduziert, weil diese Arbeitsplätze durch Abgänger höherer Schulen besetzt werden (vgl. Goldschmidt/Schöfthaler, 1979).

Eine unmittelbare Konsequenz ergibt sich daraus für den gesellschaftlichen Stellenwert der Bildung: Sie kann nicht mehr in dem anspruchvollen Ausmaß wie vor ein oder zwei Jahrzehnten als bedeutsame Chance für sozialen Aufstieg bezeichnet werden. Unter der Annahme, das wirtschaftliche Wachstum sei von der Ausbildung der Arbeitnehmer abhängig, war mit Nachdruck für Bildungsexpansion und Ausnutzung aller Bildungsreserven plädiert worden. Parallel dazu wurde die These vertreten, die Entwicklung der Produktionsweisen mache eine allgemeine höhere berufliche Qualifizierung aller Arbeitnehmer notwendig. Bildungsökonomisch drückt sich diese Vorstellung im Bedarfsansatz (manpower approach) aus. Demnach sollte das Bildungswesen die Qualifikationen liefern, die die Wirtschaft zur Produktionssteigerung und zur Erhöhung des Sozialprodukts braucht. Die darauf einsetzende Diskussion um Bildungsreform und Expansion des Bildungswesens ist mit Scheitern des Bedarfsansatzes wieder verstummt. Zu Ende gegangen ist damit offensichtlich auch eine Phase der Reformfreudigkeit, weil die ökonomische Triebkraft ausblieb. So steht die Erwachsenenbildung etwa in manchen Ländern der Bundesrepublik Deutschland – aber auch in Österreich – vor finanziellen Einschränkungen, die die weitere Entwicklung, besonders die Fortführung alternativer Angebote und Experimente, grundlegend in Frage stellen.

6.1 Qualifikationsforschung

In der bildungstheoretischen Diskussion kennzeichnet die Verwendung des Begriffs »Qualifikation« die Berücksichtigung ökonomischer Bedingungen für pädagogische Fragestellungen. Mit *Qualifikation* werden die Fähigkeiten, Kenntnisse aber auch Einstellungen und Verhaltensweisen einer Person bezeichnet, aufgrund derer sie bestimmte Arbeitsleistungen erbringen kann. Es ist wichtig, Qualifikation nicht nur auf die jeweilige ausgeübte Tätigkeit, sondern auch auf die damit verbundenen Werthaltungen des Subjekts, also auf die sozialisatorischen Bedingungen, zu beziehen. Sonst entsteht leicht der Eindruck, Ausbildung und Tätigkeit des Arbeitnehmers lassen seine Persönlichkeitsstruktur unbeeinflußt.

Die Veränderung in der Arbeitswelt zu registrieren und die gewünschten Fähigkeiten der Berufstätigen festzustellen, fällt in den Bereich der Qualifikationsforschung. Baethge (1979, S. 459) bezeichnet es als Aufgabe dieser Forschungsrichtung, »... durch empirische Analyse der Arbeitsprozesse im Produktions- und Dienstleistungssektor herauszufinden, welche *Bedingungen für die Entfaltung des menschlichen Arbeitsvermögens und darüber hinaus der kulturellen Persönlichkeit durch die historischen Formen der gesellschaftlichen Arbeit für die Mehrheit der Beschäftigten* entstanden sind und ständig neu entstehen« (Hervorhebung von Baethge).

Die Beobachtung von Veränderungen in der Arbeitswelt brachte bislang *drei Thesen zur Situation der Entwicklung von Qualifikationen* zustande (vgl. Schmitz, 1980):

– Es besteht die Notwendigkeit einer allgemeinen *Höherqualifizierung*, um das Wirtschaftswachstum und die Qualität der technischen Voraussetzungen für die Entwicklung der Produktionsweisen zu erhalten.

– Die neuen Produktionsformen in der Industrie, der Einsatz neuer Technologien bringt für einen großen Teil der Arbeitskräfte *Dequalifizierung* mit sich.

– Die industrielle Produktion steigert ihre Produktivität, indem sie manche Arbeitskräfte mehr als andere qualifiziert und durch diese *Polarisierung* Arbeitsvollzüge »zerlegt«.

Baethge hat darauf hingewiesen, daß es bei der bestehenden Forschungslage sehr schwierig ist, zu allgemeingültigen Aussagen über die Lage der Qualifikationen zu kommen: Fallstudien, Untersuchung spezieller Berufsgruppen oder Produktionssektoren können nur ein punktuelles Bild ergeben. Methodisch wird vor allem mit Arbeitsplatzbeobachtung oder Befragung von Führungskräften eines Betriebs versucht, »... die sachlichen (Produktionsmittel) und organisatorischen Bedingungen der Betriebe ...« zu erfassen, um »... das historische Produktionsverhältnis in seinen gegenwärtig faßbaren Auswirkungen auf das menschliche Arbeitsvermögen ...« (Baethge, 1979, S. 467) zu erkennen.

Die Entwicklung der Qualifikationen zu erforschen, wird außerdem durch zweierlei erschwert:

– Die Wirtschaft stellt nicht nur Personen ein, deren Qualifikationen für die Betriebe notwendig sind, sondern paßt sich auch den

durch das Bildungssystem hervorgebrachten Fähigkeiten der Arbeitnehmer an. Diese Ansicht vertritt Lutz, der sich gegen die These wendet, daß wirtschaftlicher Fortschritt von der Expansion des Bildungswesens abhänge. Er nimmt eine gegenseitige Abhängigkeit zwischen Beschäftigungsstrukturen und Bildungssystem an. Das zu erzeugende Produkt, so Lutz, bestimme nicht die nötige Beschäftigungsstruktur. »Sondern der Betrieb nutzt, was er im jeweiligen Land an Arbeitskräfteangebot auf dem Arbeitsmarkt vorfindet, und nimmt auf diese Weise in seine Beschäftigungsstrukturen, in die Betriebsorganisation, in den Zuschnitt von Arbeitsteilung und Kompetenzverteilung die gesamte Gesellschaftsstruktur mit hinein, wie sie sich über das Bildungssystem auf dem Arbeitsmarkt abbildet« (Lutz, 1978, S. 48). Für die Qualifikationsforschung wird es schwierig zu unterscheiden, wo spezielles Arbeitsvermögen gesucht wird, und wo der Betrieb sich mit dem Angebot zurechtfindet. Je weniger aber die durch das Bildungssystem vermittelten Qualifikationen den Vorstellungen der Betriebe entsprechen, um so mehr wird innerbetriebliche Weiterbildung funktionalisiert. Weiterbildung stellt dann das betriebliche Korrektiv dar, um die Fähigkeiten des einzelnen der Produktion anzupassen.
– Sozialpolitische Bemühungen um die »Humanisierung der Arbeitswelt« und gleichzeitige Anstrengung von seiten des Managements durch kooperative Arbeitsformen Produktionssteigerung zu erreichen, bringen neue soziale Qualifikationen zustande. Unter der Schlagzeile »Abschied vom Gorilla« berichtet J. Rau (in: Die Zeit, Nr. 15, vom 3. 4. 1981, S. 18) über positive Erfolge bei der Steigerung der Produktivität und über verringerte Schwierigkeiten bei der Umstellung der Produktion, wenn die Arbeiter ein Mitspracherecht eingeräumt bekommen. Die Zerlegung des Arbeitsprozesses in Teilarbeiten (Taylorismus), läßt den Arbeiter nicht den Sinn seiner Tätigkeit erkennen, bringt Gleichgültigkeit gegenüber dem Produkt und Unzufriedenheit mit dem Arbeitsplatz mit sich. Wenn die Vorschläge der Arbeiter für die Gestaltung der Produktion akzeptiert, Langweiligkeit und Monotonie vermindert werden, insgesamt also Unzufriedenheit am Arbeitsplatz herabgesetzt wird, scheint sich eine positive Auswirkung auf Produktqualität und Produktivitätszuwachs zu ergeben. Eine empirische Qualifikationsforschung müßte in Zukunft auch Arbeitszufriedenheit und somit den »individuellen Faktor« berücksichtigen, um ihre Aussagen mit möglichst allgemeiner Gültigkeit zu treffen. Ein kompliziertes Verfahren, wenn man bedenkt, daß die Rücksichtnahme auf menschliche Arbeitskraft sehr unterschiedlich erfolgt. Außerdem wird die Abhängigkeit eines Arbeiters, der über die

Gestaltung seines Arbeitsplatzes mitbestimmt, ja nicht verringert, sondern höchstens verdeckt.

Stehen einer exakten Forschungsarbeit noch große Probleme entgegen, so lassen sich aus der bisherigen Auseinandersetzung zumindest einige Tendenzen ablesen, die die künftige Entwicklung der Arbeit betreffen.

Gerade aus dem letzten Beispiel ist ersichtlich, daß die Qualifikation eines Arbeitnehmers nicht nur Auswirkungen auf seine Arbeitstätigkeit hat, sondern auch auf seine politische Einstellung zur Selbstbehauptung im Betrieb. Denn wer nur Teilarbeiten verrichtet, ist selbst Teil eines hierarchischen Systems, in dem er den Stellenwert seiner Arbeit für das Endprodukt nicht erfährt. Außerhalb des Einflußbereiches bleibt dann auch die vorgegebene soziale Struktur eines Betriebes, die die Beziehungen der Arbeiter zueinander bestimmt. Erfahrungen über die Schwierigkeit miteinander zu reden, gemeinsam Interessen zu artikulieren und durchzusetzen, werden als eigene Unfähigkeit interpretiert. Aus dieser Sicht sind Berufsbilder als »Inkompetenzdefinitionen« zu sehen, ». . . die Personen eine Fülle von (tatsächlich vielleicht vorhandenen, objektiv jedenfalls im Prinzip von jedem erlernbaren) Arbeits- und Sozialfähigkeiten sozial absprechen« (Beck/Brater, 1978, S. 54). Die Vermittlung von Qualifikationen in der Aus- und Fortbildung erscheint somit nicht nur als Herstellung von Arbeitsvermögen, sondern beeinflußt – im Sinne beruflicher Sozialisation – die Fähigkeit, Interessen im Betrieb wahrzunehmen ebenso wie den Bereich subjektiver Interessen.

Einer Weiterbildung, der die persönliche Situation ihrer Adressaten nicht gleichgültig ist, sie vielmehr als Anlaß für Lernprozesse ansieht, stellt die Einschätzung der Sozialisationswirkung von Berufen durch Beck/Brater (1978, S. 58) die Aufgabe, die persönliche Entwicklungsgeschichte der Teilnehmer nicht zu übergehen: »Berufe geben . . . individuelle Entfaltungsmöglichkeiten vor, vereinseitigen sie, gestalten sie um und brechen die Lerngeschichte des einzelnen auf ganz unterschiedlichen, nicht an seinen Entwicklungsmöglichkeiten und -erfordernissen orientierten biographischen Stufen ab. Berufe verlangen Verdrängung und Abspaltung biographisch aufgebauter Bedürfnisse, Intentionen und Möglichkeiten, setzen sich über die Besonderheiten und Veränderungen der Fähigkeiten, Orientierungen, Erfahrungen, Ansprüche in verschiedenen Altersabschnitten hinweg und erzeugen zugleich – je nach ihrer Zusammensetzung und Abgrenzung verschieden – in unterschiedlichen biographischen Phasen spezifische für sie typische Probleme und Konflikte.«

Die Tragweite, die Qualifikationen implizieren, macht den vorsichtigen Umgang der Betriebe mit Weiterbildung, zur Sicherung bestehender Verhältnisse verständlich. Nach Sengenberger (1978) ist ein Häufung von Qualifikationen bei wenigen Arbeitnehmern in Betrieben zu bemerken. Diese Tendenz zur Polarisierung oder Arbeitsmarktsegmentierung ergibt sich, weil die Betriebe auf der einen Seite Arbeitsplätze mit niederen Qualifikationen brauchen, mittels derer sie durch unterschiedliche Produktion auf Marktschwankungen reagieren. Auf der anderen Seite ».. . steht die Notwendigkeit gegenüber, für die Vorbereitung und Steuerung der Produktion sowie für die Wahrnehmung der kaufmännischen Verwaltungsfunktionen ein festes Personal zu beschäftigen, dessen Arbeitsplätze nicht entsprechend den Marktschwankungen eingespart und neu besetzt werden. Qualifikationen dieses Personals stehen dem Betrieb zu einer längerfristigen Nutzung zur Verfügung, was seine Bereitschaft erhöht, hier den Hauptteil der Kosten betrieblicher Weiterbildung zu investieren« (Schmitz, 1980, S. 128). Betriebliche Weiterbildung zum Erwerb von Qualifikationen, fungiert somit als selektives Instrument der Personalpolitik. So gilt etwa für die Teilnehmer an Veranstaltungen der Bildungswerke der Wirtschaft, daß sie hierzu überwiegend entsendet wurden (vgl. Sauter/Fink, 1979, S. 26). Auf die Problematik einer solchen polarisierenden Weiterbildung, die besonders unqualifizierten Arbeitern, Frauen oder Gastarbeitern verschlossen bleibt, wurde schon aufmerksam gemacht – sie richtet sich hauptsächlich an Angestellte und Facharbeiter in unteren und mittleren Führungspositionen. »Diese Akzentuierung betrieblicher Weiterbildungs- und damit Förderungspolitik reduziert die Qualifizierungs- und damit Aufstiegschancen der nicht einbezogenen Gruppen. Es zeichnet sich die Gefahr ab, daß betriebliche Weiterbildung nicht zu einem Ausgleich gegebener Benachteiligungen, sondern zu einer Verstärkung vorhandener Disparitäten führt« (Sass/Sengenberger/ Weltz, 1974, S. 112).

6.3 Restriktion von Lernchancen

Aufgrund industriesoziologischer Untersuchungen hat Baethge einen »Prozeß zunehmender Entberuflichung von Industriearbeit« registriert. Damit bezeichnet er die ».. . Entwicklung zu einer kontinuierlichen Reduzierung der Komplexität von Berufsmomenten in der industriellen Arbeit, ihr zunehmendes Abstraktwerden im Sinne der Entleerung von Geschicklichkeit, Anschaulichkeit und unmittelbarem Umgang mit Stoffen sowie auch Reduzierung intellektueller Anforderungen für große Teile der Arbeiter...« (Baethge, 1979, S. 477). Arbeit als schematischer Ablauf gibt dann kaum mehr Chance zum Eingreifen und stellt keine Herausforderung an die Eigentätigkeit dar. Im wesentlichen führt die »Entberuflichung« zu überwachter Tätigkeit, womit keine besondere Aus- oder Fortbildung verbunden ist. Baethges Annahme ist zuzustimmen, daß durch sinnentleerte Arbeit wahrscheinlich negative Auswirkungen auf die Bereitschaft und Motivation zur Weiterbildung entstehen.

Ein weiteres Moment in der Einschränkung von Lernchancen ergibt sich durch die betriebliche Rekrutierungsstrategie von jugendlichen Arbeitern. Lenhardt/Schober belegen, daß die Ausbildungsplätze in den Betrieben verringert wurden, weil zu wenig Kapital für Ausbildung bereitgestellt oder überhaupt keine Ausbildung mehr durchgeführt wurde. Für solche Arbeitsplätze, die bisher Jugendlichen vorbehalten waren, werden aber nicht Jungarbeiter – ungelernte Jugendliche bis 18 Jahren – sondern, wenn möglich, gelernte Arbeitskräfte eingestellt. Dabei handelt es sich um Arbeitnehmer, »...die in anderen Berufen beziehungsweise Branchen ausgebildet wurden. Diese Arbeitskräfte bringen gegenüber jugendlichen Ungelernten den Vorzug einer bereits erfolgten betrieblichen Disziplinierung mit. Sie können – soweit notwendig – durch Teilnahme an betrieblichen Einarbeitungs- oder Qualifizierungsmaßnahmen (deren Finanzierung das Arbeitsamt übernimmt) meist rasch und problemlos angelernt werden« (Lenhardt/Schober, 1980, S. 974).

Dieses Verfahren bringt vermutlich *zwei Probleme* mit sich:
– Für ungelernte Arbeiter wird es in Zeiten mit Arbeitsplatzmangel immer schwieriger eine Anstellung zu finden. Insofern Jungarbeiter davon betroffen sind, wird damit ein Klientel von Arbeitslosen geschaffen, die überhaupt *keine betriebliche Erfahrung* erwerben können. Dieser Mangel an Betriebspraxis wird selbst wieder zur Ursache, in keinem Betrieb aufgenommen zu werden. Die daraus entstehenden sozialpsychologischen Konsequenzen (Gleichgültigkeit, Ablehnung, Aggressivität...) vermindern die Schwierigkeit, die Betroffenen in die Arbeitswelt zu integrieren, sicherlich nicht. Umschulung, die nur das praktische Arbeitsvermögen verändert, wird diese Problematik nicht verringern oder beseitigen.
– Für die gelernten Arbeitskräfte, die bereits über Berufserfahrung

verfügen, bedeutet der Einsatz bei wenig qualifizierten Tätigkeiten einen *Verlust der eigenen beruflichen Tradition.* Sie sind einem Dequalifizierungsprozeß ausgesetzt, dem sie sich schwer entziehen können. Auch hier schafft Weiterbildung als Weiterqualifikation wenig Abhilfe, wenn keine Arbeitsplätze mit anspruchsvollen Anforderungen geschaffen werden. Weiterbildung als öffentliches Angebot, die Mängel der dequalifizierenden Arbeitssituation kompensieren will, steht vor der Sisyphusarbeit, dort Weiterbildungsmotivation zu finden und anzuregen, wo sie durch den Arbeitsalltag täglich verschüttet wird.

Maßnahmen zur Reduzierung der Grundausbildung für jugendliche Arbeiter wirken sich ebenfalls negativ für die Wahrnehmung von Lernchancen aus. Wegen des Bedarfs an Arbeitskräften in Berufen, für die man wenig Qualifikationen braucht, werden Kurzausbildungen vorgeschlagen, die allenfalls nach einiger Zeit beruflicher Tätigkeit durch weitere Prüfungen zu ergänzen sind. Winterhager warnt vor einer Entwicklung von Ausbildungsgängen unterhalb des Facharbeiterniveaus. Erstens würde die vertikale Gliederung der Berufsstruktur verstärkt und bei Beginn der Berufsausbildung die Chance für spätere berufliche Positionen wesentlich beeinflußt. »Ein weiterer Nachteil wäre, daß dann Jugendliche, die bisher noch eine volle Ausbildung im Dualen System erhalten, vielfach nur noch eine Kurzausbildung bekämen, mit Konsequenzen für ihre berufliche Mobilität und ihre Aufstiegsmöglichkeit« (Winterhager, 1980, S. 1001). Untersuchungen zur Weiterbildungsbereitschaft machen deutlich, daß die Teilnahme an Weiterbildung mit der Höhe der Grundausbildung in einem positiven Zusammenhang steht. Gerade für Personen ohne Berufsausbildung kommt Weiterbildung kaum in Frage. Winterhager folgert (1980, S. 1001): »Die abgeschlossene Berufsausbildung stellt offensichtlich die Schwelle dar, unter der die Möglichkeit zur Weiterbildung und zur Wahrnehmung der damit verbundenen Berufs- und Lebenschancen kaum entwickelt sind. Damit sind auch die Vorstellungen und Vorschläge sehr skeptisch zu beurteilen, nach denen eine Teilausbildung später vervollständigt werden kann.«

Als Resümee ergeben sich vier Ursachen, die als Bildungsbarrieren das Weiterbildungsverhalten von Arbeitnehmern beeinflussen:

– die *betriebliche Personal- und Weiterbildungspolitik,* wodurch eher wenige aber bereits qualifizierte Kräfte die Chance zur Fortbildung bekommen;

– die *Entberuflichung,* die die Arbeitswelt monoton und wenig anregend für individuelle Herausforderung zum Weiterlernen gestaltet;

– die *betriebliche Rekrutierungsstrategie,* die gelernte Kräfte für relativ unqualifizierte Arbeiten einsetzt und somit die Arbeitspotenz dieses Personals vermindert;
– die *unabgeschlossene Berufsausbildung,* wodurch die Aspirationen nach Weiterbildung von vornherein nicht unterstützt und gefördert werden.

6.4 Konsequenzen für die Weiterbildung

Wie schon angedeutet, ermöglicht die Qualifikationsforschung Aussagen über Trends und Tendenzen, aber nur wenige allgemeingültige Feststellungen. Der Wandel in den Berufsstrukturen, die generell steigende Grundbildung durch die Schule oder der wechselnde Arbeitskräftebedarf, stellen zusätzliche Imponderabilien für diesbezügliche gesicherte Annahmen dar. Mit Hopf, der einen Literaturüberblick über Untersuchungen zur Polarisierung und Senkung von Qualifikationsanforderungen verfaßte, ergibt sich: »Wenn berufs- und bildungsstatistische Untersuchungen auf gesamtgesellschaftlicher Ebene *kein* Bild einer allgemeinen Senkung der Qualifikationsanforderungen und der Polarisierung vermitteln, so ist andererseits unzweifelhaft, daß solche Prozesse in Teilbereichen erfolgt sind« (Hopf, 1978, S. 64). Vor allem solche Erwerbstätige sind Dequalifizierungsprozessen ausgesetzt, die in Berufen, nach denen abnehmender Bedarf besteht, beschäftigt sind (Chaberny/Gottwald, 1976). Produktivitätsfortschritt war gewöhnlich mit einem Steigen des Qualifikationsniveaus verbunden – dies gilt für die Jahre zwischen 1960 und 1970; Jahre, die durch wirtschaftliches Wachstum und Bedarf an Arbeitskräften gekennzeichnet waren. Für die gegenwärtige wirtschaftliche Situation schließen Chaberny/Gottwald (1976, S. 116) ihre Studie: ». . . es ist jedoch zu bezweifeln, ob in einer Zeit wirtschaftlicher Stagnation und erhöhter Arbeitslosigkeit arbeitskraftsparende Investitionen getätigt und Hilfstätigkeiten ›wegrationalisiert‹ werden. Zudem ist nicht auszuschließen, daß durch die eingeschränkte Ausländerbeschäftigung viele Arbeitsplätze für Ungelernte wieder von besser qualifizierten inländischen Arbeitskräften besetzt werden, so daß hier Dequalifizierungsprozesse in größerem Umfang als hier angedeutet einsetzen könnten.«

Das Ende der Weiterbildung ist deswegen noch nicht gekommen. Die Nachfrage nach Weiterqualifizierung mittlerer und höherer Führungskräfte in Bereichen, die in der Grundausbildung nicht vermittelt wurden oder neuen Wissenszuwachs verzeichnen, wird bestehen bleiben. Ebenso das Interesse der Betriebe, Arbeiter und Angestellte weiterzubilden, um eine höhere Produktivität zu erreichen. Schließlich vermehrt vielleicht die Nachfrage nach allgemeiner Bildung, um Lebenssinn in die zunehmende Freizeit (freiwillig durch verkürzte Arbeitszeit oder unfreiwillig durch Kurzarbeit oder Arbeitslosigkeit) hineinzutragen.

Ein Beispiel für die Nachfrage nach allgemeiner Bildung berichtet Brinck aus den USA (in: Die Zeit, Nr. 16, vom 10. 4. 1981, S. 37): »Bildung als Bonus« gewährt eine Großfirma für ihre Mitarbeiter und deren Angehörige. Das Bildungsangebot – Englische Literatur, Psychologie, Soziologie, Betriebswirtschaft, Kommunikationswissenschaft – kommt von einem naheliegenden College, wodurch auch ein universitärer Abschluß möglich ist. Die Kosten für das Studium trägt bei Erfolg die Firma. Diese Sozialleistung soll die Arbeitsmoral heben, Langeweile am Arbeitsplatz mindern sowie negative Auswirkungen von Kurzarbeit oder früher Pensionierung verhindern. Erwachsenenbildung wird hier offenbar als Mittel sozialer Befriedung eingesetzt.

Werden Lehr- und Lernverhältnisse nur unter dem Aspekt der Qualifizierung für spätere Berufstätigkeit betrachtet, bleiben verschiedene Sektoren *defizitär:*
– *innerhalb des Betriebes:* die Fähigkeit, Bereitschaft und das Engagement, den Gesamtprozeß der Produktion zu verfolgen, sich mit der eigenen Stellung im Betrieb auseinanderzusetzen, Mitbestimmung und Solidarität zu suchen;
– *im gesellschaftlichen Bereich:* das Interesse an der Stellung und Bedeutung des Betriebes im gesamten Produktionssektor sowie die Wahrnehmung der eigenen politischen Möglichkeiten im gesellschaftlichen Kräftefeld;
– *im privaten Bereich:* die Auseinandersetzung mit und Bewältigung von Lebensproblemen, weil auch Alltagsprobleme eher resignativ hingenommen werden.
Die vermittelte Qualifikation erweist sich in unserer Gesellschaft als »vermittelter Defizit«: nicht, weil etwas zu lernen, zugleich heißt, etwas anderes nicht zu lernen, sondern weil das Gelernte nicht die Fähigkeit mit sich bringt, über die unmittelbare Betriebsamkeit hinaus Aktivitäten zu setzen und Perspektiven zu entwerfen. Dieser Mangel an Interesse und Durchsetzungskraft hat seine Komponente in der politischen Apathie. Für diese gilt als eine wesentliche Ursache, daß die Erfahrung fehlt, die eigene Situation verändern zu können. *Erfahrung* im Sinne von Negt (1978, S. 43),

bezeichnet ». . . eine *spezifische Produktionsform der Verarbeitung von Realität* und der *aktiven* Reaktion auf diese Realität . . .« Erfahrung demnach verstanden als Auseinandersetzung mit der Gesellschaft, worin ein allgemeines Element – »ein Stück kollektiver Erfahrung« – enthalten ist.

Weiterbildung kann anregen, Erfahrungen aufzuarbeiten. Im Sinne der Zielsetzung, politische Auseinandersetzung zu erreichen, ist es wichtig, die Bedingungen, die politisches Verhalten zustande kommen lassen, genauer zu kennen. Dieses Problemgebiet wird mit *politischer Sozialisation* umschrieben. Darunter versteht man ». . . die Prozesse, innerhalb derer die Kenntnisse, Glaubensüberzeugungen, Gefühlshaltungen, Werte, Normen und Symbole, die das politische Handeln orientieren, regeln und deuten, von Sozialisationsagenten an Sozialisationssubjekte vermittelt, von diesen erlernt und zum Teil verinnerlicht werden . . .« (Behrmann, 1973, S. 346).

An allgemeinsten Ergebnissen wissenschaftlicher Untersuchungen zur politischen Sozialisation ist festzuhalten (vgl. Claussen, 1980, S. 6):

– politische Kenntnisse und Einsichten sind in der Bevölkerung, besonders in den unteren Schichten, gering;

– gegenüber dem eigenen, konkreten Lebensbereich, wird Politik großteils als abstraktes Feld, das dem eigenen Handeln und Einfluß kaum zugänglich ist, verstanden;

– mangelndes Interesse an der Herstellung und Sicherung demokratischer Verhältnisse, sowie bestehende Ungleichheiten und Ungerechtigkeiten hinzunehmen, stabilisieren bestehende Verhältnisse.

Bedenkt man, daß politische Sozialisation zu einem wesentlichen Teil im Umfeld staatlicher Institutionen geschieht, ist die Einbeziehung von politischer Kulturforschung naheliegend. Diese berücksichtigt Werthaltungen, Meinungen und Einschätzungen der Bevölkerung von Regierungssystem und politischen Institutionen, sowie die Betroffenheit der Bevölkerung durch sie. Nicht nur gegenwärtiges politisches Verhalten, sondern historische politische Erfahrung gewinnen Bedeutung. Greiffenhagen, die die politische Kultur der Bundesrepublik Deutschland in einer zusammenfassenden Publikation beurteilen, halten moderne Gesellschaften auf Reformen angewiesen. »Die Erforschung der politischen Kultur dient somit nicht zuletzt der notwendigen Reformfähigkeit einer Gesellschaft« (Greiffenhagen, 1979, S. 32). An der politischen Situation kritisieren die Autoren, daß westdeutsche Politiker die Bereitschaft der Jugendlichen zu politischer Partizipation nicht aufgegriffen haben. »Anstelle einer pluralistischen Demokratie entwickelt sich gegenwärtig ein Grabensystem parteipolitischer Polarisierung, an die Stelle weltanschaulicher Weitherzigkeit treten Systeme von Grundwerten als tiefgestaffelte Festungslinien, statt eines freiheitlichen politischen Ideenaustausches wachsen die politische Inquisition und der Index verbotener Schriften, Schulbuchtexte, Fernsehfilme, Kommentare, Schülerzeitungen, Vereinigungen und politischer Aktivitäten« (ebd., S. 321).

Liegt die Antwort der Jugend in zornigen, ohnmächtigen Aktionen, in Krawallen, Flucht in Rauschgift, Überanpassung oder Gleichgültigkeit? Gegenüber den Bewegungen Ende der sechziger Jahre äußern sich die neueren Widerstände der Jugendlichen eher entpolitisiert. Somit steht trotz einer Zunahme der Politisierung des Alltags die Jugend diesem Wandel mit Ablehnung gegenüber (vgl. Hansen/Veen, 1979; Piskaty u.a., 1980). Der Weiterbildung erwächst aus dieser Situation eine kompensatorische Aufgabe. Als Beitrag zur Erhaltung und Verbesserung der Demokratie kann sie gegenüber dem politischen Verhalten künftiger Erwachsener nicht gleichgültig bleiben.

Wenn Weiterbildung mit der Intention verbunden wird, den einzelnen zu ermutigen und zu befähigen, seine Arbeits- und Lebenswelt kritisch zu betrachten und Veränderungen durchzusetzen, kann sie Bildung ohne Berücksichtigung der Bedingungen der Arbeitswelt nicht betreiben. Sie kann sich aber auch nicht damit bescheiden, bloß funktionsgerecht auszubilden. Weiterbildung, die sich teilnehmerorientiert versteht, wird zunächst *Handlungsformen in der Arbeitswelt und im Alltag* gemeinsam mit den Erwachsenen erkunden (vgl. Abschnitt: Bildungsinteressen). Was wissen wir eigentlich über die Sachverhalte, durch die unser Leben direkt und indirekt bestimmt wird: über Gesetzgebung, ökonomische und politische Entscheidungen, die unsere Lebensformen beeinflussen. Wie gehen wir mit unseren Wünschen, Hoffnungen, Ängsten um? Wonach richten wir unser Verhalten im zwischenmenschlichen Bereich? Wenn die These der Entberuflichung (Baethge, 1979, S. 479) zutrifft, geht ein wichtiger Orientierungsrahmen ersatzlos verloren. Die Gefahr, disponibel und manipulierbar zu werden, wächst für alle diejenigen, die ihre Identität nicht auf andere Weise behaupten.

Unter Bezugnahme auf die zu Beginn dieses Kapitels verwendete Begriffsbestimmung von Qualifikation, sie umfaßt Fähigkeiten für berufliche Tätigkeit, aber auch Werthaltungen und damit Handlungs- sowie Verhaltensgründe, ergibt sich für die Mitarbeiter in der Weiterbildung die Notwendigkeit, der Arbeitssituation und

den Lebensvollzügen der Erwachsenen mehr Beachtung zu schen-
ken (ein gutes Beispiel bilden die Berichte über Bildungsurlaubs-
veranstaltungen: Kejcz u.a., 1979). Dies als Voraussetzung, damit
die Betroffenen merken, daß sie die Subjekte von Bildungsmaßnahmen sind und nicht nur ihre Funktionsfähigkeit erhöht werden
soll. Der Erwachsene selbst wird dann entscheiden, welche Lern-
angebote er für zweckmäßig hält: Kenntnisse für seine berufliche
Praxis oder Training seiner Fähigkeit, Konflikte auszutragen, Wissen aus dem ökonomischen Bereich oder Techniken der Diskussion
und Rhetorik. An den Institutionen der Weiterbildung wird es
liegen, »Erfahrungen«, im Sinne Negts, erleben zu lassen, damit
die Teilnehmer den Sinn des Lernens für das Leben, nämlich als
Möglichkeit, sich mit der gesellschaftlichen Realität auseinanderzusetzen, erkennen. Wenn lernbereite Erwachsene die Bedingungen
der Arbeit und der Lebenswelt zu verändern für notwendig erach-
ten, werden die auf bloße Funktionstüchtigkeit reduzierten Qualifikationen zumindest in Frage gestellt.

7. Bildungsinteressen

Auf dem Weg zur Anerkennung als gleichberechtigter öffentlicher Bildungssektor wird für die Weiterbildung die Legitimation entscheidend, daß sie dem Bildungsbedarf der Bevölkerung entspricht. Der quartäre Bereich Weiterbildung soll sein Angebot an den Bildungsbedürfnissen und -interessen der Erwachsenen ausrichten. Mit dieser Intention steht Weiterbildung allerdings nicht in Übereinstimmung mit den Strukturen von Schule und Hochschule. Dort werden Lehrinhalte über Lehr- und Studienpläne staatlich sanktioniert vermittelt, wobei das Interesse der Lernenden nicht das entscheidende Kriterium der Auswahl abgibt. Institutionen der Weiterbildung reagieren notwendigerweise sensibel auf artikulierte Wünsche: Erwachsenenbildung beruht im wesentlichen auf der Freiwilligkeit der Besucher und ist somit auf deren Interesse an den Veranstaltungen angewiesen. Dazu kommt, daß es im quartären Bereich – anders als in Schule und Hochschule – keinen allgemein verbindlichen Bildungsauftrag oder kein gesetzlich festgelegtes Bildungsziel gibt. Vielmehr handelt es sich zum Großteil um Institutionen von Interessenverbänden, die ihre speziellen Zielsetzungen für die Fortbildung Erwachsener vertreten. Die Volkshochschulen nehmen in diesem Spektrum wohl die neutralste Position ein, d. h., sie sind am ehesten einem allgemeinen Bildungsziel und damit auch einem möglichst weit gefächerten Teilnehmerinteresse aufgeschlossen. Dies durch ein umfassendes inhaltliches Angebot sowie durch Veranstaltungsformen, die dem Adressaten einen großen Spielraum für seine Beteiligung geben (vgl. Tietgens, 1979, S. 86 ff.).
Unter dem Anspruch, ein gesamtgesellschaftliches Interesse an einer flächendeckenden Weiterbildung zu wahren, nimmt in den letzten Jahren die öffentliche Verantwortung in Form von Gesetzgebung (vgl. Beckel/Senzky, 1974; Gernert, 1975) und Planung von Weiterbildung (Hamacher, 1976; Schulenberg u. a., 1975) zu. Öffentliche Verantwortung, die der Staat oder kraft ihrer Kulturhoheit die Länder bildungspolitisch für sich reklamieren, deckt aber verschiedene Interessensphären im Bereich Weiterbildung ab. Soweit einzelne dieser Interessen widersprüchlich oder noch nicht deutlich artikuliert sind, besteht für Träger, Institutionen und Praktiker die Chance, ihre künftige Durchsetzung zu beeinflussen. Gegenwärtig sind in der Diskussion um das *gesamtgesellschaftliche Interesse* an der Weiterbildung folgende Begründungen erkennbar:
– Gleichheit der Bildungschancen

- Kompensation von fehlender schulischer Ausbildung
- Selbstverwirklichung und Selbstbestätigung – Verbesserung der Lebensqualität
- Angleichung und Verbesserung beruflicher Kenntnisse und Fähigkeiten
- Erschließung neuer Arbeitsplätze für hauptberufliche Mitarbeiter
- Entlastung des Arbeitsmarktes durch längere Bildungsangebote (Bildungsurlaub, recurrent education) für Berufstätige
- Erhaltung des sozialen Friedens durch Angebote, die in der Bandbreite vom individuellen sozialen Aufstieg bis zur Therapie reichen
- Herstellung von Transparenz in der schwer überschaubaren Vielfalt der Weiterbildung
- Einwirken auf die Bereitschaft zur Kooperation zwischen verschiedenen Trägern
- Entwicklung eines abgestimmten »Grundangebots«
- optimaler Einsatz finanzieller Mittel in einer angespannten budgetären Situation.

Fragen der Motivation von Teilnehmern, der Planung von Weiterbildung und der Erforschung von Bildungsinteressen sollen im weiteren vor diesem Hintergrund erörtert werden.

7.1 Motive der Teilnahme

Soweit empirische Untersuchungen und Statistiken Auskunft geben können, beteiligen sich etwa 10−15% der erwachsenen Bevölkerung in der Bundesrepublik Deutschland aktiv an Weiterbildung. Unter Einschluß der Personen, die gelegentlich diverse einschlägige Veranstaltungen besuchen, macht dies ungefähr ein Drittel aus. Einer Befragung über das Weiterbildungsverhalten zufolge, durchgeführt von der »infratest Sozialforschung«, haben 1977 etwa 7,3 Millionen Personen zwischen 18 und 65 Jahren – das sind etwa 22% der erwachsenen Bevölkerung der Bundesrepublik Deutschland – an irgendeiner Veranstaltung zur Weiterbildung teilgenommen (vgl. Weiterbildungsverhalten . . ., 1979, S. 217). Eine solche Quote veranlaßt Schulenberg (1979, S. 51) zu der Feststellung: »Entspricht diese Weiterbildungsteilnahme den gesellschaftlichen Anforderungen in der Bundesrepublik? Man könnte zur Beantwortung dieser Frage die begründete Erwartung formulieren, daß unter den heutigen Umständen eigentlich jeder Erwachsene aus unterschiedlichen Lebenssituationen heraus verschiedentlich das Bedürfnis nach Weiterbildung – über die Anpassung durch die täglichen Lebenserfahrungen und Informationen hinaus – haben muß. Dann hätten sich also die Bildungsbedürfnisse der großen Mehrheit der Bevölkerung noch nicht in dem Wechselverhältnis von Nachfrage und Angebot niedergeschlagen. Oder anders ausgedrückt: Die organisierte Weiterbildung läßt zwei Drittel der Bevölkerung unversorgt.«

Die positive Wertschätzung von Weiterbildung erweist sich als überraschend hoch. Etwa die Hälfte der erwachsenen Bevölkerung äußert sich zustimmend, während Fortbildung nur von etwa 15% strikte Ablehnung oder erklärtes Desinteresse erfährt (vgl. Schulenberg u.a., 1979, S. 247 ff.). Auffällig ist die akzeptierende Haltung gegenüber Weiterbildung, der aber kein aktives Bildungsverhalten entspricht. Schulenberg u.a. registrieren eine »Schere« zwischen Verhalten und Meinung, wobei jene durch ungünstige soziale Voraussetzungen erweitert wird. »Die Schere zwischen Wertschätzung und Teilnahme ist ein unübersehbarer Hinweis darauf, daß die Fragen unzureichender Weiterbildungsteilnahme nicht primär auf der Ebene besserer Meinungsbildung oder weiterer Informationen gelöst werden können. Auf dieser Ebene sind die Voraussetzungen auch bei Bevölkerungsgruppen, die in der Weiterbildung unterrepräsentiert sind, überwiegend günstig; es fehlt an der Umsetzung positiver Meinungen in reales Weiterbildungsverhalten« (Schulenberg u.a., 1979, S. 237). Für die Praxis der Weiterbildung sehe ich diese Aussage als Ermutigung an, weiterhin Angebote unterschiedlichen Inhalts und unterschiedlicher Form zu probieren, und vor allem zu erweitern, um die Wertschätzung in eine Bildungsaktivität überzuleiten. Die richtige Veranlassung für den Besuch von Veranstaltungen zu treffen sowie zu helfen, »Schwellenangst« abzubauen, ist jeweils Aufgabe der Institution und mit wissenschaftlichen Befunden allein nicht zu lösen. Betrachtet man die Unterversorgung an Weiterbildung näher, so zeigt sie sich, ähnlich wie in Schule oder Hochschule, durch verschiedene soziale Faktoren mitbestimmt: Geschlecht, soziale Schicht, regionale Herkunft, Schul- und Berufsbildung, Arbeitssituation, Alter, familiäre Situation. Bezüglich dieser Faktoren erweist sich offensichtlich die Schulbildung – sie ist allerdings immer mit anderen sozialen Faktoren in Zusammenhang zu sehen – als zentral für die Teilnahme an Weiterbildung. »Je höher der Grad des Schulabschlusses, um so höher die Weiterbildungsteilnahme« (Schulenberg u.a., 1979, S. 239). Trotz der erkennbaren Auswirkungen von sozialen Faktoren lehnen die Forscher um Schulenberg (ebd., S. 246) es ab, eine

Typologie für Bildungsbereitschaft aufzustellen: »Ein Zusammentreffen aller sozialer Faktoren, die Weiterbildung begünstigen,
führt nicht mit Sicherheit zur Teilnahme an organisierter Weiterbildung. Andererseits schließt das Zusammentreffen aller ungünstigen
sozialen Faktoren eine Weiterbildungsteilnahme nicht aus. Nach
der Feststellung, daß keiner der einzelnen Faktoren allein ein
sicherer Indikator für das Weiterbildungsverhalten ist, bestätigt
sich auch die Erwartung nur begrenzt, daß aus typischen Konstellationen der sozialen Faktoren sichere Schlüsse auf das Weiterbildungsverhalten zu ziehen seien.«
Die Schwierigkeit, typische Merkmale für Bildungsbereitschaft
anzugeben, läßt sich durch eine Untersuchung auf anderer Ebene
belegen. Auch für die Erklärung der Gründe für Studieninteressen
und Studierfähigkeit, ergab sich ein multifaktorielles Gebilde von
großer Komplexität. Rahn (1978, S. 175) fand für diesen Bereich,
abgesehen von den genetischen Bedingungen, folgende Faktoren:
– das »Bildungsklima« in Familie, Freundeskreis und Schule,
  durch das Anregungen und Erfahrungen erworben werden;
– das »Wertsystem« der Sozialgruppe, demgemäß die Einstufung
  von Leistungsformen geschieht;
– die »Selbststeuerung« des einzelnen, von der die Stärke, mit der
  ein Ziel verfolgt wird, und das Ausmaß an Energie und Aktivität, die dabei eingesetzt werden, abhängt.
Für die Erwachsenenbildung ist die Kategorie der »Selbststeuerung« nicht unerheblich. Gerade sie wird von der Besonderheit der
Lebenssituation beeinflußt. Ein Beispiel aus der Erwachsenenbildung in England soll das illustrieren. Auf Initiative von Enid
Hutchinson (vgl. Hutchinson, 1978) werden »Fresh Horizons
Courses« seit 1966 in London angeboten, um Erwachsenen – vor
allem Frauen – einen neuen Einstieg für ihre Fortbildung zu
schaffen. Bei Untersuchung der Motivationslage der Teilnehmer
gab es generelle Übereinstimmung im Sinne geistigen Unbefrie-
digtseins und den Wunsch, Versäumnisse schulischer Bildung
nachzuholen. Darüber hinaus wurde von den Frauen ein spezieller
Anlaß genannt. Meist war es das Ende einer persönlichen Beziehung (Ehe oder andere Form der Partnerschaft), die den Anstoß
gab. Die daraus resultierende Identitätskrise, der Wunsch nach
ökonomischer Selbständigkeit, die Suche nach »a new me«, waren
die treibende Kraft für die Aufnahme von Weiterbildung (vgl.
Lovell, 1980). Um in solchen schwierigen persönlichen Situationen
von seiten der Erwachsenenbildung Hilfen anzubieten, die der
»Selbststeuerung« Raum geben, kommt es offenbar sehr auf die
Berücksichtigung der Lebenslage der Betroffenen an. Weiterbil-

dung steht dann in großer Nähe zur sozialen Betreuung. Zugleich
ist dies ein Beispiel, wie ein Lernbedürfnis mit anderen Motiven
verknüpft ist. Doch darauf ist noch zurückzukommen (vgl. S. 101).
Empirische Untersuchungen zur Bildungsbereitschaft lassen einige
Aussagen über die Teilnahme an Weiterbildung zu.
So sind es eher
– jüngere Erwachsene
– mit höherer Schulbildung
– in mittlerer oder höherer sozialer Position
– in Wohnorten mit größerer Einwohnerzahl,
die Veranstaltungen besuchen (vgl. dazu detaillierte Literatur in
Lenz, 1979, S. 102 ff.; Schulenberg u. a., 1979; Mader/Weymann,
1979; Karl, 1979). Doch, wie gesagt, sind diese Ergebnisse sehr
generalisierend und kein Erklärungsgrund für das Verhalten eines
Individuums. Denn gerade bei der Untersuchung der Motive ist
deutlich geworden, daß hier, je nach bisheriger Biographie, eine
Vielzahl von Faktoren wirksam wird. Diese Individualisierung, die
sich damit ankündigt, bestätigt sich auch auf dem Gebiet der
Lernfähigkeit. Aufgrund seiner Studien zur Aktualmotivation und
zum Lernerfolg Erwachsener kommt Löwe (1977, S. 167) zu dem
Ergebnis: »Es erweist sich, daß die Lernleistungen bei Erwachsenen nicht unter einem ausschließlich biologischen Aspekt der
Altersbedingtheit betrachtet werden dürfen, sondern vor allem in
Abhängigkeit von sozialen Faktoren (bisherige Schulbildung, spezieller Beruf und damit verbundene unterschiedliche Möglichkeiten des Trainings der Gedächtnisleistungen usw.) gesehen werden
müssen.«
Wird Weiterbildung aufgenommen, so ist dies meist sehr stark von
dem Wunsch bewegt, sich Kenntnisse oder Fertigkeiten, die man
braucht, anzueignen. Tough (1980, S. 113) resümiert: »Zahlreiche
Untersuchungen in mehreren westlichen Ländern lassen die Aus-
sicht auf Nutzen oder Anwendung der zu erlernenden Kenntnisse
und Fertigkeiten als wichtigstes Motiv der meisten Lernbemühun-
gen erkennen. Die meisten Erwachsenen und schulentlassenen
Jugendlichen sind in ihrem Lernen dadurch motiviert, daß eine
relativ kurzfristig anstehende Schwierigkeit, Aufgabe oder Entscheidung bestimmte Kenntnisse und Fertigkeiten verlangt. Relativ
selten beruht ein Lernprojekt auf dem Wunsch des Betreffenden,
einen ganzen Stoffbereich vollständig zu beherrschen.« In diesem
Sinn spricht man auch von der *Instrumentalisierung der Weiterbildung* – sie wird zu einem Werkzeug, das dem Erwachsenen dient,
ein Lernbedürfnis zu befriedigen, ohne sich weiter in Reflexions-
prozesse zu begeben. In Verbindung mit dem Wunsch nach beruf-

licher Qualifikation, kann dies leicht als Reduzierung des Bildungsprozesses auf Vermittlung von Wissen und Fertigkeiten interpretiert
werden. Von seiten der Anbieter heißt das eventuell: Die Erwachsenen wollen ja gar keine Reflexion, Problematisierung oder Auseinandersetzung über Lehrinhalte und entsprechende Zusammenhänge, sie wollen nur brauchbare Informationen. Schulenberg u.a.
(1979) führen dagegen an, daß der Wunsch nach verwendbaren
Ergebnissen mehr dem Anliegen entspricht, *als Lernender ernst
genommen zu werden.* Als Begründung für das häufig geäußerte
Interesse an Verbesserung der beruflichen Fähigkeiten, geben die
Autoren an, daß für viele Menschen die Perspektive einer attraktive-
ren Lebensgestaltung nur über eine verbesserte berufliche Situation
erreichbar scheine. »Das Votum für berufliche Fortbildung ist
subjektiv oft die kürzeste Formulierung für den Wunsch nach
Verbesserung der allgemeinen Lebensumstände. Für viele Haus-
frauen, für Rentner und für gering qualifizierte ältere Arbeiter und
Angestellte ist berufliche Fortbildung an sich nahezu zwecklos.
Wenn auch diese Betroffenen stark für berufliche Weiterbildung
sprechen, so liegt darin ein ebenso utopisches wie resignatives
Moment, an dem aufgedeckt werden kann, daß das wahre Bedürfnis
nicht allein im Beruf, sondern in der ganzen Lebenssituation liegt«
(Schulenberg u.a., 1979, S. 254).
Diese Aussage unterstützt ein Bildungsverständnis, das Lösung von
Lebensproblemen und Auseinandersetzung mit Fragen des Alltags
in den Vordergrund stellt. Beachtet man die durch »infratest
Sozialforschung« erhobenen Lernbedürfnisse, so wird dieser Eindruck verstärkt. Die vorgegebenen Themenschwerpunkte wurden
von den Befragten nach Interesse folgendermaßen gereiht (Weiterbildungsverhalten . . ., 1979, S. 218):

Tab. 1: Themenschwerpunkte der Weiterbildung

1. Fragen der Gesundheit und der gesundheitsgerechten
   Lebensführung 63%
2. Versicherungs-, Renten-, Steuer- und sonstige Rechtsfragen 58%
3. Praktische Kenntnisse wie Erste Hilfe, Reparaturen im Haus, am
   Auto 56%
4. Recht und Pflichten des Staatsbürgers, Politik 52%
5. Wie man aktiv seine Freizeit gestalten kann 48%
6. Wie man mit persönlichen und familiären Problemen fertig wird . . 46%
7. Kindererziehung 43%
8. Kunst, Literatur, Religion, Geschichte oder Länderkunde 43%
9. Sprachkenntnisse 42%
10. Naturwissenschaft und Technik 37%
11. Wie man einen Haushalt führt 34%
12. Kenntnisse für die Ausübung von Sportarten, falls ein Sport
    betrieben wird 30%

Nach der Durchsicht mehrerer empirischer Untersuchungen, die vorwiegend in den USA durchgeführt wurden, bemerkt Houle (1980, S. 204), daß die Teilnahme an Weiterbildung nicht aufgrund eines Motives erfolgt: »Die Teilnahme an Bildungsveranstaltungen jeglicher Art beruht auf einer Anzahl zusammenwirkender, unterschiedlicher Motive.« Auch Houle ist überrascht, daß Lernwillige öfters als Teilnehmer zu berufsorientierten Veranstaltungen tendieren. Er fragt sich, ob dies wegen unbefriedigender beruflicher Tätigkeit geschieht oder eine Konzession an den »Kult wirtschaftlicher Effizienz« der nordamerikanischen Gesellschaft ist.

Für die *Praxis der Weiterbildung* ergeben sich aus den jetzt sehr ausschnitthaft vorgestellten Untersuchungen erste Hinweise:

– An einer Veranstaltung nehmen immer Erwachsene teil, die eine sehr unterschiedliche Motivationslage haben.

– Der Inhalt oder das Ziel eines Kurses lassen noch nicht auf homogene Erwartungen bei den Lernenden schließen.

– Ein geäußertes Motiv, wie zum Beispiel der Wunsch nach beruflichem Aufstieg, kann auch als »Deckmotiv« genannt werden, um sich nicht preiszugeben.

– Persönliche Krisen (z. B. Ende einer Partnerbeziehung) als Anlaß zum Besuch von Fortbildung, sollten in oder neben der Veranstaltung aufgearbeitet und nicht verdrängt werden.

– Die Hinwendung der Weiterbildung zu praktischen Fragen des Alltags und zur Hilfe, Lebensprobleme zu lösen, trifft offenbar mehr die Erwartungen der Erwachsenen als systematische Lehrstoffe.

– Empirische Untersuchungen geben nur grobe Hinweise auf Trends sowie generelle Einstellungen wieder. Der Erwachsenenbildner sieht sich in der Veranstaltung hingegen immer *Individuen* gegenüber, mit deren Persönlichkeit er sich auseinandersetzen muß.

7.2 Planung von Weiterbildung

Gerade die letzte Bemerkung über die Individualität der erwachsenen Lerner erschwert es, von einer Planung der Weiterbildung zu sprechen. Es ist nötig, den Blickwinkel zu ändern: Nun steht nicht mehr der einzelne Erwachsene mit seinen differenzierten Erwartungen, seiner spezifischen Arbeits- und Lebenssituation zur Diskussion, sondern Weiterbildung als Teil des gesellschaftlichen Feldes.

Partikulare Interessen, die bislang die Weiterbildung beeinflußten, werden seit einigen Jahren durch einen langsam fortschreitenden Vergesellschaftungsprozeß der Erwachsenenbildung konkurrenziert. Folgt man dem Urteil Weymanns (1980, S. 40), so hat die Bedeutung der Fortbildung für die politische Ordnungsmacht Staat auf drei Ebenen zugenommen:

– als Mittel in der Arbeitsmarkt- oder Sozialpolitik,
– zur Reproduktion von Arbeitsvermögen,
– zur Sozialisation (Integration) und Sozialtherapie.

Aus diesem veränderten politischen und bildungspolitischen Stellenwert sind die Bestrebungen zu Ausbau und Planung der Weiterbildung zu betrachten.

Für den Ausgangspunkt der Planungsaktivitäten, soweit er aus offiziellen schriftlichen Dokumenten zu erkennen ist, halte ich die Feststellung im Strukturplan des Deutschen Bildungsrats (1970, S. 199), Weiterbildung sei nicht mehr als Bereich der Privat- oder Gruppeninteressen aufzufassen. Vielmehr komme der Weiterbildung, ähnlich wie der Schulbildung, ein gesamtgesellschaftliches Interesse zu. Bedenkt man den Anteil an der Bevölkerung von etwa 10 bis 15% aktiven Teilnehmern, so ist das allgemeine Interesse an Weiterbildung nicht so deutlich – ein formulierter Bedarf wird zu einem Bedürfnis erhoben. Auch der Vergleich mit dem allgemeinen Interesse an Schulbildung wäre eingehender zu diskutieren. Von der Einführung der Schulpflicht im 18. Jahrhundert bis heute, liegt es keineswegs unwidersprochen im allgemeinen Interesse, institutionalisierte öffentliche Bildungsmaßnahmen zu akzeptieren. Schul- und Hochschulbildung wurden durch einen Vergesellschaftungsprozeß mit einer Bedeutung umgeben, die ein ablehnendes Verhalten mit negativen Sanktionen ahndet. Das durch den Deutschen Bildungsrat für die Allgemeinheit festgestellte »gesamtgesellschaftliche Interesse an einer allseitigen ständigen Weiterbildung einer möglichst großen Anzahl von Menschen« beruht wohl eher auf einem von Experten für die Bevölkerung formulierten, als auf einem von dieser tatsächlich artikulierten Interesse. Somit sind Bildungsplaner und -politiker in einer schwierigen Situation. *Was sie für richtig halten, soll durch Institutionalisierung für andere wichtig werden.* Ein wenig erweckt dies den Eindruck, die Erwachsenen müssen zu ihrem Glück, der Weiterbildung, gezwungen werden. Eine Formulierung, die sich bei Strunk (1980, S. 98) findet, kann über so einen Verdacht nicht hinweghelfen, sondern stärkt ihn eher noch: »Das Angebot der Erwachsenenbildung/ Weiterbildung kann also nur realisiert werden, wenn es auf Nachfrage stößt. Damit ist die Aufgabe gestellt – jedenfalls seitdem die persönliche und gesellschaftliche Bedeutung der Erwachsenenbildung/Weiterbildung solch hohen Rang gewonnen hat –, wie diese Angebote der Erwachsenenbildung/Weiterbildung auch jenen zugänglich gemacht werden können, die sich ihr bisher fernhielten, oder jene Sachgebiete einen höheren Anteil am Gesamtprogramm gewinnen können, die bisher als eher marginal bezeichnet werden müssen ... Es geht bei diesen unbestrittenen Zielsetzungen um die Frage, wie Adressaten solcher Bildungsangebote zur Teilnahme angeregt und gewonnen werden können, wie also ihr Teilnahmeverhalten beeinflußt werden kann.«

Ich erachte die Berufung auf »unbestrittene Zielsetzungen« für sehr problematisch, weil es letztlich Ziele derer sind, die über Angebote entscheiden, nicht aber Ziele der Betroffenen.

Aber die bildungspolitische Realität nimmt gegenwärtig, durch Gesetzgebung und Finanzierung flankiert, ihren Lauf. Daraus resultiert, um die öffentliche Verantwortung auch wahrzunehmen, die *Planung von Weiterbildung*. Hamacher (1976, S. 31) definiert Entwicklungsplanung der Weiterbildung als ». . . öffentliche mittelfristige Planung verstanden mit dem Ziel der flächen-, d. h. bedarfsdeckenden Versorgung der Bevölkerung mit Weiterbildungsmöglichkeiten«. Damit hebt er sie von der Programmplanung einzelner Institutionen ab. Er definiert ebenda: »Entwicklungsplanung ist vielmehr eine Planung der öffentlichen Hand, die mit Hilfe der mittelfristigen Planung der einzelnen Weiterbildungsträger mittelfristige Planungsziele setzt. Entwicklungsplanung als öffentliche Planung wird von einer staatlichen oder kommunalen Stelle aus in Gang gesetzt und in gesetzlichem Auftrag durchgeführt. Da Weiterbildungsentwicklungsplanung auf die flächen-, d. h. bedarfsdeckende Gesamtversorgung zielt, bezieht sie im Prinzip alle Träger der Weiterbildung ein. Sie ist also nicht etwa eine Angelegenheit, die sich auf die öffentlichen Träger beschränkt. Vielmehr ist die Entwicklungsplanung die ›koordinierte Summe‹ der mittelfristigen Planungen der einzelnen öffentlichen und nichtöffentlichen Träger.«

Als *Ziele der »Weiterbildungsentwicklungsplanung«* ergeben sich also (vgl. Hamacher, 1976, S. 36):

– höhere *Rationalität* bei der Versorgung und mehr *Effektivität* bei der Verwendung der Ressourcen;
– *Abstimmung* zwischen Trägern und Institutionen, um ein bedarfsdeckendes Angebot zu gewährleisten;
– bessere *Transparenz* durch gegenseitige Information der Träger und Institutionen;
– optimaler *Einsatz* der eigenen Mittel durch Information über Entscheidungen benachbarter Träger;

- gezieltere *Förderung* und *Investition* durch den Staat;
- Erstellung brauchbarer *Bedarfsprognosen*.

Die »Arbeitsgruppe Strukturplan Weiterbildung« (Schulenberg u. a., 1975) hat einen konkreten Versuch unternommen, die realen Bedingungen für ein flächendeckendes öffentliches System der Weiterbildung anzugeben. Sie stellt in ihrer Arbeit drei *defizitäre Bereiche in der Weiterbildung* fest:

- *soziales Defizit:* Unterrepräsentation bestimmter Bevölkerungsgruppen (z. B. Arbeiterschaft);
- *regionales Defizit:* beschränkte Möglichkeiten in gewissen Regionen (z. B. Landgebiete mit niederer Einwohnerzahl);
- *curriculares Defizit:* Unterversorgung mit Lehrinhalten (z. B. politische Bildung).

Um bei der Beseitigung dieser Defizite Erfolg zu haben, sehen es die Mitglieder der Arbeitsgruppe als unumgänglich an, hauptberufliche Mitarbeiter einzustellen. »Die Entwicklungs- und Erschließungsarbeit vor Ort zum Aufbau eines flächendeckenden öffentlichen Weiterbildungsangebotes kann auf Dauer und unter öffentlicher Kontrolle nur von hauptberuflichen pädagogischen Kräften (Leitern und Mitarbeitern der Volkshochschulen als öffentliche Weiterbildungszentren) vorangetrieben werden. Diese Kräfte sind es, die neue Programme zu entwickeln, die nebenberufliche Lehrkräfte zu gewinnen und zu betreuen haben und die Erschließung neuer Teilnehmerschichten systematisch in Angriff nehmen können« (Schulenberg u. a. 1975, S. 31).

Angeregt durch das nordrhein-westfälische Weiterbildungsgesetz, das Finanzierungshilfen von einem bedarfsorientierten Angebot abhängig macht, stellten Bayer und Ortner (1979, S. 185) Überlegungen an, welche Daten für die Ermittlung von Weiterbildungsbedarf ausagekräftig sind:

- *strukturelle Bedingungen der Region* (Verwaltung, Gebietsentwicklung, Wirtschaftsförderung, Verkehrsinfrastruktur);
- *Sozialstruktur der Bevölkerung* (Einwohnerzahl, Geschlechtsverteilung, Altersstruktur, Familiensituation);
- *Bildungseinrichtungen* (Stufen, Typen, Arten);
- *Qualifikationsstruktur* der Bevölkerung;
- *Wirtschaftsstruktur* (Erwerbsstruktur, Arbeitsmarktsituation);
- *Arbeitszeit-* und *Einkommensituation.*

Ausgehend von diesen Strukturdaten, wäre es, im Sinne der vorhin zitierten Arbeitsgruppe, Aufgabe der hauptberuflich in der Weiterbildung Beschäftigten, diverse Daten über die individuelle Situation möglicher Interessenten für Erwachsenenbildung einzuholen. Die Problematik, Bildungsbedarf zu erheben – zum einen regional unter dem Gesichtspunkt der öffentlichen Verantwortung, zum anderen individuell dem Bildungsinteresse des einzelnen entsprechend – soll im weiteren unter methodologischem Aspekt aufgegriffen werden.

7.3 Forschungsmethodische Probleme

Mader und Weymann (1979) interpretieren Weiterbildung und Forschung als zwei verschiedene Subsysteme. *Weiterbildung* ist auf die Vermittlung von Bildung mithin auf Zielgruppen gerichtet, während *Forschung* sich auf Erkenntnisse mithin auf Adressaten konzentriert. Die Subsysteme verhalten sich nach Mader/Weymann nicht wie Theorie und Praxis zueinander, sondern folgen ihren eigenen Zusammenhängen. Wissenschaftstheoretisch betrachtet, orientieren sich Weiterbildner und Forscher in ihrer Arbeit zunächst an einem *normativen Paradigma* (Beispiel, Muster). D.h. sie unterstellen ».. . es gelten für Weiterbildner/Forscher und Zielgruppe/Adressaten gemeinsame Bedeutungssysteme gesellschaftlicher Wirklichkeit, eine gemeinsame kognitive Kultur, in der gelernt werden kann« (Mader/Weymann, 1979, S. 351). Das *interpretative Paradigma* hingegen ».. . geht davon aus, *daß gemeinsame Bedeutungssysteme und eine gemeinsame kognitive Kultur in einem gemeinsamen Handlungsprozeß erst kontinuierlich erstellt werden müssen.* Dieser Aufbau gemeinsamer gesellschaftlicher Wirklichkeit geschieht im Interaktionsprozeß durch Rekonstruktion und Reinterpretation ursprünglicher Rollenzuweisungen« (ebd.).
In den Sozialwissenschaften wird dieser Paradigmenwechsel seit einigen Jahren diskutiert und erprobt. Das Ziel ist, vom deduktiven Modell der naturwissenschaftlichen Forschung wegzukommen. Interpretative Sozialforschung will der Perspektive des Handelnden mehr Aufmerksamkeit zuwenden. Das äußert sich in einer Wende gegen ».. . das Streben nach interpersonaler Verbindlichkeit als einzig verläßlicher Basis soziologischen Erkenntnisfortschritts« (Hoffmann-Riem, 1980, S. 339). Diese Forschungsrichtung stellt die theoretische Strukturierung des Gegenstandes zurück und versucht sie mit dem Forschungssubjekt herauszubilden. Methodisch ist die entsprechende Forschungspraxis an teilnehmender Beobachtung, Interaktionsanalyse und Interview orientiert (vgl. auch Kökkeis-Stangl, 1980). Der Datengewinn beruht auf einer kommunikativen Leistung zwischen Forscher und Forschungssubjekt. Interpretative Soziologie folgt somit dem *Prinzip der Kommunikation,*

das besagt, ».. . daß der Forscher den Zugang zu bedeutungs-
strukturierten Daten im allgemeinen nur gewinnt, wenn er eine
Kommunikationsbeziehung mit dem Forschungssubjekt eingeht
und dabei das kommunikative Regelsystem des Forschungssub-
jekts in Geltung läßt« (Hoffmann-Riem, 1980, S. 346 f.).
Für die Erforschung von Bildungsinteressen, mit der Absicht
Hinweise für die Gestaltung des Angebots zu geben, halten Mader/
Weymann (1979) es für nötig, von einem normativen Paradigma in
einer ersten Stufe auszugehen und später zu einem interpretativen
Paradigma überzuleiten. Die praktische Situation in der Erwachsenenbildung besteht in diesem ersten Abschnitt in der Formulierung eines Bildungsdefizits, in der Feststellung der sozialen Rahmenbedingungen sowie in der vorwegnehmenden Beschreibung
von Lernbarrieren bei Adressaten und Lehrenden. Mit der Aufnahme von Beziehungen zur Zielgruppe, also mit dem Beginn der
Interaktion zwischen Teilnehmern und Weiterbildnern wird, so
Mader/Weymann (ebd., S. 357) das normative Paradigma in ein
interpretatives übergeleitet. So kommt die Selbstdefinition der
Teilnehmer gegenüber der bislang erfolgten Fremddefinition durch
die Weiterbildner zum Tragen. Motive, Verwertungsaspekte des zu
Lernenden, Deutung der Lebenssituation und schließlich die Festlegung der Lernziele kennzeichnen diesen zweiten Abschnitt. Der
Beitrag der Forschung bewegt sich vorwiegend im ersten Abschnitt, im Bereich des normativen Paradigmas. Dem Weiterbildner hilft Forschungsliteratur nach Meinung der beiden Autoren
vorwiegend in einer Hinsicht (ebd., S. 366): »Sie erweitert den
Problemhorizont des Lehrenden (und Planenden) beträchtlich,
und sie verschafft ihm zusätzliche, wenn auch nur ausschnitthafte
Faktenkenntnisse. Beides ist geeignet, die eigene Betriebsblindheit
aufzubrechen.«
Das Verhältnis zwischen Forschung und Praktiker erscheint in
dieser Konzeption sehr problematisch. Wenn auch Mader/Wey-
mann (ebd., S. 374) dem Praktiker formative Evaluation (begleiten-
de Beurteilung) von Projekten zutrauen – und zwar unter Voraussetzung einer gediegenen sozialwissenschaftlichen Ausbildung –
halten sie ihn eigentlich im Umgang mit Forschungsergebnissen für
überfordert: »Die ständig ärgerlich-resignierend gestellte Frage,
was denn Forschung für die Praxis der Weiterbildung leiste, mag
mitbegründet sein durch die Erfahrung, daß sich der Weiterbildner
immer unter dem Druck fühlt, Forschungsergebnisse *insgesamt* in
seinem Handeln zu berücksichtigen, der Forscher ihm zudem
keine Hilfe anbietet, welche seiner Informationen in welchem
Schritt nun wichtig oder unwichtig sind« (ebd., S. 350). Ist es aber

nicht ebenso eine Überforderung des Forschers wie eine Entmündigung des Praktikers *für* letzteren zu wissen, was er eigentlich braucht?

7.4 Selbstbestimmte Bildungsinteressen

Im Sinne einer teilnehmerorientierten Erwachsenenbildung liegt es, die Kommunikation zwischen Adressaten, Weiterbildner und Forscher beim Versuch, Bildungsbedürfnisse zu erheben und Angebote zu erstellen, von Beginn an zu pflegen. Dies sehe ich als Voraussetzung,

– um beim Forscher Verständnis für Lebenssituation und Probleme der Adressaten zu finden,
– beim Weiterbildner Einsicht in die Vorgangsweisen und Möglichkeiten der Forschung zu erreichen,
– beim Adressaten das Gefühl hervorzubringen, nicht als Forschungsobjekt behandelt zu werden, und Chancen auf korrektive Eingriffe sowie Selbstklärung der eigenen Bedürfnisse anzustreben.

Insgesamt würde diese Vorgangsweise, die dem interpretativen Paradigma folgt, *gegenseitiges Verstehen* bei den jeweils zu setzenden Handlungsschritten mit sich bringen. Die Forschung wäre davor bewahrt, Ergebnisse zu produzieren, die für spezielle Situationen eigentlich nicht aussagekräftig sind. Es bleibt noch die Frage, wie weit Forschungsaufgaben zum Thema Bildungsbedarf vom Weiterbildner mit sozialwissenschaftlicher Kompetenz durchgeführt werden können (vgl. Abschnitt: Professionalisierung).

Den einzelnen Erwachsenen in seinem Urteil über Bildungswünsche zu achten, dem Erwachsenen seine eigene Sicht der Wirklichkeit – oder in der vorhin verwendeten Terminologie: seine eigene Normativität – zu gestatten und darüber in einen kommunikativen Prozeß einzutreten, beruht auf einem bestimmten Verständnis von Weiterbildung. Diese ist dann nicht etwas, was an Erwachsene »herangebracht« werden muß, sondern konstituiert sich inhaltlich und in der Form nach den jeweiligen Bedürfnissen einzelner Lernender oder einer Lerngruppe. Eine solche Erwachsenenbildung verlangt vom Lehrenden sich auch als Lernender zu verstehen. Er lernt durch Auseinandersetzung mit dem potentiellen Teilnehmer, welche Probleme oder Defizite vorhanden sind und welchen Stellenwert Bildungsmaßnahmen bei der Beseitigung einnehmen könnten. Bei diesem Selbstverständnis sind Bildungsdefizite in gemeinsamer Diskussion mit den Betroffenen zu klären und zu definieren. Damit

wird nicht die Möglichkeit in Frage gestellt, für eine Region Bildungsbedarf festzustellen. Sobald aber Maßnahmen in Angriff genommen werden, um diesen Bedarf zu befriedigen, geht das nicht mehr ohne Kontakt und Kommunikation mit den Betroffenen. Außerdem ist durchaus zu erwarten, daß eine Reihe von Defiziten nicht durch Bildungsangebote zu beseitigen sind, weil es therapeutischer oder gesellschaftspolitischer Maßnahmen bedarf. Der Weiterbildner erhält zugleich die Aufgabe, falsche Erwartungen, was Bildungsprozesse leisten können, zurückzuweisen. Er spricht die begrenzten Möglichkeiten aus, um weder Lernenden noch Bildner in Illusionen zu wiegen. Er klärt mit den Betroffenen verschiedene Ansichten, Defizite zu beseitigen, läßt die Erwachsenen aber die Entscheidung selbst treffen. Ein durchaus emanzipatorischer Akt, weil dadurch Urteilskraft und Entscheidungsfähigkeit bei den Betroffenen herausgefordert werden. Zugleich wird Lernen auf die spezielle Situation der Lernenden abgestimmt. Dies entspricht Forderungen, die im »Manifest von Cuernavaca« erhoben wurden: »Wir sind der tiefen Überzeugung, daß alle Menschen, welchen Alters auch immer, das Recht haben, selbst zu entscheiden, was sie lernen wollen, wie, wann und wo. Wissen muß darum für jedermann und zu jeder Zeit zugänglich sein. Keine Institution darf Wissen monopolisieren oder seine Verteilung von Prüfungen abhängig machen. Lernen, Leben und Arbeiten sollen ständig miteinander verwoben sein . . . Individuen und Gruppen sollen ermutigt werden, in ihren Gemeinden Werkstattseminare zu entwickeln und Gemeinschaftszentren aufzubauen, die jedermann offenstehen, die durch ihre Benutzer kontrolliert werden, in denen Lernen und Tun verbunden ist, um kritische Analyse und Selbstvertrauen zu fördern« (Dauber/Verne, 1976, S. 17f.).
Ähnliche Gedanken finden sich auch in Freires dialogischem Konzept der Erwachsenenbildung. Am Beispiel des Briefwechsels über die Alphabetisierung Erwachsener in Guinea Bissau (Freire, 1980) ist dies sehr eindrucksvoll dokumentiert.
Auch in der »alltäglichen Erwachsenenbildung« (von Werder, 1980) ist die Rücksichtnahme auf die Lebenssituation der Betroffenen und die Klärung ihrer Bedürfnisse Grundsatz der Bildungsarbeit. »Indem alltägliche Erwachsenenbildung an die Stelle traditionellen Erwachsenenunterrichts den Diskurs im Alltag setzt, ist alltägliche Erwachsenenbildung der Logik der Handlungsforschung verpflichtet, die auch auf Etablierung von Diskursen abzielt. Während die traditionelle Erwachsenenbildung die alltäglichen Verhältnisse nicht in Frage stellte, werden in der alltäglichen Erwachsenenbildung im Rahmen von Diskursen diese Verhält-

nisse auf ihre Legitimität hin untersucht« (von Werder, 1980, S. 25 f.).
Ebenfalls auf Betroffenheit und Engagement der Lernenden beruhen Lernprozesse in Bürgerinitiativen. Unter Schwerpunktsetzung auf politische Bildung lautet in diesem Fall die Prämisse (Armbruster, 1979, S. 39): »Politische Bildung, die ihren Bezug auf politisches Handeln tatsächlich ernst nimmt und sich der Kritik der ihr vorgeworfenen Folgenlosigkeit stellt, kommt deshalb an diesen nachgewiesenen Bedingungszusammenhängen von politischem Lernen und politischer Aktion ebensowenig vorbei, wie an der zentralen Funktion der konkreten Lebenssituation und der Betroffenheit als maßgeblichen Bestimmungsfaktoren.« Gerade bei Bürgerinitiativen, die politisches Lernen implizieren, unterbricht man den Lebensnerv, wenn die dauernde Rückbindung an die Betroffenen, an ihre Motivation, ihre Interessen, an ihre Sorgen und Wünsche, aufgehoben wird.
Ein letztes Beispiel bietet schließlich ein Projekt in einem Wohngebiet mit Neubauten (New-Communities-Projekt in Portsmouth/ England). Dieses, in der ersten Hälfte der siebziger Jahre durchgeführte Projekt, steht in seinem Selbstverständnis Freires Bildungskonzept nahe: „Ziel des New-Communities-Projekts ist die Hilfe zur Selbsthilfe. Das Projekt versucht einen neuen, weder elitären noch marxistischen Ansatz zu realisieren. Weder soll es Führungspersönlichkeiten aus der Arbeiterschicht eine andere Grundlage geben, noch ein ›proletarisches Klassenbewußtsein‹ an sich fördern. Eher setzt es bei dem Versuch an, Individuen sich selbst entdecken zu lassen, wo und wie sie sind . . .« (Fordham u.a., S. 215).
Bei solchen Projekten treten diverse Anliegen und Bedürfnisse erst im Laufe der Zeit hervor, werden die Ziele des Unternehmens laufend verändert, finden Grenzüberschreitungen zu anderen Gebieten und Einrichtungen während der Arbeit statt oder kommen Defizite durch die Auseinandersetzung über Lebensumstände, Wohn- und Arbeitssituation nur allmählich zum Vorschein. Für die betroffenen Individuen steht mithin von Anfang an nicht deutlich fest, welchen Stellenwert oder welche Bedeutung systematisches Lernen für ihre Lebenswelt hat und welche praktischen Folgen die Aufnahme von Bildungsprozessen mit sich bringt.
Planung, die aufgrund empirisch erhobener Defizite weiterbildende Maßnahmen bestimmt, wirkt im Rahmen der zuletzt beschriebenen pädagogischen Vorstellungen suspekt. Sie läuft Gefahr, für eine Region gemäß den Interessen von Experten, Politikern, Industriellen etc. zu fungieren, nicht aber im Interesse der Betroffenen.

*Weiterbildung wird ohne die ständige Rückbindung an die Bedürf-
nisse der Erwachsenen zu einem Instrument der Steuerung gesellschaftlichen Verhaltens.*

Will Weiterbildung dieser Indienstnahme und Pervertierung des
pädagogischen Anliegens entgehen, sollten auf der *Kommunika-
tionsebene* mit den Erwachsenen einige Verbesserungen versucht
werden:

– Institutionen der Erwachsenenbildung sind nicht nur für das
  Lernen einzurichten, sondern funktionieren als Zentren zwang-
  loser Kontakte.
– Weiterbildner bekommen zunehmend die Aufgabe, Probleme
  der Bevölkerung zu beachten – sie sind Seismographen gesell-
  schaftlicher Anliegen und Entwicklung.
– Erwachsenenbildner stehen deshalb in engem Kontakt mit ande-
  ren kulturellen und gesellschaftlichen Einrichtungen (Kirche,
  Schule, Gemeindeamt . . .).
– Ein wesentlicher Teil der Arbeit verlagert sich außerhalb der
  Institution, um auf dem aktuellen Stand zu bleiben.
– Entwicklungen auf dem regionalen und überregionalen Arbeits-
  markt, Planungen im Verkehrswesen, Ausbau der Infrastruktur
  usw. müssen aufmerksam verfolgt werden.
– Ausbau des Beratungswesens – Bildungs- und Lebensberatung –
  ist notwendig.
– Als Berater werden die Mitarbeiter in der Weiterbildung sensibel
  für die Identifizierung von Bildungsbedürfnissen und aufmerk-
  sam auf aktuelle Anliegen.
– Weiterbildner pflegen persönliche Kontakte und haben Mut zu
  unkonventionellen Angeboten oder Veranstaltungen, wie z. B.:
  Fest, Basar, Flohmarkt, Hilfsaktionen . . .

Für diese Aufgaben braucht man aber keine »Übermenschen« in
der Fortbildung. Es genügen Mitarbeiter, die fähig sind, aus den
Kapazitäten der menschlichen Umwelt zu schöpfen. Sie sind erfolgreich, wenn es ihnen gelingt, bei ihren Mitmenschen Begeisterung, Mut und Hoffnung zu wecken, miteinander gemeinsame
Anliegen zu bewältigen.

8. Pädagogische Grundsätze methodischen Handelns

Die Bezeichnung »methodisches Handeln« bezieht sich nicht nur auf *Strategien*, sondern umfaßt *Planung*, die *Konzeption* einer Lernsituation, die *Beeinflussung* ihres Verlaufs und die *Interaktion* mit dem Lernenden in der Lernsituation (vgl. Schulze, 1978). Methodisches Handeln besteht somit nicht im Einsatz einer »passenden« Methode. Mit der Wahl dieses Begriffs wird die besondere Verantwortung des Lehrenden für die praktische Lernsituation hervorgehoben.

Bei Angeboten der Erwachsenenbildung, bei denen der Lernzuwachs nicht unmittelbar im Vordergrund steht, wie z. B. bei Gymnastik- und Hobbykursen oder bei Kunstreisen, meinen die Leiter der Veranstaltung, daß sie kein Lernziel hätten und deswegen auch keine Rücksicht auf methodische Überlegungen zu nehmen brauchen. Gegen diese Vorstellung ist einzuwenden: Jede Veranstaltung, die nicht nur planlos, zufälligem Gerede oder Tun unterliegt, zielt auf einen bestimmten Zweck, auf ein bestimmtes Ergebnis im weitesten Sinn, auch wenn keine systematische Absicht besteht, auf ein *Lernziel.*

Dieses zu erreichen, setzt gewisse Überlegungen voraus, wie der Ablauf der Veranstaltung methodisch konstruiert werden soll, um die gewünschten Einsichten, Erkenntnisse oder Fähigkeiten zu erreichen. Ein zweites, wichtiges Argument ist anzuführen, um die Bedeutung methodischen Handelns zu erklären: In jeder Gruppe, die sich gemeinsam über einen Gegenstand auseinandersetzt, trägt das methodische Handeln zur *Strukturierung der sozialen Beziehungen* der Mitglieder bei. Methodisches Handeln bedingt somit auch die Art des Umgangs zwischen den Lernenden, nämlich das *soziale Lernen.* Gemeinsames Lernen und gegenseitiges Akzeptieren der Teilnehmer oder Konzentration auf die Autorität des Vortragenden und geringeres Vertrauen auf gemeinsame Lernprozesse, kann durch methodische Arrangements gesteuert werden. Für die weitere Erörterung richte ich den Blick zunächst auf die praktische Situation der Weiterbildung, um danach leitende Prinzipien methodischen Handelns für das Lehren und Lernen mit Erwachsenen zu diskutieren.

Wer heute professionell Lehrgänge für Erwachsene anbietet, die Qualifikationen – durch Zertifikate ausgewiesen – vermitteln, vergißt nicht zu betonen, daß die Effektivität des Unterrichts durch moderne Methoden gesichert ist. Wer Wochenendseminare oder Tagungen ankündigt, ist meist erfahren genug, bei der Beschreibung des methodischen Bereiches zu erklären, daß den Bedürfnissen der Teilnehmer bei der Auseinandersetzung mit dem jeweiligen Thema Rechnung getragen wird. Damit sind *zwei Prinzipien* angesprochen, an denen sich in unterschiedlicher Weise die Praktiker der Weiterbildung methodisch ausrichten: *Effektivität* und die *Orientierung am Teilnehmer.*

Teilnehmer, die besonders motiviert sind, durch berufsorientierte Weiterbildung sozialen Aufstieg zu erreichen, werden an einem methodischen Arrangement interessiert sein, das auf Erreichen der Lernziele und Bestehen der Prüfung angelegt ist. Adressaten mit ausgeprägten Kontaktmotiven werden Methoden bevorzugen, die dem Gespräch und der Diskussion mehr Raum geben. Erwachsene, die sich erst klarwerden wollen, ob sie sich lernmäßig einen Neubeginn zutrauen sollen (solche Teilnehmer findet man oft in den Volkshochschulen), die Erfahrung über ihre persönliche Lernfähigkeit gewinnen wollen, werden Methoden begrüßen, die Chance zur Selbstkontrolle und Zuwachs von Selbstsicherheit versprechen (Beratung, Kontrollfragen, Aussprachemöglichkeiten . . .). Motivationspsychologische Untersuchungen und die Erfahrung zeigen, daß die Erwachsenen, die Weiterlernen auf sich nehmen, zumeist nicht nur von einem Motiv bewegt werden, sondern von einem *Motivationsbündel.* Der Praktiker der Erwachsenenbildung steht vor der Schwierigkeit, den zumeist unterschiedlich gelagerten Motiven bei den Teilnehmern zu entsprechen. Ein Problem, das für das methodische Handeln in der Weiterbildung große Bedeutung hat, ist das der *Heterogenität* der Lernenden. Ich habe es am Beispiel der unterschiedlichen Motivationslage exemplifiziert, es gilt aber auch für Schulbildung, Lernfähigkeit, Alter, bisherige Berufstätigkeit, Selbständigkeit, Vorkenntnisse . . .

Ich fasse die ersten Überlegungen zusammen: Die praktische Weiterbildung richtet sich in ihrer Methode offenbar an drei Grundsätzen aus:

– *Effektivität* folgt dem Wunsch der Lernenden nach einem möglichst optimalen Ergebnis für seine Anstrengung. Wenn man bedenkt, unter welchen Schwierigkeiten und Opfern oft die Teilnahme zustande kommt, kann der Wunsch nach einem brauchbaren

Resultat des Lernens nicht als vordergründiges Leistungsstreben abgetan werden.

– *Teilnehmerorientierung* ergibt sich aus der Überlegung, daß die Interessen der Teilnehmer an Weiterbildung auch bei einem Kurs sehr unterschiedlich gelagert sind; wenn aber diesen Interessen und Erwartungen zumindest nicht teilweise entsprochen wird, verlieren die Erwachsenen ihre Bereitschaft zum Weiterlernen. Außerdem soll die Orientierung am Teilnehmer die Mitsprache an der Auswahl der Lerninhalte und an der Gestaltung des Lehrens ermöglichen.

– *Heterogenität* ist durch die diversen individuellen Unterschiede der Lernenden bedingt. Sie verursacht für den Lehrenden die Schwierigkeit, eine Lehrform zu finden, die dem verschiedenen Anspruchs- und Leistungsniveau der Lernenden entgegenkommt. Oft fällt die Entscheidung durch den Lehrenden, einige Teilnehmer in ihrem Lernfortschritt nicht berücksichtigen zu können, weil sie das Niveau der anderen nicht erreichen. Innere Differenzierung, Individualisierung des Lernens oder kleinere homogene Gruppen bieten sich als didaktische Strategien an, um nicht leistungsschwächere Erwachsene von vornherein auszuschließen.

8.2 Perspektiven für methodisches Handeln

Methodisches Handeln ist im Rahmen didaktischer Planung als Teil der Organisation von Lehren und Lernen zu betrachten. Mit Bezugnahme auf die »Berliner Didaktik« (Heimann/Otto/Schulz, 1965) ist Methodik in Interdependenz mit den *Zielen, Inhalten* und *Medien* des Unterrichts zu sehen. Die Methodik, die konkrete Äußerung der Unterrichtsarbeit, ist kein fertiges Gerüst, das an bestimmte Unterrichtssituationen anzulegen ist. Methoden sind keine bloßen Instrumente der Vermittlung (Vortrag für Wissensvermittlung, Diskussion zur Weckung von Problembewußtsein . . .). Überhaupt ist der Grundsatz, der Lehrer habe einen »Vermittlungsauftrag« (vgl. Bönsch 1981, S. 77ff.), den er didaktisch plant und methodisch optimal erfüllt, fragwürdig geworden, weil der Lehrende in seiner Funktion als Organisator – man spricht von lehrerzentriertem Unterricht – zu sehr im Zentrum steht. Es ist ein »Wandel von der Lehrerperspektive zur Adressatenperspektive« (Flechsig/Haller, 1975, S. 185) vor sich gegangen. Der Lehrer tritt von seiner Rolle als Wissensvermittler stärker in die des Lernhelfers, -organisators, Beraters, Anregers von Lernprozessen – die *Selbständigkeit des Lernenden* wird neues Leitprinzip. Drei

Gründe spielen bei diesem Wandel von Rolle und Funktion des Lehrenden mit:

- die *lernpsychologische Einsicht*, daß Aktivität des Lernenden den Lernerfolg hebt;
- die *gesellschaftspolitische Betonung* von Selbstbestimmung des einzelnen;
- der Wunsch, die *innovatorische Kapazität*, »die Kreativität« des einzelnen besser zur Geltung kommen zu lassen.

Das Prinzip der Selbsttätigkeit bringt ein zweites mit sich – die *Berücksichtigung der Ausgangslage* des Lernenden. »Der Teilnehmer ist dort abzuholen, wo er steht« sagt man; das heißt: der Lehrende soll sich bei der Planung der methodischen Arbeit auf die Eingangsvoraussetzungen, den Erfahrungshorizont und die Lebenssituation des Lernenden einstellen, um möglichst die Problematik zu treffen, die den Lernenden motiviert weiterzulernen. *Individualisierung* des Erwachsenenunterrichts wird damit angesprochen; bei der Gelegenheit ist darauf aufmerksam zu machen, daß methodische Entscheidungen – wie schon eingangs erwähnt – immer auch Entscheidungen über die soziale Strukturierung einer Lerngruppe mit sich bringen. Der Lehrende beeinflußt mit dem Einsatz bestimmter Methoden auch die sozialen Kontakte, das soziale Lernen in der Gruppe. Da Lernen meist in und für soziale Situationen geschieht, ist *die Berücksichtigung des sozialen Lernens* als weiterer Grundsatz für den Erwachsenenunterricht zu nennen. Wer die Ausgangslage der Lernenden berücksichtigen will, nimmt die Auswahl der Lehrinhalte so vor, daß der Adressat eine Verbindung mit seinen bisherigen Erfahrungen herstellen kann. Andererseits sind die Inhalte so zu präsentieren, daß sie zum Weiterlernen anregen. Hinter diesem Grundsatz der problemformulierenden Methode (Freire, 1973) steht ein bestimmtes Bildungsziel: nicht blindes Übernehmen und bloßes Aneignen oder Rezipieren von Wissen ist Ziel der Bildungsarbeit, sondern kritische Auseinandersetzung, Urteilskraft, Problembewußtsein und damit auch Selbstbewußtsein und Selbstsicherheit. Die Herausforderung zur kritischen Auseinandersetzung wird von den Lernenden nicht immer angenommen – manche Erwachsene lehnen sich lieber an Vorgegebenes an – ich komme darauf noch zurück (vgl. S. 120). In Zusammenhang mit den Bildungszielen *kritische Auseinandersetzung, selbständige Urteilskraft* und *Problembewußtsein* möchte ich als nächstes Prinzip hervorheben: *problemorientierte Darbietung von Lehrinhalten*. Dies verlangt vom Lehrenden unter anderem Kenntnis diverser Positionen einer Fragestellung, Aktualitätsbezug, gewisse Offenheit für Einwände und Anerkennung eines weiteren

Prinzips: Das *Akzeptieren des Lernenden als gleichberechtigten Partner* auf der Suche nach Einsicht. In der Erwachsenenbildung lehrt zudem die Erfahrung, daß Teilnehmer manche Spezialgebiete durch ihre langjährige berufliche Tätigkeit oder Beschäftigung mit der Thematik oft genauso gut oder besser als die Lehrenden beherrschen. Im Sinne des zuletzt genannten Prinzips wäre es falsch, sich diese Erfahrungen der Teilnehmer nicht zunutze zu machen.

Ebenso wie die Erfahrungen der Lernenden meist aus der Praxis abgeleitet werden, wird auch das Weiterlernen meist aus praxisorientierten Gründen aufgenommen. Erwachsene lernen in der Regel für bestimmte Verwendungssituationen und um konkrete Probleme zu bewältigen. Zumindest exemplarisch ist es daher angebracht, in der Lehre *Praxisbezug* herzustellen. Um aber den Lerninteressen des Teilnehmers so weit wie möglich gerecht zu werden, ist schließlich, als letztes Prinzip für methodisches Handeln, das der *Selbststeuerung* des Lernenden hinzuzufügen. Selbststeuerung des Lernenden zu beachten, empfiehlt sich auch wegen der unterschiedlichen Lerngewohnheiten, Lerntechniken und Lernstrategien sowie wegen des individuellen Zeitaufwandes zur Bewältigung gestellter Aufgaben oder variierender Aufnahmefähigkeit (vgl. Abschnitt: Individualisierung des Lernens).

Ich versuche die in diesem Abschnitt genannten Prinzipien zusammenzufassen und zu systematisieren: Unter Voraussetzung der allgemeinen Zielsetzung, daß Weiterlernen einen Beitrag zur Erlangung von Problembewußtsein, kritischer Urteilskraft und Selbstbestimmung leisten soll, leite ich für methodisches Handeln in der Weiterbildung folgende Prinzipien ab:

– Orientierung an der Individuallage des Teilnehmers
– problemorientierte inhaltliche Darstellung
– Praxisbezug – Bezug zur Lebenswelt
– Anerkennung des Lernenden als gleichberechtigter Partner im Dialog
– Individualisierung – Selbsttätigkeit – Selbststeuerung
– Berücksichtigung des sozialen Lernens.

Als pädagogische Prinzipien haben die genannten Prinzipien für alle Lehr- und Lernprozesse Geltung. Im Bereich der Weiterbildung scheint der Orientierung am Teilnehmer, dem Bezug zur Lebenswelt und der Selbsttätigkeit oder Selbststeuerung besonderer Nachdruck zuzukommen. Schule und Hochschule sind für diese Ansätze leider noch zu wenig offen.

Mein Verständnis von Bildung ist am Begriff der kritischen Auseinandersetzung orientiert (vgl. Abschnitt über Zielsetzungen, sowie Lenz, 1979, S. 62 ff.). Auseinandersetzung mit:
– Lehrinhalten
– den eigenen Lernmotiven
– der Lernsituation
– der künftigen Anwendungssituation des zu Lernenden
– und schließlich mit dem gesellschaftlichen Bedingungsrahmen.
Das methodische Handeln des Lehrenden wird durch das Bildungsziel mitbestimmt. Für die Planung und Durchführung von Veranstaltungen für Erwachsene ist daher jeweils die Überlegung anzustellen, wie sich die grundsätzlichen Erwägungen bezüglich des methodischen Handelns im einzelnen Kursunterricht realisieren lassen. Dieses Kapitel, mit dem ich einige Kriterien für »innere Reform« (also den methodisch-didaktischen Bereich) angeben möchte, stellt Überlegungen zur Unterrichtsgestaltung für eine Erwachsenenbildung vor, die die Lebensprobleme ihrer Teilnehmer in größerem Ausmaß als bisher berücksichtigen will. Für eine Weiterbildung gelten die Vorschläge, die die Fähigkeit der Erwachsenen entwickeln und fördern will, Vertrauen zu eigenen Entscheidungen und zum eigenen Urteil zu bekommen. In diesem Sinn kommt jeder Veranstaltung die Aufgabe zu, folgende Aspekte in das Unterrichtsgeschehen zu integrieren:
– *Lernen des Lernens:* Für viele Erwachsene liegt zwischen Aufnahme von Weiterbildung und schulischer Erstausbildung eine größere Zeitspanne. Ein abnehmendes Selbstvertrauen in die eigene Lernfähigkeit geht damit einher. Lernen des Lernens hat also in erster Linie den Zweck, dem Erwachsenen wieder Sicherheit und Vertrauen zu geben, sich weitere Kenntnisse und Fertigkeiten aneignen zu können. Von der Vermittlung allgemeiner Lerntips und lernpsychologischer Ergebnisse abgesehen, halte ich die Erkenntnisse von Vester (o. J., S. 123) für wichtig: »Eine große Fragebogenaktion bei Studenten wie auch bei Schülern mit vielen hundert Personen zeigte nun etwas, was wir überhaupt nicht erwartet hatten. Nämlich, daß es in einer Vorlesung mit hundert Studenten oder in einer Klasse mit dreißig Schülern – auch zur Überraschung der Lehrer – beinahe ebenso viele Lerntypen gibt.« Wohl meint Vester (ebd., S. 122) fünf große Lerngruppen bei den Menschen unterscheiden zu können: »den visuellen Sehtyp, den auditiven Hörtyp, den haptischen Fühltyp, vielleicht noch den verbalen Typ und den Gesprächstyp.« Doch offensichlich kristal-

lisieren sich bei jedem Menschen ganz individuelle Lernstrategien heraus, so daß Vermittler von Lehrinhalten gar nicht auf die verschiedenen Formen eingehen können. Hauptaufgabe zu Beginn von Lernprozessen ist es deshalb, dem Lernenden zu helfen, seine persönliche Lernstrategie zu entdecken. Das Suchen und Erfahren des eigenen Lernvermögens wird zu einem wichtigen Teil der Selbstbestimmung des Lernenden. Positive Erfahrungen mit dem eigenen Lernen bestärken darüber hinaus die Motivation weiterzulernen (Literatur zur Entwicklung von Lerntechniken: Kugemann, 1978; Kuypers, Meyer-Norbisrath, 1979; Naef, 1971).

– *Sprachliche Ausdrucksfähigkeit:* Lehrvorgänge sind im wesentlichen auf verbale Vermittlung aufgebaut. Somit ist der Lernende ganz entscheidend darauf angewiesen, verbale Kommunikation aktiv und passiv zu bewältigen. Besonders für Prüfungssituationen, die auf sprachlichen Ausdruck Wert legen, ist diese Fähigkeit im Umgang mit Sprache leicht einsichtig. Gibt Weiterbildung auch Raum für die Mitbestimmung der Teilnehmer am Ablauf des Kurses oder der Veranstaltung, so ist der Ausdruck der eigenen Interessen ein notwendiger Bestandteil des Bildungsgeschehens. Für die Meinungsbildung in Diskussionen, Gruppen- oder Partnerarbeit ist es wichtig, seinen eigenen Standpunkt zu vertreten. Das Durchsetzen und Artikulieren eigener Interessen ist mithin ebenso ein Ziel, wie zu lernen, anderen Gesprächspartnern zuzuhören und auf ihre Beiträge einzugehen (vgl. Rogers, 1972; Weinberger, 1980). Sprache soll eben nicht als Machtinstrument verwendet werden. Aus diesen Gründen gehört es ebenso zur kommunikativen Kompetenz, seine Meinung und Position zurücknehmen zu können, wie sich gegen den manipulativen Gebrauch von Sprache in Lehrsituationen zu wehren. Diese Zielsetzungen verpflichten den Lehrenden, Sprache beispielgebend und rücksichtsvoll einzusetzen. Nämlich so, damit nicht zwischen ihm und den Lernenden oder zwischen den Lernenden unüberwindbare Distanzen entstehen. Bleiben für die Lernenden die Schwierigkeiten in einem zu bewältigenden Ausmaß, regt dies das Lernen, das sich dann auf Wissen und die Fähigkeit, es auch zur Geltung zu bringen, bezieht, weiterhin an. Lehren in der Weiterbildung gerät somit nicht in die Gefahr des niveaulosen Geplauders. Teilnehmerorientiert wird dann gelehrt, wenn der Vortragende versucht, entsprechend der sprachlichen Voraussetzungen der Erwachsenen, sein Anspruchsniveau auszurichten. Eine Gratwanderung, bei der man sich als Lehrender im Falle der Unterforderung den Vorwurf der fachlichen Inkompetenz, bei Überforderung den Vorwurf der Überheblichkeit oder Realitätsferne einhandelt. Lehren unter diesem

Aspekt heißt weniger, sich als Verwalter oder Vermittler von Wissen zu verstehen, sondern lehren heißt: *die Lernenden in ihrer Möglichkeit sprachlicher Verständigung zu erfahren.*

– *Wahl der Inhalte – Realitätsbezug:* Die Weiterbildung kann man, vielleicht etwas überschwenglich, als letzten großen Freiraum im Bildungswesen bezeichnen. Freiwillige, motivierte, am Sachproblem interessierte Teilnehmer stehen einem Dozenten gegenüber, der die Thematik nach bestem Wissen und Gewissen anbietet. Dabei unterliegt er keinem Lehrplan, keiner direkten Kontrolle oder Aufsicht. Sein Gütemaßstab wird durch den Besuch der Hörer bestimmt. Von der Verpflichtung einen Lehrplan zu erfüllen entbunden zu sein, gibt dem Lehrenden die Möglichkeit, von seiner traditionellen Rolle als Wissensvermittler zurückzutreten und andere, notwendige Funktionen zu übernehmen: organisieren, anregen, unterstützen, moderieren, beraten, aktivieren, ermutigen, strukturieren usw. Viele Erwachsene suchen in der Weiterbildung nicht nur punktuelle Erkenntnisse, wie sie etwa in einer spezialisierten wissenschaftlichen Disziplin angeboten werden, sie erwarten Erklärung von Zusammenhängen und Hilfen für Problemlösungen. Dieser Wunsch legt es nahe, die Auswahl der Lehrinhalte so zu treffen, daß für die Lernenden nicht Einzelfakten summiert, sondern größere Komplexe und deren Binnenbeziehungen dargestellt werden. Damit das Verarbeiten nicht abgehoben von der individuellen Situation der Erwachsenen vor sich geht, sollte versucht werden, den Bezug zur Lebenssituation des Erwachsenen herzustellen. Dadurch entsteht mehr Einsicht beim Lernenden in den Zweck des Lernens und außerdem größeres Engagement durch Hereinnahme der eigenen Lebenswelt. Fallstudien, persönliche Schilderungen der Teilnehmer und Aufgreifen aktueller Fragen sind diesbezüglich gute Lernanlässe.

– *Historischer Bezug:* Der Mensch in der Industriegesellschaft neigt zur Geschichtslosigkeit. Im relativen Wohlstand vergißt man zu fragen, wie die Ursachen für die gegenwärtigen Zustände aussehen. Die Konsumentenhaltung verführt zum Erleben und Genießen in Unmittelbarkeit, Aufmerksamkeit für die Vergangenheit, Verantwortung für die Zukunft werden verdrängt. Bildung, verstanden als Prozeß der Auseinandersetzung, trägt dazu bei, bestehende Verhältnisse, Situationen und Probleme als Ausdruck oder Ergebnis bestimmter historischer Konstellationen zu sehen. Dies kann geschehen durch Hinweise auf die Entwicklungsgeschichte eines Problems, durch Berichte von Augenzeugen über eigene Erfahrungen, durch Bereitstellen von Bild- oder Tondokumenten. Für eine Aufgabe der Bildungsarbeit halte ich es, den Lernenden zu zeigen, daß sie in einer Welt leben, die sich verändert und deren Veränderungen in gewissen Maßen zu beeinflussen sind. Darauf hinzuweisen, wie jede Bemühung Veränderungen durchzusetzen, immer von Scheitern und Neubeginn begleitet war, verstehe ich als Beitrag zur Ermutigung. Meinen doch heute die Menschen, daß sie in Situationen leben, die so komplex oder gefestigt sind, daß ein Eingreifen aussichtslos erscheint (z. B. Energiefragen, Verkehrskonzepte, Gesundheitswesen, Wirtschaftsprobleme). Aber für die Weiterbildung gilt der von Kant formulierte Wahlspruch der Aufklärung. Kant führt gegen den Mangel an Mut und Entschlußkraft an: »Sapere aude! Habe Mut, dich deines *eigenen* Verstandes zu bedienen«. Wohl aus leidvoller Erfahrung knüpft Adorno rund 200 Jahre später an dieser Aufforderung an, wenn er meint, bei Änderungsbestrebungen in Teilbereichen unserer Welt, werde deutlich, daß diese Versuche ». . . sofort der überwältigenden Kraft des Bestehenden ausgesetzt sind und zur Ohnmacht verurteilt erscheinen. Wer ändern will, kann es wahrscheinlich überhaupt nur, indem er diese Ohnmacht selber und seine eigene Ohnmacht zu einem Moment dessen macht, was er denkt und vielleicht auch was er tut« (Adorno, 1971, S. 147).

Der Rückgriff auf die Geschichte stellt mithin einen Anlaß dar, in der Weiterbildung darauf hinzuweisen, daß Ohnmacht zu erfahren, nicht als exklusives Problem der Gegenwart auftritt, sondern auch schon früher existierte und bekämpft wurde. Historische Aspekte von Problemstellungen aufzuwerfen, sollen also nicht allein Erklärungsgründe für die Gegenwart liefern. Sie sollen auch Ansatzpunkte für Handlungen zeigen, wie Mitbestimmung und Mitgestaltung der Gegenwart und der Zukunft erfolgen kann. Begreift sich der Mensch als Subjekt der Geschichte, vergrößert dies die Chance, daß der einzelne die weitere Entwicklung der Menschheit stärker als bisher mitverantworten will.

– *Soziales Lernen:* Im Anschluß an das Ziel der Mitverantwortung erweist sich soziales Lernen im Sinne politischer Bildung. Dieses Lernen richtet sich besonders auf Phänomene, die, im gesellschaftlichen Kräftefeld liegend, öffentlichen Charakter haben. Politisches Verhalten – im weitesten Sinne von Selbstreflexion bis zu praktischer Solidarität – als Ziel sozialen Lernens, unterliegt auch normativen Ansprüchen. Weiterbildung kann somit nicht ohne Erörterung von Werten und Normen vor sich gehen. Im Hinblick auf das gegenwärtige Schul- und Hochschulsystem, das Lehrer und Lernende eher von dieser Diskussion über Sinn- und Wertfragen dispensiert, erwächst der Weiterbildung auf diesem Gebiet eine verantwortungsvolle Aufgabe. Der zweite Gesichtspunkt bezieht sich auf das Verständnis, daß soziales Lernen als Gegensatz zu individuellem Lernen aufgefaßt wird. Alle Verhaltensweisen, die durch Kommunikation und Interaktion aufgrund gemeinsamen Lernens berührt werden, gehören dazu. Es ist leicht zu zeigen, wie methodische Entscheidungen die sozialen Beziehungen zwischen den Lernenden strukturieren können: Programmierter Unterricht etwa bringt den Vorteil der Individualisierung – der Lernende kann gemäß seinem Lernvermögen und gemäß seiner Lerngeschwindigkeit vorgehen. Er erhält zusätzlich durch das Programm laufend Rückmeldung über seinen Lernerfolg. Seine persönlichen Kontakte zu den anderen Lernenden sind relativ eingeschränkt. Wesentlich auf den sozialen Kontakten zu den Mitlernenden basiert eine Lehrform, die auf den Ansichten von Rogers (»klientenzentrierte Therapie«; vgl. Rogers, 1974) und Cohn (»themenzentrierte Interaktion«; vgl. Cohn, 1975) aufbaut. Ihre These lautet – sehr verkürzt dargestellt – der Lernende lernt nur, was ihn persönlich berührt und betrifft. Deshalb werden Bedürfnisse, Erfahrungen und Probleme der Lernenden sehr ausführlich diskutiert. Lernen erfolgt durch Kommunikation in der Gruppe, wodurch man nicht nur über einen Gegenstand, sondern zugleich immer über die Mitglieder der Lerngruppe und über sich selbst etwas lernt.

Zum Abschluß soll ein Problem noch gesondert herausgestellt werden: nämlich die Ansicht, daß man die Selbstbestimmung und die kritische Auseinandersetzung des Lernenden fördern soll. Als *Prinzip* hat das Geltung. Die Realität sieht anders aus: Erwachsene verzichten gerne auf Eigeninitiative, ordnen sich der Autorität des Lehrenden unter, verlangen genau strukturierte Lernschritte und gesicherte Wissensinhalte; sie wünschen – speziell von Wissenschaftlern – Rezepte für richtiges Handeln; sie sperren sich gegenüber Problematisierungen von Sachverhalten, besonders wenn damit Veränderungen für den eigenen Lebensvollzug angesprochen werden. Meine These lautet: Wer Bildungsprozesse initiiert, mit dem Ziel Problembewußtsein herzustellen, übernimmt Verantwortung für den Lernenden. Die Herausforderung zur Auseinandersetzung bringt für den Lernenden eine gewisse Verunsicherung seines Weltbildes, seiner gefestigten Orientierungspunkte, seiner Werturteile und Einstellungen mit sich. Problembewußtsein ist etwas Dynamisches: man wird dadurch herausgefordert, immer neu in Frage zu stellen, man tauscht eine ursprüngliche Naivität des Urteils gegen die Anstrengung des Suchens ein (vgl. Abschnitt: Ziele der Weiterbildung).

Ich meine, daß man als Lehrender Verpflichtung und Verantwortung hat, Hilfestellungen zu leisten und nicht den Erwachsenen in seiner Verunsicherung allein läßt. Etwas abgekürzt ausgedrückt bedeutet das für den Lehrenden: Rücksichtnahme auf die *Emotionalität* des Lernenden. Für die methodische Arbeit natürlich eine ganz entscheidende Frage wie weit man als Lehrer sachorientiert vorgeht oder Raum läßt und Gelegenheit gibt, daß die Lernenden ihre persönliche Betroffenheit ausdrücken. Berücksichtigung der emotionellen Gestimmtheit heißt: Berücksichtigen der unterschiedlichen Individuallage der Lernenden und hat auch den Lernerfolg im Auge. Eigentlich sind wir damit wieder bei den Ausgangspunkten: Effektivität, Teilnehmerorientierung und Heterogenität angelangt.

Vom Ende dieser Überlegungen her betrachtet, kann man sie aber nicht mit vordergründigen Zielsetzungen einer technokratischen Bildungsreform verwechseln. Sie sind vielmehr Maßstäbe einer Weiterbildung, die sich dem Erfordernis nach Wissenszuwachs und Qualifizierung nicht entzieht, ohne aber der Rücksichtnahme auf Auseinandersetzung mit individuellen Interessen und Erwartungen zu entbehren.

9. Individualisierung des Lernens

Die Individualisierung von Lernprozessen ist keine Errungenschaft der modernen Pädagogik. Wie andere Phänomene des Bildungsgeschehens, ist auch der Trend, Selbstbestimmung und Selbsttätigkeit des Lernenden zu achten, historisch nachweisbar (z. B. bei Pestalozzi). Didaktische Forschungen in Schule und Hochschule, aber vor allem veränderte bildungspolitische Zielsetzungen aktualisieren die Diskussion wieder. Am Beispiel der USA kann solch ein Wandel in der Bildungspolitik, der natürlich auch wissenschaftliche Fragestellungen und pädagogische Praxis beeinflußt, nachgewiesen werden. Für den deutschsprachigen Raum sind diese bildungspolitischen Entwicklungen nicht uninteressant, weil mit dem Schlagwort »Öffnung der Hochschule« ein ähnlicher Trend zu erkennen ist. Die im Folgenden referierend zusammengefaßten Aussagen über bildungspolitische Zielsetzungen im amerikanischen Hochschulwesen, berühren in mehrfacher Weise aktuelle Diskussionen der Hochschulen und der Weiterbildung hierzulande:
- die Fernuniversität und die zu entwickelnden Fernstudien richten sich vorwiegend an berufstätige Erwachsene;
- intensive Diskussionen und praktische Versuche zur Realisierung der gesetzlichen und moralischen Verpflichtung der Universität, einen Beitrag zur Weiterbildung zu leisten, sind im Gange;
- eine Bildungspolitik der Chancengleichheit muß auch berufstätigen und älteren Menschen die Möglichkeit öffnen, höhere Bildung zu absolvieren.

9.1 Bildungspolitische Aspekte

Die Hochschulpolitik der USA betreffend, hat K. P. Cross (1976) für die siebziger Jahre einen besonderen Trend zur Individualisierung des Lernens konstatiert. Die fünfziger und sechziger Jahre sieht Cross noch vorwiegend von der Bemühung gekennzeichnet, Chancengleichheit in der Erziehung herzustellen und somit das Recht auf Bildung für alle zu verwirklichen. In der Gegenwart scheint sich aber das Interesse daran durchzusetzen, über den kleinsten gemeinsamen Nenner – nämlich den Besuch von Bildungsinstitutionen und einer damit verbundenen Basiserziehung –

hinauszugehen und jedem einzelnen zu helfen, seine Fähigkeiten zu größtmöglicher Entfaltung zu bringen.

Die Förderung der individuellen Lernkapazität des Individuums folgt der Maxime, allen Studierenden zu ermöglichen, die notwendigen Leistungen für das Absolvieren der gestellten Anforderungen zu erfüllen.

»Bildung für jeden« löst, so meint Cross, das bisherige Leitmotiv, »Bildung für alle«, ab. Dieser Wandel resultiert aus verschiedenen Veränderungen im amerikanischen Hochschulwesen, die Cross skizziert:

Neue Studentenschaft: Damit sind Studierende gemeint, die sich aus anderen Gruppen rekrutieren als die traditionelle Studentenschaft – so etwa: Erwachsene, Frauen, Angehörige ethnischer Minoritäten, Personen mit niederem sozio-ökonomischen Status. Eine besondere Herausforderung der Universität hält Cross durch die Studierenden gegeben, die durch die Politik der Chancengleichheit Zugang zur Hochschule gefunden haben, aber weniger leistungsstark als die traditionelle Studentenpopulation sind. Chancengleichheit ist nicht gewährleistet, wenn wohl der Zugang zur Universität erleichtert wird, die Bedingungen des Studiums aber weiterhin so gestaltet sind, daß nur eine Minderheit (durch Sozialisationseffekte werden Angehörige oberer Sozialschichten begünstigt) den Abschluß schafft.

Grundsätzlich ist festzustellen, daß die »neue Studentenschaft« (sie rekrutiert sich ihrem sozialen Status nach eher aus niedrig rangierenden Gruppen und – dies ist vor allem für die USA gültig – aus ethnischen Minoritäten) wegen der erhöhten gesellschaftlichen Erwartungen in bezug auf vermehrte Abschlüsse an den Universitäten entstanden ist. Die Mehrheit dieser Studenten betrachtet Studium als Möglichkeit, um zu einem besseren sozialen Status zu kommen. Sie legen deshalb Wert auf die Graduierung; weniger bedeutsam sind für sie offensichtlich die erlernten Inhalte. Oder anders: die Lernenden sind eher sekundär motiviert, d. h. *das Studium ist Mittel für eine bessere soziale Position.* Noch ein sozialpsychologisches Moment ist zu erwähnen: Die »neue Studentenschaft« hat sich in der Schulzeit in der Regel als nicht besonders »lernstark« erfahren. Die dieser Gruppe zuzurechnenden Studierenden schätzen sich zumeist als »Versager« und »unter dem Durchschnitt« ein. Forschungen auf diesem Gebiet zeigen (vgl. Cross, 1976, S. 7), daß daraus eine Haltung resultiert, die sich so ausdrückt:

– passiver gegenüber dargebotenen Inhalten als erfolgreiche Lerner,

– nervöser und angespannter während der Lehrveranstaltung,

– eher geneigt gegen zu schnelles Vorgehen von seiten des Lehrenden zu protestieren.

Außerdem wurde bei Befragungen festgestellt, daß dieser Gruppe
von »neuen Studenten« angehörige Personen, ihre Aktivitäten –
seien sie auf den Lernbereich oder auf andere Bereiche bezogen –
kaum als »über den Durchschnitt« hinausragend beurteilen.

Unter dem zuletzt behandelten sozialpsychologischen Gesichtspunkt wäre auch das politische Verhalten der Studierenden von
Interesse: Wie groß ist die Bereitschaft, Verantwortung für Mitbestimmung zu übernehmen? Sind die Studenten interessiert an der
Veränderung ihrer Lernsituation? Haben sie politische (bzw.
hochschulpolitische) Interessen? Stehen sie dem Geschehen in
Gesellschaft und Politik eher gleichgültig gegenüber? Fragen, die
für eine akademische Weiterbildung nicht belanglos sind, wenn sie
mehr als Vermittlung von Fakten anstrebt.

Zugang zur Universität: Zahlenmäßig betrachtet gelang es den für
das Bildungswesen zuständigen Behörden in den USA den Zugang
zu den Hochschulen durch verstärkte finanzielle Studienbeihilfe
und durch besondere Programme zur Rekrutierung von Studenten
in den sechziger Jahren zu erweitern. Es mangelt jedoch an der
didaktischen Gestaltung des Bildungsweges, wodurch die Entwicklung *individueller Fähigkeiten* gefördert wird.

Es existieren noch keine Modelle, bedauert Cross (ebd., S. 8), die
Unterstützung und Hilfe für Studierwillige aus dem untraditionel-
len Klientel garantieren.

Diese Problematik halte ich für unsere Weiterbildungs- und Hoch-
schulsituation für äußerst aktuell. Bildungspolitische Diskussionen
und Maßnahmen (z. B. die Einrichtung einer Fernuniversität oder
Angebote von Kontaktstudien) wollen Erwachsenen den Zugang
zu höherer Bildung erleichtern. Es besteht aber die Gefahr, daß für
Angehörige von traditionell im Bildungswesen benachteiligten
Gruppen dadurch keine Chancengleichheit hergestellt wird. Wenn
die Angebote auf die Lebens- und Lernsituation dieser Adressaten
keine Rücksicht nehmen, wirken sie eher frustrierend als motivie-
rend. Gruppenspezifische und individuelle Unterstützung bieten:
finanzielle Studienbeihilfe, Beratung und Betreuung durch persönliche Referenten, Eingangsphase und Vorbereitungskurse, didaktische Umstrukturierung von Lehrveranstaltungen, Erstellung von
Lernunterlagen, längere Freistellung von der Berufstätigkeit und
soziale Sicherheit.

Veränderung im Unterricht: Im Hinblick auf die universitäre
Lehre erweisen sich die traditionellen Unterrichtsmethoden für
neue Adressaten als nicht zureichend. Als wesentlichste Erkenntnis

ist in diesem Zusammenhang das Wissen um die individuellen Unterschiede der Lernenden zu erwähnen. Allerdings wurde für die Durchführung von Lehrveranstaltungen auf diese Erkenntnis kaum Rücksicht genommen. Nicht Individuen wurden – und werden – belehrt, sondern eine relativ homogene Gruppe. Die gleiche Behandlung aller galt als ein Gebot der Fairneß. Durch die Öffnung der Universität für neue Adressaten wurde die Spannweite der individuellen Differenzen bei den Studierenden plötzlich vergrößert. Erste Reaktionen waren, so stellt Cross für das amerikanische Hochschulwesen fest, unterstützende Kurse für die Studierenden anzubieten, um die Lernenden den traditionellen Erfordernissen der Institution anzupassen. Eine Phase, in der sich das Hochschulwesen im deutschsprachigen Raum großteils immer noch befindet: Studienerfolg hat, wer sich den traditionellen Anforderungen und Bedingungen anpaßt, weil die Universität ihre Formen der Lehre nicht im Hinblick auf die Situation der Lernenden abstimmt. Anregungen für alternative Lehr- und Lernweisen sind eher von der Weiterbildung zu erwarten.

Erst zu Beginn der sechziger Jahre begannen sich in den USA die Einstellungen der Lehrenden und der Lehrstil (vgl. Cross, 1976, S. 11) so zu verändern, daß auf die Lernbedürfnisse der neuen Studentenschaft zunehmend Rücksicht genommen wurde. Dies ist etwa aus dem verstärkten Einsatz von programmiertem Unterricht oder dem Einsatz von Lehrprogrammen, die dem Lernenden ein großes Maß an Selbststeuerung ermöglichen, zu ersehen.

Interessanterweise scheint gerade die Zunahme der Hörerzahlen, die mit einer breiteren Streuung der Studenten aus den verschiedenen sozialen Gruppen einherging, zu dem entscheidenden Wandel in der Unterrichtsweise beigetragen zu haben: zur *Individualisierung des Unterrichts*. Cross (ebd.) stellt fest: »»Mass education‹, it turns out, is not the inevitable route to ›education for the masses‹. Indeed, the very diversity of the masses calls for the abandonment of mass approaches to education.«

Als revolutionäres Prinzip für jedes Unterrichtsverfahren ist das *»Mastery Learning«* (Zielerreichendes Lernen) zu bezeichnen. »Das Prinzip besagt, daß einem Lerner für seinen Lernprozeß soviel Zeit zugestanden wird, wie er benötigt, um das jeweilige Lernziel zu erreichen, so daß er die zu erwerbende Fähigkeit hinreichend beherrscht, bevor er eine nächste Stufe, ein neues Lernziel in Angriff nimmt« (Flechsig u. a., S. 130). Wird das individuell benötigte Zeitausmaß zur Lösung einer Aufgabe zugestanden, so besteht keine Schwierigkeit, daß alle Lernenden eine ziemlich gleiche Leistungshöhe erreichen. Dieses Modell des Lernerfolgs für alle ist bildungspolitisch interessant, wo für das Bestehen und Verbessern unserer gesellschaftlichen Situation ein gemeinsamer Grundkanon an verfügbarem Wissen gefordert wird. Wird es für notwendig gehalten, alle erwachsenen Gesellschaftsmitglieder während ihres ganzen Lebens mit systematischen Lernprozessen zu konfrontieren, so gibt »Mastery Learning« eine Antwort: unter Rücksichtnahme auf das individuelle Lernverhalten, insbesondere auf die dazu vom einzelnen unterschiedlich benötigte Zeit, wird das Lernziel von mehr Lernenden erreicht, als im konventionellen Unterricht.

Die Absicht, Lernen zu individualisieren, birgt ein gesellschaftskritisches Moment. Individualisierung legt nahe, Bildung nicht als allgemeines Gut anzubieten, sondern die Bildungsmaßnahmen in Zusammenhang mit der Lebenssituation des einzelnen zu bringen. Als einzelner ist er nicht unabhängig und unbeeinflußt von äußeren Gegebenheiten sowie dem sozialen Umfeld zu betrachten. Individualisierung bedingt vielmehr, die Lebensverhältnisse und die sozialen Beziehungen des einzelnen zu beachten. Andernfalls kann man ihm in seiner individuellen Situation gar nicht gerecht werden. Daß es für viele Individuen gleiche oder ähnliche Lebensbedingungen gibt, die spezifische Gruppensituationen schaffen, wird deshalb nicht in Abrede gestellt – sich mit der eigenen Lebenssituation auseinanderzusetzen, über die Bedingungen etwas zu lernen und Alternativen zu entwickeln, ist ein individueller Vorgang, auch wenn er gemeinsam mit anderen vor sich geht. *Individualisierung* in diesem Sinn stellt eine Wende dar gegen das Lernen in bürokratisierten Formen, die zentral geplant, gesteuert und kontrolliert werden. Dies geht konform mit dem politischen Anspruch, den einzelnen vor die Aufgabe der eigenen Entscheidung, vor die Suche nach dem richtigen Urteil und vor die Verantwortung für sein Handeln zu stellen.

Unter *bildungspolitischem Aspekt* lassen sich verschiedene *Argumente für die Individualisierung* des Lernens bei Erwachsenen (aber auch in anderen Bereichen des Bildungswesens) anführen:

– Je mehr Adressaten in Bildungsprozesse einbezogen werden, um so größer wird die Heterogenität – Bildung für viele bedingt Rücksichtnahme auf die Unterschiede der einzelnen Lerner.

– Legt der Erwachsene Ziele und Lernweg durch eigene Entscheidung fest, werden Selbstsicherheit, Selbstvertrauen und Selbstbestimmung Voraussetzung und Ergebnis des Bildungsgeschehens.

– Unterschiedliche inhaltliche Anforderungen durch Berufstätigkeit, betriebliche Erfordernisse, persönliche Erfahrungen und

Erwartungen sind nicht durch allgemeine Angebote, sondern nur durch Lernarrangements, die auf den Einzelfall abgestimmt sind, zu erfüllen.

- Weiterbildung, die sich Lebensproblemen und persönlichen Anliegen widmet, bedarf der individuellen Beratung und Betreuung.
- Das Monopol auf Ausbildung und Zertifikate durch Schule und Hochschule wird durch individualisiertes Lernen in Frage gestellt. Wo Menschen gemäß ihren Bedürfnissen und Erfordernissen lernen wollen, wirken staatlich geregelte Lernwege als enges Korsett.

9.2 Lernpsychologische Aspekte

Aus psychologischer Sicht wird Individualisierung als Mittel der Instruktionsoptimierung aufgefaßt; dem entspricht die Definition von Weinert (1974, S. 814f.): »Unter *individualisierter Instruktion* verstehen wir die zunehmende Anpassung des Unterrichts an die internen Bedingungen des lernenden Individuums. Berücksichtigt werden dabei z. B. intellektuelle Fähigkeiten, kognitive Stile, Entwicklungsbedingungen, spezielle Vorkenntnisse, Motive, Interessen; aber auch die Art, Schnelligkeit und Stabilität der zu beeinflussenden Lernvorgänge. Dies geschieht durch Variation der Lernziele, der Lehrmethode, der Lernhilfen, des Lernmaterials und der Lernzeit. Immer handelt es sich aber darum, die Lernleistungen einzelner oder aller zu verbessern, indem man die Beziehungen zwischen bestimmten Merkmalen des Lernenden und gewissen Formen der Instruktion berücksichtigt.«

Die lernpsychologischen Argumente, die für die Individualisierung von Unterricht sprechen, finden sich bei Heidt (1978, S. 219) zusammengefaßt. Dabei werden drei Grundannahmen unterschieden:

- Kein einzelner Lerner gleicht dem anderen vollkommen.
- Lernprozesse und Lernerfolg werden durch gewisse individuelle Unterschiede beeinflußt.
- Der Unterricht wird in bezug auf den Lernerfolg effektiver, insofern er auf lernrelevante Unterschiede abgestimmt wird.

Um aber den individuellen Voraussetzungen der Lernenden gerecht zu werden, braucht der Lehrende

- genaue Kenntnisse über den Fortschritt beim Lernen, um Anregung für das Weiterlernen zu geben;
- einen offenen Unterrichtsplan, der ausreichend Flexibilität erlaubt;

- Selbststudienmaterial, das der einzelne gemäß seiner Kenntnisse bearbeitet;
- Information über die Person des Teilnehmers, um seiner Individualität gerecht zu werden.

Die Orientierung über die bisherigen Lernerfahrungen, über berufliche und familiäre Belastung, über Vorkenntnisse oder über Persönlichkeitszüge des Erwachsenen, wird durch Forschungen nahegelegt, die den Lernerfolg von der Wechselwirkung zwischen Unterrichtsgestaltung und Eigenschaften der Lernenden untersuchen. Flammer (1973, S. 138 f.) hat nach Durchsicht einschlägiger Untersuchungen über den Zusammenhang zwischen Schülermerkmal und Lernerfolg *Hinweise für didaktische Konsequenzen* gegeben. Für die Weiterbildung sind diese Untersuchungsergebnisse, solange keine erwachsenenspezifischen Forschungen vorliegen, zumindest bedenkenswert:

- »Deduktiver Unterricht eignet sich im allgemeinen für ältere und intelligentere Schüler besser, während schwächere Schüler auf induktiven Unterricht mehr ansprechen.
- Klare und relativ detaillierte Strukturierung des Unterrichts durch den Lehrer hilft vor allem unsicheren, ängstlichen und schwächeren Schülern, aber auch den wenig leistungsmotivierten; mehr erfolgsgewohnte, angstfreie, hochleistungsmotivierte Kinder profitieren auf kurze und längere Frist hingegen mehr von einem Unterricht, der ihnen größere Freiheit läßt, einen Lernweg zu suchen und auch einen eigenen zu gehen.
- Das Erarbeiten und Behalten eines Sachtextes wird durch eingefügte, ordnungsstiftende Fragen für Personen mit einem schwachen assoziativen Gedächtnis erleichtert, kann jedoch erschwert werden für Lernende mit gutem assoziativen Gedächtnis. Letztere scheinen verläßlich eigene Memorierungsstrategien entwickelt zu haben und ›Einmischung‹ von außen eher schwer zu ertragen.«

In einer neueren Arbeit hat Flammer (1975, S. 293 ff.) die wichtigsten Trends von Untersuchungsergebnissen bezüglich der *Wechselwirkung zwischen Schülermerkmal und Unterrichtsmethode* ergänzt:

- Schwächere und weniger geförderte Schüler werden durch nicht unbedingt nötige, eher detaillierte Information verwirrt oder abgelenkt. Zusatzinformation, die eben über den unmittelbaren Stoff hinausgeht, eignet sich eher für gute und vielseitig geförderte Lerner.
- Der deduktive Unterrichtsstil, der eher intelligenteren Schülern adäquat ist, ist für alle Schüler um so wirksamer, je leichter die Lernanstrengung im Verhältnis zu den Fähigkeiten des Schülers ist.

- Aus Fernsehunterricht und Filmen profitieren die Lernenden am meisten, die bereits Erfahrungen mit dieser Art des Unterrichts gemacht haben.
- Personen (empirische Untersuchungen liegen in diesem Fall für Volksschüler vor – für den Hochschulbereich ist diese Aussage wahrscheinlich weniger interessant, wohl aber für die Erwachsenenbildung oder für Hochschulunterricht, der sich auch Erwachsenen öffnet!) mit schlechter Lesefähigkeit gewinnen dem gehörten Text mehr Informationen ab als dem gelesenen. Mit Zunahme der Lesefähigkeit kommt der geschriebenen Information immer mehr Bedeutung zu.
- Ängstliche Schüler lernen offenbar leichter,
  + wenn sie öfters Bestätigungen erhalten,
  + wenn ihre Gedächtnisspanne nicht allzusehr strapaziert wird,
  + wenn der Unterricht mehr auf ihre Person orientiert ist,
  + wenn sie keine formellen Leistungstests erfüllen müssen.
- Wenig ängstliche Lerner reagieren eher umgekehrt.

9.3 Beispiele für individualisierten Unterricht

9.3.1 Individualisierter programmierter Unterricht

Der programmierte Unterricht basiert auf *zwei Grundideen:*
- Lernprozesse durch Arbeitsmaterialien so zu steuern, daß eine Lehrperson nicht mehr notwendig ist;
- eine Lernsequenz in detailliert geplante Lernschritte zu zerlegen.
Zwei *Haupttypen programmierter Instruktion* sind zu unterscheiden:
- *lineare Programme* (»linear programs«), die von Studierenden fordern, alle Stufen des Programms zu durchlaufen;
- *verzweigte Programme* (»branching programs«), bei denen der Lernende zu Untereinheiten, die Teile der gesamten Einheit sind, geführt wird.
Flechsig u.a. (1978, S.89) sehen die Chance zur Selbststeuerung des Lernenden im programmierten Unterricht darin, ». . . daß der Lerner
- das Lernprogramm auswählt, das seinen Lernbedürfnissen und -interessen am ehesten entspricht,
- entscheidet, wann und wie lange er lernen will,
- bei verzweigten Programmen aus den angebotenen alternativen Lernwegen auswählt,

– bei Lösungsalternativen selbst entscheidet, welche Lösung für seine individuellen Lernzwecke und -möglichkeiten angemessen sind,
– seinen Lernerfolg unter Verwendung von Hilfsmitteln (z. B. Tests) selbst bewertet sowie
– von sich aus um Beratung nachfragt, oder sich einer Lerngruppe anschließt bzw. Gruppenarbeit initiiert.«

Dem *Grundsatz der Individualisierung* des Unterrichts entspricht die Programmierte Instruktion, weil die Lernschritte und die Lernziele genau angegeben sind, wodurch der Lernende Lernweg und Lernerfolg selbständig einschätzen kann. In didaktischer Hinsicht bedeutet das (vgl. Flechsig u. a., 1978, S. 90):

– Die Lernvoraussetzungen, an die der Unterricht anschließen will, sind genau zu erheben.
– Operationalisierte Lernziele, also beobachtbares Verhalten des Lernenden, sind anzugeben.
– Der gesamte Lernprozeß wird in einzelne Lernschritte aufgeteilt.
– Die Lernschritte gliedern sich in Darbietung der Information, Reaktion des Lernenden und unmittelbare Rückmeldung.

9.3.2 Computerunterstützter Unterricht (Computer-Assisted Instruction – CAI)

P. Cross (1976, S. 61) hält es für sinnvoll, nur dann von »computerunterstütztem Unterricht« zu sprechen, wenn der Computer in Tutorenfunktion in einem Lehrprogramm mit dem Lernenden interagiert. Zu den Vorteilen sind zu rechnen (vgl. Cross, 1976, S. 62 ff.):

– Forschungsergebnisse belegen eindeutig, daß computerunterstützter Unterricht zumindest den gleichen Lernerfolg wie konventioneller Unterricht bringt – allerdings erreichen die Studierenden diesen Erfolg durch einen signifikant *geringeren Zeitaufwand.*
– Am besten eignet sich diese Unterrichtsform für Gegenstände, die kontinuierliches Einüben (z. B. Sprachen) erfordern.
– Studierende haben nicht das Gefühl der »Entpersönlichung« durch den Umgang mit dem Computer. Sie schätzen vielmehr dessen »Geduld«, »Gedächtnis« und Speicherungskapazität für Details. Außerdem empfinden sich die Lernenden nicht als Verzögerer (wie unter Umständen im konventionellen Unterricht) oder als Hindernis für schneller lernende Kollegen. Von diesem sozialpsychologischen Aspekt her ist zu verstehen, daß in einer Untersuchung über die Beliebtheit von Computer und Lehrer ersterer besser abschnitt.
– Eine positive – sogar enthusiastische – Beurteilung des Computers durch Lernende ist sicherlich auch auf den Neuigkeitseffekt

zurückzuführen. Allerdings ist zu bedenken, daß die Effektivität des Computers vom eingegebenen Programm abhängig ist.

– Es fällt auf, daß Lernende, die im konventionellen Unterricht weniger leistungsstark sind, computerunterstützten Unterricht favorisieren. Dabei wird eine bessere Einstellung zum vorher eher wenig geschätzten Gegenstand erreicht.

– Der größte Vorteil des Computers wird in der Möglichkeit zur *Individualisierung des Unterrichts* gesehen.

Die Grenzen des computerunterstützten Unterrichts liegen nach Cross dort,

– wo die Rezeption von Inhalten wichtiger wird, als die Beachtung von Auseinandersetzung der Lernenden mit dem Gegenstand;

– wo bei linearen Programmen der Lernende immer an starr vorgegebene Lernschritte gebunden ist und nicht lernt, seinen Verstand flexibel zu halten.

So wenig wie programmierter Unterricht alle Lernprobleme löst, ist auch der computerunterstützte Unterricht dazu imstande. Deshalb sollte er andere Unterrichtsformen nicht ersetzen, sondern sie unterstützen und ergänzen.

9.3.3 Computerergänzter Unterricht
      (Computer-Managed Instruction – CMI)

Bei dieser Form interagieren die Lernenden nicht in Übereinstimmung mit dem Computer – er dient vielmehr für diagnostische Tests und vorschreibende Anweisungen, wodurch eine Abstimmung für individuelle Bedürfnisse erreicht werden soll.

Als ein Beispiel stellt Cross (1976, S. 70) das »*Teaching Information Processing System*« (TIPS) vor. Bei diesem System nimmt jeder Student sechs- bis zehnmal im Semester einen diagnostischen Test auf sich und erfährt im Anschluß daran nicht nur das Ergebnis, sondern auch die richtigen Antworten, sein Leistungsniveau und einige vorgeschriebene Lernaktivitäten. Letztere können in einer Hausaufgabe, im Besuch einer Lehrveranstaltung oder in der Teilnahme an einer Kleingruppe bestehen. Die Lehrenden erhalten sowohl Information über den Gesamtfortschritt der Klasse als auch über den Lernerfolg jedes einzelnen Teilnehmers.

Als Vorteile von CMI-Systemen sind zu nennen:

– Den Lernenden können alternative Ziele und Subziele angeboten werden, die es den einzelnen Lernenden ermöglichen, individuelle Lernwege zu gehen.

– Informationen über die Lernenden (Fähigkeiten, Interessen, Lernstile) können gespeichert werden.

- Eine angemessene Lehrmethode für die Lernenden kann eruiert werden.
- Es kann z. B. angegeben werden, welches Ausmaß an Praktika der Student braucht oder welche Unterrichtsalternativen dem Lernenden zusagen.
- Schließlich wird der Lehrende unterstützt – aufgrund verschiedener Daten über Lerngruppe und Individuen – die Lernmaterialien oder den ganzen Lehrgang ständig zu verbessern.

Drei Annahmen, die dem CMI-System zugrunde liegen, sind noch zu bedenken:

1. Es wird angenommen, daß die Lernziele spezifiziert und Lernprobleme durch Antworten der Lernenden auf objektivierte Fragen diagnostiziert werden können.
2. Es wird angenommen, daß sinnvolle Lernvorschriften für Lernende und/oder für Lerngruppen mit ähnlichen Diagnosen erstellt werden können.
3. Es wird angenommen, daß Lehrende von den Informationen, die bereitgestellt werden, auch tatsächlich Gebrauch machen, um ihre Lehrveranstaltungen zu verbessern.

Resümierend ist festzustellen, daß die Technologie den Lehrenden nicht ersetzt, sondern diesen unterstützt und in gewisser Hinsicht freisetzt für Aufgaben, die etwa die Auseinandersetzung des Lernenden mit den Unterrichtsinhalten zum Ziel haben.

9.3.4 Keller Plan (Personalized System of Instruction – PSI)

1964 von F. Keller und J. G. Shermann für die Universitätsdisziplin Psychologie entwickelt, besteht heute in Georgetown (University in Washington, D.C.) ein Zentrum für »Personalized Instruction«, um die an etwa 150 Universitäten in den USA statthabenden Aktivitäten im Sinne des Kellerplans zu koordinieren.

Dem System liegen fünf charakteristische Momente zugrunde (vgl. Cross, 1976, S. 91 ff.; vgl. auch Posch, 1974, S. 224 ff.):

- Von zentraler Bedeutung sind Studienmaterialien, die auf dem geschriebenen Wort basieren (Textbücher, Studienführer, die das Programm in kleinere Einheiten zerlegen).
- Zielerreichendes Lernen (»Mastery Learning«) gilt als Grundkonzept des PSI. Erst nach positiver Bewältigung einer Lerneinheit kann zur nächsten übergegangen werden. Wert gelegt wird auf das aus der Lerntheorie abgeleitete Prinzip, daß der Lernerfolg um so größer ist je öfters positive Verstärkung geleistet und Bestrafung vermieden wird.
- Die Studierenden können ihr Arbeitstempo selbst bestimmen.

Da individuelle Differenzen in der Lernfähigkeit bestehen, ist es notwendig, die Zeit für die zu erbringende Leistung zu variieren, um gleiche Leistungen bei den Lernenden zu erreichen. PSI ist deshalb schwer in den Universitätsbetrieb zu integrieren, weil es die Studenten nicht in den normalen Semesterbetrieb einbindet, sondern ihnen das Arbeitstempo völlig überläßt.

– Vorlesungen dienen weniger der Information als vielmehr der Motivation der Lernenden. Das Verdienst der Vorlesung wird in PSI eher darin gesehen, die ganze Lerngruppe gelegentlich zusammenzubringen oder einen Überblick über bestimmte Aspekte des Lerngegenstandes zu geben. Dabei fällt die veränderte Rolle des Lehrenden auf – sie entspricht weniger der des Vortragenden und des Beurteilers all vielmehr der eines Organisators von Lernmaterialien, eines Kursmanagers und einer Vertrauensperson für den Lernenden.

– Als eines der wesentlichsten Merkmale wird der Einsatz von studentischen Hilfskräften angesehen. Dabei handelt es sich in der Regel um noch nicht graduierte, etwa mit den Studierenden in der gleichen Altersgruppe befindliche Kommilitonen. Dadurch zeichnet sich das System als »personalisiertes« aus, weil es unter Bemühung um Individualisierung des Lernens den persönlichen Bezug nicht aufgibt.

Die positiven Erfahrungen, die Studenten mit dem Lernen nach dem Kellerplan machten, hat Green (zit. n. Posch, 1974, S. 231) zusammengefaßt:

»– der Student kann sein eigenes Arbeitstempo bestimmen
– er kann (innerhalb von Grenzen), wann er will, arbeiten
– er weiß, was von ihm erwartet wird
– er erhält persönliche Hilfe
– er wird bei Inhalten, die er bereits kennt, nicht aufgehalten und bei schwierigen Themen nicht gedrängt
– er hat keine Prüfungsangst. Es hat sich gezeigt, daß die Studenten den vielen Tests positiv gegenüberstehen, weil außer der persönlichen Enttäuschung keine Konsequenzen mit dem Nichtbestehen verbunden sind
– er weiß, wo er im Hinblick auf die Ziele der Lehrveranstaltung ›steht‹
– er findet es angenehm, daß er aktiv studieren kann und sich nicht Vorlesungen anhören muß.«

Positive Reaktionen waren auch bei den Betreuern zu registrieren (ebd.):

»– sie lernen die Inhalte sehr gut kennen
– sie werden von ihren Studenten respektiert

- sie haben begrenzte Verantwortung und damit engen Kontakt mit dem Leiter der Lehrveranstaltung
- ihr Arbeitsaufwand wird honoriert, wenn auch gewöhnlich durch einrechenbare Zeugnisse.«

Schließlich fand Green auch Zustimmung bei den Lehrenden (ebd., S. 232):

»– der Lehrende weiß, wo der Student ›steht‹
- er weiß, daß er erfolgreich gelehrt hat, wenn die Studenten den Test bestehen
- er kann gelegentlich von der vereinbarten Zusammenkunft fernbleiben, ohne daß dadurch der Ablauf der Lehrveranstaltung gefährdet wird
- er erhält genügend Rückmeldungen, um seine Lehrveranstaltung systematisch verbessern zu können
- er kann Studenten, die ihn brauchen, mehr Aufmerksamkeit widmen
- er erfährt, daß die Studenten seine Planungsarbeit schätzen.«

9.3.5 Individualisierte vorgeschriebene Instruktion (Individualized Prescribed Instruction – IPI)

Das Kernstück dieses Systems beruht auf individueller Anweisung für zu vollziehende Lernaktivitäten. Das unter Beteiligung von R. Glaser an der Universität Pittsburgh entwickelte System beinhaltet wesentliche Momente des programmierten Unterrichts. Vier Prinzipien sind maßgeblich (vgl. Goldschmid, 1974, S. 15): Bevor ein Student belehrt wird, sollte festgestellt werden:
- was genau soll der Student lernen,
- wie wird das Gelernte überprüft,
- was weiß der Student bereits über den zu lernenden Gegenstand,
- was soll der Lernende darüber hinaus wissen.

Dafür sind diverse Test-Instrumentarien notwendig, um Vorwissen, Lernerfolg und Studienfortschritt zu eruieren. Lernmaterialien (bestehend aus Lehrprogrammen) und Testverfahren sind die wesentlichsten Bestandteile dieses Systems, das eher im Schul- als im Hochschulbereich zum Einsatz kommt.

Die lerntheoretischen Implikationen zitiert Weinert (1974, S. 817f. nach Gibbons):

»1. Schüler unterscheiden sich in der erforderlichen Zeit und Übung, um ein bestimmtes Instruktionsziel zu erreichen.

2. Ein wichtiger Gesichtspunkt bei der Berücksichtigung individueller Unterschiede ist die Schaffung von Bedingungen, damit jeder Schüler die aufeinanderfolgenden Lerneinheiten in der ihm gemä-

ßen Schnelligkeit und mit dem für ihn notwendigen Maß an Übung durchlaufen kann.

3. Wenn eine Schule über geeignetes Lernmaterial verfügt, und wenn die Lehrer das selbständige Lernen der Schüler besonders betonen, dann können auch Grundschüler mit einem Minimum an direkter Instruktion durch den Lehrer auskommen.

4. Bei der Arbeit innerhalb einer Sequenz von Lernschritten sollte keinem Schüler erlaubt werden, mit einer neuen Lerneinheit zu beginnen, wenn er nicht zuvor jene Lernschritte gemeistert hat, die als Voraussetzungen für die nachfolgenden Einheiten identifiziert wurden.

5. Wenn es dem Schüler ermöglicht wird und er dazu ermuntert wird, individuell zu lernen, dann ist für ihn und für den Lehrer wichtig, daß das Programm regelmäßige Beurteilungen des Lernfortschrittes vorsieht. Diese Diagnosen bilden gleichzeitig die Basis für die Entwicklung der individualisierten Instruktionsvorschriften.«

9.3.6 Multimedialer Lernplatz

Durch Kombination vielfältiger Medien (Arbeitspapiere, schriftliche Unterrichtsbehelfe, Buch, Film, Tonband) wird eine differenzierte, *anschauliche* Lehrhilfe geboten. Empirisch begründet sich ein solches Lernarrangement durch effektiven Lernerfolg. Individualisierung des Lernens findet insofern statt, weil »multimediale Lernplätze . . . in den meisten Fällen auf Lerner als Einzelpersonen ausgerichtet (sind), d. h. die räumliche und materielle Organisation ist so gewählt, daß an einem Lehrplatz immer nur ein Lerner arbeiten kann« (Flechsig u.a., 1978, S. 222). Als Lernhilfe steht dem Lernenden eine Studienanleitung mit dem Lern-Organigramm zur Verfügung. Das Lern-Organigramm vermittelt einen Überblick über die möglichen und sinnvollen Lernschritte und Lernschrittabfolgen (vgl. den Zweck von Leitprogrammen in Weltner, 1978). Der Lernende kann dadurch immer seine erreichte Lernebene feststellen und weitere Entscheidungen über seinen Lernweg fällen. Berater unterstützen den Lernenden in Hinblick auf Fragen und Inhalte, der Organisation des Lernens und bezüglich allgemeiner Lernprobleme. Die *Mediothek* schließlich umfaßt alle schriftlichen und audio-visuellen Materialien, die für das Lerngebiet relevant sind.

In gewisser Verwandtschaft dazu steht das didaktische Modell der *Infothek*. Dieses Modell kennzeichnet ». . . eine Lernumwelt, in der zu einem bestimmten Handlungsbereich Literatur und Materialien in übersichtlicher Form aufbereitet sind und in der durch bestimmte Maßnahmen die selbständige Nutzung dieser Information durch die Lernenden ermöglicht wird« (Flechsig, 1978, S. 109).

9.4 Selbstgesteuertes Lernen: Krisen und Hilfen

Gibbons und Phillips (1978) haben darauf hingewiesen, daß selbstgesteuertes Lernen sehr vom lehrerzentrierten Unterricht abweicht, und in der Regel bei den Lernenden zu Krisen führt.

Stellt sich für die Lernenden die Frage, wie sie nach Jahren der Lenkung erfolgreich wählen und ihre Lernaktivitäten steuern können, so ergibt sich bei den Lehrenden das Problem, auf welche Weise sie die Lernenden unterstützen können. Durch Beobachtung von Teilnehmern an selbstgesteuerten Lernprogrammen, kommen Gibbons und Phillips zur Unterscheidung von verschiedenen Phasen, die natürlich in der Realität bei den einzelnen Individuen nicht gleichermaßen zum Tragen kommen.

Entscheidung: Gerade bei ersten Versuchen mit selbstgesteuertem Lernen in einer Bildungsinstitution, haben die Lernenden keine Kollegen mit Erfahrung, an die sie sich wenden können, um in ihrem Urteil über Teilnahme oder Fernbleiben von einem entsprechenden Kurs bestärkt zu werden. Trotz ermutigender Information, wissen die Lernenden um die Schwierigkeiten, die sie erwarten. Gerade wenn sie nicht besonders davon überzeugt sind, erfolgreich sein zu können, werden sie für negative Auswirkungen sehr empfänglich sein.

Anfängliche Begeisterung: Zu Beginn betrachten die Lernenden ihre Zukunft im Programm gewöhnlich mit relativ großem Optimismus. Als angenehm empfinden sie die Bewegungsfreiheit und die neue Art der Beziehungen zu Lehrenden und Gleichaltrigen. Erste Aktivitäten werden mit großem Enthusiasmus und großer Begeisterung, aber allerdings mit wenig Erfahrung und oft auch mit geringem Geschick geplant. Die Zielsetzungen sind entweder zu leicht oder zu anspruchsvoll, da die Studenten ungeübt darin sind, ihre Leistungsfähigkeit selbst einzuschätzen und zu beurteilen.

Erkenntnisschock: Dieser tritt ein, wenn die Studenten die Größe des Vorhabens erkennen. Sie sehen dann ihre eigene Inkompetenz, die komplizierten Arrangements, die zu treffen wären, und die Schwierigkeit, mit neuen Situationen fertig zu werden. Sie bemerken, welche Anstrengungen geleistet werden müssen und sind sehr deutlich mit den eigenen Fehlern konfrontiert. Überwältigt von diesen Problemen tritt oft der Effekt ein, daß sich die Lernenden wieder ein Unterrichtsverfahren wünschen, bei dem sie weniger auf sich selbst gestellt sind.

Krise: In diesem Stadium wandelt sich der Schock in Zögern und Lethargie. Geschockt durch die Komplexität der selbstgesteuerten Aufgabe, werden Arbeiten nicht zum vorgenommenen Zeitpunkt fertiggestellt oder in viel kleinerem Ausmaß als vorgehabt. Die Studenten geben sich entweder selbst die Schuld oder sie reagieren aggressiv. Letzteres kann auf zwei Weisen geschehen:

1. Internalisierte Aggressivität drückt sich aus im Bedauern über das Scheitern an der Herausforderung und über die eingeschränkte Leistungsfähigkeit. Die Lernenden haben das Gefühl versagt zu haben, weil sie die geäußerten Absichten nicht realisieren konnten. Daraus resultiert für die Studenten der Eindruck, sie seien nicht fähig, ihr eigenes Lernen unabhängig zu gestalten – sie meinen im Gegenteil, der Leitung und der Entscheidung anderer zu bedürfen. Depressive Stimmung und Herabsetzung des eigenen Selbstwertgefühls sind die Folge.

2. Lernende, die ihre Aggressivität nach außen tragen, suchen die Schuld für das Scheitern überall außer bei sich selbst. Sie wenden sich gegen das Programm, gegen das Lehrpersonal und überhaupt gegen das Ansinnen, selbstgesteuert zu lernen. Oft folgt dann eine Abkehr von dieser Unterrichtsform und der Wunsch nach Rückkehr zu traditionellen Lehrmethoden.

Realismus: In dieser Phase akzeptieren die Studenten ihr Versagen. Sie sehen ein, daß es sinnlos ist, bloß in Schuldgefühlen sich zu bewegen oder andere zu beschuldigen, und beginnen die Anforderung des selbstgesteuerten Lernens realistischer einzuschätzen. Geklärt wird die eigene Rolle des Lernenden und die der anderen Beteiligten. Es gelingt nun, den Studenten ein klareres Bild davon zu entwerfen, was von ihnen verlangt wird. Ziel und Anstrengung können nun besser organisiert werden, die Bedeutung von selbstgesteuertem Lernen wird akzeptiert. Zu diesem Zeitpunkt der positiven Wende ist beratende und unterstützende Hilfe durch das Lehrpersonal sehr wichtig.

Verpflichtung: Deutlich sind nun Einstellungen und Verhalten, die für selbstgesteuertes Lernen notwendig sind, beim Lernenden zu erkennen. Die Verpflichtung für die übernommene Aufgabe wird erneuert und verstärkt. In modifizierter Weise, so daß frühere Fehler nicht mehr passieren, wird die Arbeit fortgeführt oder wieder aufgenommen. Mit der Entwicklung von Selbstdisziplin und dem offensichtlichen Fortschritt, den sie beim Lernen machen, zeigen die Lernenden auch ein allgemein selbständigeres und selbstverantwortlicheres Verhalten.

Leistung: Nun auftretende Probleme werden von den Studenten gelöst und führen nicht mehr zu frustrierenden Erfahrungen. Die Lernenden beginnen ihre eigene Arbeit zu bewerten und sind auf ihre Leistung stolz. Das Lob und die Bewertung durch Eltern und Verwandte tritt in den Hintergrund gegenüber dem persönlichen Wertgefühl, dem Erfahren der eigenen Leistungsfähigkeit und der Befriedigung, die durch die Aktivität selbst entsteht.

Plateau: Nach einigem Erfolg erreichen die Lernenden einen gewissen Grad von Selbstzufriedenheit mit sich und dem Programm. Sie tendieren nun dazu, für sie positiv erfahrene Situationen wieder anzustreben und scheuen davor zurück, eine neue Ebene der Herausforderung anzunehmen. Sie meinen, ihr persönliches Leistungsmaximum erreicht zu haben und halten es für schwierig, eine neue Aufgabe zu beginnen. Anstöße durch das Lehrpersonal sind zur Veränderung dieser Situation notwendig.

Mobilisierung: Die Lernenden werden in dieser Phase produktiv. Nach Durchführung einer Reihe von Aktivitäten beginnt oft eine Spezialisierung auf ein ausgesuchtes Wissensgebiet. Damit ist der Übergang zu einer Situation geleistet, in der der Studierende lernt, um seine Kompetenz zu erweitern.

9.5 Lehrerrolle und organisatorische Konsequenzen

Die Aufgaben, die sich für die Lehrenden bei individualisierten Lernprozessen ergeben, entsprechen nicht mehr der traditionellen Lehrerrolle. Die Lehrenden können nicht mehr die Vermittlung von Inhalten als Hauptproblem ihrer Tätigkeit definieren, sondern den Prozeß des Lernens.

Von Bedeutung für den Tätigkeitsbereich des Lehrenden wird:

- die Fähigkeit den Lernenden einzuschätzen: *diagnostische* Funktion;
- Programme für die weitere Entwicklung des Lernenden anzubieten: *prognostische Funktion;*
- über individuelle Lernkontrakte und -arrangements zu verhandeln: *arrangierende Funktion;*
- Kontakte im neuen Lernfeld und in der neuen Lernumwelt herzustellen: *kontaktvermittelnde Funktion;*
- dem Lernenden helfen, persönliche und motivationale Probleme zu lösen: *beratende Funktion.*

Als Organisationsform für selbstgesteuertes, individualisiertes Lernen bietet sich in der Weiterbildung das *Selbstlernzentrum* an. Das ist nicht so zu interpretieren, daß Individualisierung nicht auch in traditionellen Institutionen möglich wäre. Andererseits soll durch eine neue Institution keine Isolierung von den anderen Bildungseinrichtungen erfolgen. »Gegen die Verselbständigung von Selbstlernzentren wäre vor allem anzuführen, daß Lernen – und damit auch selbstorganisiertes Lernen – stets Kommunikation verlangt: Ohne Beratung, häufig auch ohne Rückkoppelungsmöglichkeit mit anderen Lernern ist auch individuelles Lernen nur begrenzt möglich, so daß es sinnvoller erscheint, das Selbstlernzentrum nicht isoliert zu errichten, sondern es als die Summe von Einrichtungen zu betrachten, die Bestandteil jeder Abteilung bzw. eines jeden Fachbereichs der Volkshochschule ist« (Otto u. a., 1979, S. 13 f.).

Für Träger und Institutionen der Weiterbildung stellt sich die Frage, wie weit sie bereit sind, ihre Organisation diesbezüglich umzustellen. Das betrifft den räumlichen Bedarf, die Einrichtung neuer Arbeitsplätze (z. B. für Berater), die Aufstellung von Medien, Unterrichtsmaterialien, Skripten und Büchern, eventuell das Zugeständnis von Selbstverwaltung. Die Weiterqualifikation von Lehrenden und Betreuern ist zu überlegen; man wird vorwiegend auf ihre autodidaktischen Bemühungen angewiesen sein.

Nützt Weiterbildung den Freiraum, der ihr durch die geringe Einbindung in das bürokratisierte Bildungswesen gegeben ist, ergibt sich für Erwachsene die Chance zu selbstbestimmtem Lernen. Die damit verbundenen Auswirkungen liegen auf mehreren Ebenen:

– Durch Berücksichtigung der Lerninteressen, -fähigkeit und -probleme des einzelnen, durch Übertragen der Verantwortung und Steuerung der Lernprozesse an den einzelnen, entwickeln sich, abgesehen von Lernkompetenz, auch Eigenschaften wie Selbstvertrauen und Selbstwertgefühl.

– Ausreichende Möglichkeit zur Beratung und Betreuung sowie zur Kooperation und Kommunikation mit Lehrenden und Lernenden, die sich in einer ähnlichen Situation befinden, trägt zu einer Form sozialen Lernens bei, die nicht durch Lernorganisation zustande kommt, sondern vom Wunsch und von der Initiative des Erwachsenen abhängt.

– Rückmeldung über den Lernerfolg, Beratung des Lernenden, gemeinsame Erörterung des Lernzieles und des Lernweges tragen zu einer neuen Qualität der sozialen Betreuung Erwachsener bei.

– Die nötige thematische Aufbereitung des Lehrstoffes für individualisierte Lernsituationen, braucht curriculare Innovation, Herstellung von Selbstlernmaterialien, Eingehen auf die Lernsituation Erwachsener. Didaktik der Weiterbildung wird ein wichtiges Experimentier- und Forschungsfeld.

– Wird dem Individuum Freiheit bei Wahl, Organisation, Planung

und Ablauf des Lernens eingeräumt und der Erfolg durch Zerti-
fikat anerkannt, so verlieren bürokratisch genormte Bildungsgänge ihre Attraktivität – ein weiterer Schritt zur Demokratisierung des Bildungswesens ist damit getan.

10. Weiterbildung als Beruf – Professionalisierung

Die Unsicherheit beginnt bei der Bezeichnung der Tätigkeit: Erwachsenenbildner, Weiterbildner, Kursleiter, pädagogischer Mitarbeiter, Dozent, Fachbereichsleiter, Assistent, Andragoge ...
Diese Vielfalt an uneinheitlichen Bezeichnungen für Mitarbeiter begründet sich nicht nur in der kontroversen Begrifflichkeit (vgl. Abschnitt: Terminologie), sondern auch in den verschiedenen Funktionen, die zu erfüllen sind. Außerdem hat sich die Verberuflichung in der Weiterbildung noch nicht eindeutig durchgesetzt. Nach der Erhebung von Gerhard (1980, S. 38 ff.) gibt es in der Bundesrepublik Deutschland mindestens 4000 hauptberuflich, etwa 100 000 nebenberuflich und wahrscheinlich über 20 000 ehrenamtlich Tätige. Lehraufgaben werden im wesentlichen nebenberuflich wahrgenommen, während der Status des Leiters unterschiedlichen Voraussetzungen oder Bedingungen folgt. So betrachtet, ist in der Erwachsenenbildung ein Prozeß der Verberuflichung erst im Gange. Mit Verberuflichung ist ein Vorgang gemeint, »... der in seinem Kern darin besteht, daß aus einer Tätigkeit, die ohne Bezahlung und spezielle Ausbildung ausgeübt wurde, von einem bestimmten Augenblick an eine Tätigkeit gegen Bezahlung wird, und zwar in einem solchen Umfang, daß die diese Tätigkeit ausübende Person davon leben kann« (Weinberg, 1980, S. 403).
Mit Verberuflichung drückt sich eine gewisse gesellschaftliche Anerkennung der Tätigkeit aus. Besonders im Anfangsstadium besteht aber noch kein eindeutiges Berufsbild, weshalb im wesentlichen persönliche Maßstäbe in die Durchführung der Arbeit eingebracht werden können. Die gesellschaftliche Kontrolle des Berufstätigen beschränkt sich auf Zustimmung oder Ablehnung der unmittelbar von der Leistung Betroffenen – demgemäß wird entschieden, ob es sinnvoll ist, die Berufstätigkeit besoldet fortzuführen oder abzubrechen.
Der Schritt zur Professionalisierung zeichnet sich durch verschiedene Kriterien aus (vgl. Daheim, 1970):
– theoretische Grundlegung der Berufskenntnisse,
– umfangreiche, meist akademische Ausbildung,
– Nachweis der Berufskenntnisse durch Prüfung und Graduierung,
– Orientierung an einem verbindlichen Berufswert und gemeinsamen Maßstäben,
– öffentlicher Bedarf nach den Dienstleistungen des Berufstätigen,

– Organisation der Berufsinhaber.

Geht man der englischen Bedeutung des Begriffs »profession« nach (vgl. Hartfiel, 1972, S. 193), finden sich noch einige Differenzierungen. Den den »professions« zugeordneten Berufen (z. B. Architekt, Rechtsanwalt, Arzt, Wirtschaftsprüfer), wird Kompetenz zugeschrieben, individuelle und soziale Probleme, die in der komplexen Organisation industrialisierter Gesellschaften auftreten, lösen zu können. Über ihre spezielle Fachbildung hinaus, sind sie zudem Träger verschiedener kultureller Werte, die unter anderen Lebensstil, Gesundheit, Gerechtigkeit, Leistungsstreben, Erziehung und Weltanschauung betreffen. Gemäß ihrer Bedeutung im gesellschaftlichen Kräftefeld prägen sie dadurch die allgemeine Einstellung zu diesen Werten. Durch ihre beruflichen Führungspositionen, ihr hohes Prestige und ihren Einfluß auf öffentliche Belange genießen sie großes Ansehen, das sich in der Zugehörigkeit zu hohen sozialen Rängen niederschlägt. Diesen Berufsträgern werden außerdem verschiedene wertvolle humane Eigenschaften zugeschrieben: intellektuelle Redlichkeit, Kreativität, korrektes Verhalten, Bereitschaft, sich für das Gemeinwohl unter Zurückstellung persönlicher Interessen einzusetzen u. a. m. Vorstellungen, die zwar im Einzelfall für die Angehörigen dieser Berufsgruppen nicht immer zutreffen, aber bereitwillig als Berufsethos propagiert werden. Standesbewußtsein, in der negativen Variante als Dünkel, in der positiven als persönliche Verantwortung verstanden, zeichnet diese Berufsgruppen aus.

Setzt man die berufliche Situation des Erwachsenenbildners zu diesen begrifflichen Abgrenzungen der Professionalisierung in Beziehung, so kann man keinen hohen Professionsgrad konstatieren. »Professionalisierung der Weiterbildung« erweist sich dann als Slogan oder bildungspolitisches Wunschdenken.

Die öffentliche Wertschätzung der erwachsenenbildnerischen Tätigkeit ist nicht sehr groß. Hingegen scheint das Ethos bei den Weiterbildnern umgekehrt proportional ausgeprägt: Sie halten es für einen überaus wichtigen Beitrag für die gesellschaftliche und persönliche Entwicklung, Bildungsprozesse Erwachsener zu fördern und anzuregen. Die vielfach von persönlichem Idealismus getragene Tätigkeit (dies trifft auf ehrenamtliche, neben- und hauptberufliche Mitarbeiter in gleicher Weise zu) wird demgemäß in der Bandbreite von politischer Arbeit bis persönliche Hilfe eingestuft. Weiterbildung als Akt politischer Emanzipation, als Hilfe für andere oder schlicht als Vermittlung neutralen Wissens interpretiert, kennzeichnet die Berufsvorstellungen.

Wegen der relativ geringen sozialen Anerkennung unterliegen die Mitarbeiter nur in bescheidenen Maßen einer Außensteuerung oder einer öffentlichen Kritik. Die Konsequenzen sind nicht eindeutig. Manche Weiterbildner schätzen die damit verbundene Freiheit bei der Gestaltung der Tätigkeit, manche fühlen sich alleingelassen und manche erfahren die Abhängigkeit von den Interessen des Trägers der Institution. Unter diesem Gesichtspunkt dienen Tendenzen zur Professionalisierung dem Aufbau eines Berufsverständnisses, das über individuelle Vorstellungen und spezielle Gruppeninteressen hinausgeht, indem öffentliche Rechtfertigung und Verantwortung gesucht wird. Das schließt nicht aus, daß in der Weiterbildung die Arbeit in ehrenamtlicher, neben- und hauptberuflicher Form durchgeführt wird. Man darf nicht übersehen, wer die Lehraufgaben übernimmt: berufsmäßig Lehrende oder Experten bestimmter Fachrichtungen. In der Weiterbildung ist ja eine Professionalisierung in bezug auf die fachliche Problematik meistens gegeben. Diese *latente Professionalisierung* soll nun durch erwachsenenspezifische Zielsetzungen und Arbeitsformen in eine öffentlich akzeptierte gewandelt werden. Damit könnte ein Bezugsrahmen entstehen, an dem sich Tätigkeit, Aus- und Fortbildung von Mitarbeitern in der Weiterbildung inhaltlich und konzeptionell orientieren.

10.1 Schwerpunkte erwachsenenbildnerischen Handelns

Zwei deutlich unterscheidbare Arbeitsfelder haben sich in der Weiterbildung entwickelt. Planung, Organisation und Disposition als ein Schwerpunkt und Lehrfunktion als ein zweiter. Hauptberufliche Mitarbeiter werden mit dem ersten Aufgabenbereich konfrontiert, nebenberufliche zum Großteil für lehrende Tätigkeit eingesetzt. Dieser Trennung folgend, werden die beiden Aufgabenfelder zunächst im einzelnen beschrieben.

10.1.1 Disponierende Aufgaben – hauptberufliche Mitarbeiter

Hauptberufliche Mitarbeiter gelten als Voraussetzung, daß Weiterbildung im notwendigen Ausmaß angeboten und entwickelt werden kann. Der volle berufliche Einsatz begründet sich, so Tietgens (1979, S. 104), ». . . mit dem Bedeutungszuwachs, den die Erwachsenenbildung . . . erfahren hat. Wenn sie nicht mehr als eine Randerscheinung angesehen wird, kann auch die Betätigung für sie nicht länger als eine periphere, nebenberuflich zu bewältigende Aufgabe angesehen werden. *Seitdem die Erwachsenenbildungseinrichtungen eine Entwicklung nehmen, die man als Weg von der Improvisation zur Planung bezeichnen kann, ist der Ausbau des hauptberuflichen Personals unabdingbar.* Angesichts der steigenden Anforderungen ist systematische Planung nur durch hauptberufliche Mitarbeiter zu erreichen.«

Für die hauptberufliche Tätigkeit ergeben sich verschiedene Aufgabenbereiche. Es ist fraglich, ob sie alle von einer Person erfüllt werden können, oder eine weitere Aufteilung und Differenzierung erforderlich machen – das hängt letztlich von der Größe der Institution ab und von der Bedeutung, die der Träger den einzelnen Aufgabenstellungen zumißt.

Zum *Arbeitsfeld des hauptberuflich Angestellten* zählt:

- Verwaltung – Organisation – Konzeption – Disposition;
- Information, Beratung, Betreuung von Teilnehmern;
- Einstellung und Betreuung von Kursleitern;
- Kontrolle der laufenden Arbeit (Hospitation), Rückmeldungen aufarbeiten;
- Öffentlichkeitsarbeit, Kontakte mit Bevölkerung im Einzugsgebiet;
- Wahrnehmung bildungspolitischer Entwicklungen;
- Beobachtung regionalpolitischer Veränderungen (Infrastruktur, Arbeitsmarkt . . .);
- Vertreten der Eigeninteressen der Institution nach außen und innen (z. B. Finanzierung, Personalangelegenheiten . . .);
- Mitarbeit in Gremien des Verbandes;
- Lehrtätigkeit;
- Absprache und Kooperation des Programms;
- Erkundung von Bildungsbedarf;
- Kooperation mit anderen Bildungs- und Sozialeinrichtungen.

Jütting und Zimmer (1980) gingen in einer empirischen Untersuchung der tatsächlichen Aufgabenverteilung nach. Im Rahmen einer Erhebung der Berufssituation von Diplompädagogen, die seit der Einführung des Studienganges (1969) bis zum Prüfungstermin im Frühjahr 1977 diesen absolviert hatten, wurde die durchschnittliche Verwendung der Arbeitszeit für bestimmte Aufgabenbereiche festzustellen versucht. Die sechzig Befragten, die als hauptberufliche Mitarbeiter in der Weiterbildung angestellt waren, gaben an, ». . . daß die Arbeit des Diplompädagogen sehr stark durch Tätigkeiten bestimmt wird, die für die Vorbereitung, Erstellung und Präsentation des Weiterbildungsangebotes für eine Einrichtung bzw. für einen Fachbereich notwendig sind« (Jütting/Zimmer, 1980, S. 181 f.). Demgemäß ist die Arbeit der Diplompädagogen in der Weiterbildung vorwiegend durch Programmplanung, Organisation und Verwaltung bestimmt. Er struktiert im Rahmen seines Arbeitsfeldes die Voraussetzungen und Bedingungen für pädagogi-

sches Handeln anderer, ohne selbst ausreichend mit diesen pädagogischen Prozessen konfrontiert zu sein.

In welcher Form die Arbeit des hauptberuflichen Mitarbeiters auf
der makrodidaktischen Ebene zur Geltung kommt, unterliegt verschiedenen Bedingungsfaktoren:

Einfluß der Trägerorganisation: Das wenig definierte Berufsbild
des Mitarbeiters eröffnet wohl die Möglichkeit des Freiraums,
hindert aber auch nicht eine sehr enge, den Interessen des Trägers
entsprechende Einschränkung des Tätigkeitsbereichs. Restriktionen ergeben sich etwa durch finanzielle Bedingungen, ideologische
Festschreibungen oder Konkurrenzverhalten gegenüber anderen
Institutionen. Denkt man an die Diskussion über die Integration
allgemeinbildender und berufsorientierter Inhalte, so zeigt sich
beispielhaft, daß von manchen Trägern gar kein Interesse besteht,
Mitarbeiter dafür freizusetzen. Auch die Zahl der Mitarbeiter, sei
es Verwaltungspersonal oder pädagogische Fachkräfte, werden
dadurch zu einem Bedingungsfaktor für das Arbeitsfeld. Ebenso
wirken Förderungsbestimmungen für den Träger direkt und indirekt auf Programmgestaltung und Zielgruppen. Man wird bei
einem hauptberuflichen Mitarbeiter wahrscheinlich eine gewisse
Übereinstimmung der eigenen Ansprüche mit den politischen und
ideologischen Intentionen voraussetzen. Der Grad der Identifikation mit den Zielen, die Rigidität der Einhaltung, bestimmen die
berufliche Sozialisation und damit seine Einstellung und sein Verhalten zu den Aufgaben in der Weiterbildung.

Kommunikation mit Leiter und Mitarbeitern: Ist man als hauptberuflicher Mitarbeiter nicht auf sich allein gestellt, gelingt es durch
Aufgabenteilung die einzelnen Arbeitsfelder klarer zu beschreiben.
Bei der Zuordnung zu Fachbereichen kann aus der Verteilung
leicht eine Isolierung werden. Voraussetzung für den verbalen
Austausch über Probleme sind gemeinsame Zusammenkünfte und
gemeinsame Arbeitsvorhaben. In der Schulsituation erfahren junge
Lehrer durch ältere Kollegen oft Ablehnung bezüglich ihrer Versuche, das Gelernte zu realisieren. In der Erwachsenenbildung mag
die Diskrepanz zwischen Gelerntem und Brauchbarem für manchen schon länger in der Weiterbildung Tätigen besonders stark
erscheinen. Suchen die Ausbildungsstätten der Erwachsenenbildner doch überhaupt erst zu erkunden, welche Inhalte für das
Berufsfeld angeboten werden sollen. Diese Situation setzt bei der
Zusammenarbeit älterer und jüngerer Mitarbeiter die Bereitschaft
voraus, über ihr Wissen und ihre Erfahrung zu kommunizieren.
Fortbildung, im Sinne der Auseinandersetzung über die eigenen
Arbeitsvollzüge, wird zum Bestandteil der Tätigkeit.

Interessen der Teilnehmer: Die unmittelbare Rückmeldung über das Gelingen der Veranstaltung bemerkt der Kursleiter. Darüber hinaus bleibt aber die Verantwortung für die Evaluation des Angebots und die Zufriedenheit der Hörer Angelegenheit der Institution und ihrer ständigen Mitarbeiter. Von der Beurteilung der Teilnehmer ist ja der Ruf und das Vertrauen in das Angebot abhängig. Ein Bedingungsfaktor für die Anerkennung der Institution und ihrer Ziele ergibt sich, inwieweit das Programm den Erwartungen und Bedürfnissen der Lernenden entspricht. Der hauptberufliche Mitarbeiter sieht sich damit vor die Aufgabe der Bedarfserkundung gestellt, die, folgt er nicht einer bloßen Marktorientierung, Bedarfsweckung beinhaltet. Artikulierte und interpretierte Bildungsinteressen sind dann im Rahmen der institutionell gegebenen Möglichkeiten in Programme und Veranstaltungen umzusetzen. Wo Weiterbildung den traditionellen Lerncharakter aufgibt und die Individualisierung des Lernens, Selbstbestimmung und Selbstorganisation der Lernenden unterstützt, ergeben sich für den Mitarbeiter zwei Aufgaben. Er muß erstens einen Teil seiner Arbeitskapazität zur Hilfe bei der Selbstorganisation bereitstellen und zweitens, das selbständige Lernen der Teilnehmer und daraus resultierende Konsequenzen nach außen (z. B. Leiter, Trägerorganisation), verteidigen. Er wird zum Anwalt von Bildungsinteressen, ohne bei dieser Tätigkeit besondere Immunität zu genießen.

Ansprüche der Kursleiter: Die Lehrenden in der Weiterbildung haben für ihre Tätigkeit meist nur eine fachspezifische Qualifikation. Sie erwarten vor allem Hinweise auf Didaktik, Methodik, Lehrpläne, Mitteilungen, wie andere Kursleiter ihre Stunden gestalten, Aussprache über Schwierigkeiten, Hilfen für den Umgang mit Teilnehmern. Die ersten Wünsche, die in Fortbildungsseminaren von den nebenberuflich Unterrichtenden geäußert werden, lauten fast immer: Anweisungen für die Gestaltung der Lehre! Diese praxisorientierte Fragestellung ist aber nur bei vordergründiger Betrachtung ein Ruf nach Rezepten. Nimmt man sich Zeit für Gespräche, merkt man sehr rasch, daß hier keine naive Rezeptologie erwartet wird. Gesucht wird zunächst eine Rückmeldung zu den eigenen Erfahrungen mit den Lernenden, eine Bestätigung oder Korrektur der meist autodidaktisch entwickelten pädagogischen Maßnahmen sowie Hinweise auf methodisch-didaktische Konzepte auf den vorzutragenden Gegenstand. Der hauptberufliche Mitarbeiter wird somit in erster Linie als kompetente Auskunftsperson für alle Fragen, die das Lehren und Lernen mit Erwachsenen betreffen, gesehen. Darüber hinaus bestimmen die nebenberuflich Lehrenden ihre Arbeit durch ihr Menschenbild und ihre Weltanschauung. Auch die Auffassung von der Funktion der Weiterbildung steht damit in Zusammenhang. Soweit Weiterbildung als politisches Handeln im weitesten Sinn akzeptiert wird, erhalten im Gespräch zwischen Kursleitern und pädagogischem Mitarbeiter auch Fragen über die Aufgaben und Ziele von Erwachsenenbildung oder bildungs- und gesellschaftspolitische Themen ihren Stellenwert. Ob teilnehmerorientiert oder sachorientiert vorzugehen ist, bleibt dann nicht der Beliebigkeit des jeweils Lehrenden überlassen, sondern ist Ergebnis eines Diskurses, dem sich hauptberufliche Mitarbeiter stellen sollten.

Arbeitsbelastung der hauptberuflichen Mitarbeiter: Hauptberufliche Erwachsenenbildner bringen meist Erfahrungswissen aus anderen Berufspositionen mit sich. Ihre Entscheidung für die Weiterbildung ist oft von einem sozialen Engagement und der Hoffnung bewegt, mit ihrer Arbeit konkrete Probleme Erwachsener zu lösen. Nun entspricht die Wirklichkeit ihres Berufs kaum den Erwartungen. Tietgens (1979a, S. 18f.) referiert Klagen, wonach die Mitarbeiter vorwiegend durch Aktivitäten gebunden sind, die mit Kleinarbeit und Lösen kurzfristig auftretender Schwierigkeiten zu bezeichnen sind. Als wesentliche Arbeitsgänge, die Hauptberufliche erfüllen sollten, nennt Tietgens (1979a, S. 19):

- »prüfen, wie das bisher Angebotene aufgenommen worden ist und was es bewirkt hat;
- erkunden, welchen Bedarfen und Bedürfnissen vor Ort noch nicht entsprochen ist;
- Mitarbeiter dahin bewegen, sich auf den Planungszusammenhang der Bildungseinrichtung einzulassen;
- organisatorisch sichern, daß das Geplante ablaufen kann, und daß es abläuft.«

Nach der bereits erwähnten Untersuchung von Jütting/Zimmer werden diese Arbeitsschwerpunkte in der Praxis nicht erreicht. Ähnliches ergibt sich aus einer Studie, in der Diplompädagogen, die im Weiterbildungsbereich beschäftigt sind, ihr Tätigkeitsfeld beschreiben. Sie können kaum ihre Kompetenz als Erziehungswissenschaftler einbringen. »Vielmehr dominiert der Typus des von der Organisation und dem Alltagsgeschäft ›aufgefressenen‹ kompetenten Sachbearbeiters, der sich nur mit viel persönlicher Energie den notwendigen Freiraum für ihm wichtig erscheinende inhaltliche Arbeit schaffen kann« (Busch/Hommerich, 1980, S. 127).

Solche Bedingungen für pädagogisches Handeln lassen leicht Frustration und Resignation aufkommen. Für die Entwicklung einer Weiterbildung im öffentlichen Interesse schafft dies sicherlich nicht die günstigsten Voraussetzungen.

Durch die personelle Situation kommt hauptberufliches Personal mit Hochschulausbildung im wesentlichen als *Schreibtischpädagogen* zum Einsatz. Ausbildung und Fortbildung können für entsprechende Arbeitsaufgaben vielleicht spezielle Kenntnisse anbieten, nicht aber die Arbeitssituation verändern. Wissenschaftliche Untersuchungen nehmen sich der Frage an, indem sie die Problematik aufzeigen, aber auch daraus ergeben sich keine Alternativen. Wahrscheinlich hätte es den größten Effekt, wenn Weiterbildner in einer solidarischen Aktion auf die Bedingungen ihres Berufshandelns aufmerksam machen. Berufliche Deformation als Verwalter, Organisator und Sachbearbeiter läßt sonst rasch pädagogische Anliegen vergessen.

Die Arbeitssituation zeigt aber auch die Wertschätzung, die Weiterbildung in der Gesellschaft genießt. Soll Weiterbildung nicht nur organisiert und möglichst konfliktfrei über die Runden des laufenden Studienjahres gebracht werden, braucht man offensichtlich mehr hauptberufliche Mitarbeiter. Ihre Anstellung kann als Maßstab für die Bedeutung, die die gesellschaftlichen Interessengruppen der Weiterbildung zumessen, betrachtet werden.

10.1.2 Lehrtätigkeit – nebenberufliche Mitarbeiter

Die nebenberuflich Lehrenden bewirken die Lebendigkeit der Weiterbildung. Ohne ihren Einsatz wäre die Erwachsenenbildung nicht existent. Ihre Bereitschaft, Wissen zur Verfügung zu stellen, ist notwendig, wenn andere etwas lernen wollen. Wie sie aber vorgehen sollen, um möglichst erfolgreich mit Erwachsenen zu lernen, bleibt meist ihrer eigenen Geschicklichkeit überlassen. Ihre Rolle und Funktion im Lehrgeschehen entwickeln sie mühsam aus der praktischen Erfahrung. Keineswegs ist ihre Tätigkeit, sieht man von den vorhandenen Fachkenntnissen ab, eine professionalisierte im Sinne der eingangs diskutierten Definition.

Das *Arbeitshandeln des Lehrenden* gliedert sich in verschiedene Teilbereiche. Für die Tätigkeit des Lehrers in der Schule schlägt der Deutsche Bildungsrat (1970, S. 217 ff.) fünf Aufgabenfelder vor: Lehren, Erziehen, Beurteilen, Beraten und Innovieren. Eine solche Zuteilung fällt für die Weiterbildung nicht so leicht. Wenn man etwa bedenkt, daß manche Kurse abschlußbezogen sind und andere mehr kommunikativen Charakter haben, ist es schwer, einheitliche Gesichtspunkte anzulegen. Deshalb versuche ich aus der Sicht einer teilnehmerorientierten Weiterbildung, eine Position, die ich in diesem Buch zu vertreten meine, einige Aufgabenfelder der

Lehrtätigkeit zu beschreiben. Teilweise geschieht dies programmatisch, teilweise als Sollensforderung – den Kursleitern kann die eigene Entscheidung über die Leitlinie ihrer Tätigkeit nicht abgenommen werden.

Das Arbeitshandeln Lehrender in der Weiterbildung zeigt demnach verschiedene Dimensionen:

Lehren: Der Weiterbildner steht in der Spannung Wissen zu vermitteln und Reflexion anzuregen. Motivationsuntersuchungen zeigen, daß die Erwartungen der Teilnehmer instrumenteller Art sind: sie richten sich auf kurzfristige Erfüllung von Lernbedürfnissen. Somit kommt das Selbstverständnis des Weiterbildners, besonders die Phasen der Reflexion betreffend, mit den Erwartungen der Teilnehmer nicht unbedingt zur Deckung.

Durch Fachkenntnis und Position erhält der Lehrende von den Teilnehmern Autorität zugeschrieben, die diese unhinterfragt akzeptieren. Lernen, das nicht neue Abhängigkeit aufrichten will, muß auch den Umgang mit Wissen und Wissenden lehren. Das Eingeständnis, etwas nicht zu wissen, darf nicht als Demütigung, die Bereitschaft, Wissen zu vermitteln, nicht als Gnadenakt aufgefaßt werden. Bildungsprozesse können nur in Gleichberechtigung und gegenseitiger Achtung durchlaufen werden. Heterogenität im Lernverhalten, unterschiedliche Vorkenntnisse sowie differierende Erwartungen an die Veranstaltungen bedingen permanente Eigenplanung und lassen den Lehrenden kaum auf vorgegebene Lehrpläne oder Skripten zurückgreifen. Für die Unterrichtssituationen in den einzelnen Kursen ist es notwendig, immer neue methodische und didaktische Entscheidungen zu treffen. Die Individualisierung des Lernens, die Rücksicht auf persönliche Lernfähigkeit und -interessen, verlangt vom Lehrenden direkte Zuwendung zu den einzelnen Erwachsenen. Diese ist aus didaktischer Sicht durch Strukturierung des Lehrstoffs, durch Hilfe zu eigenständigem Weiterlernen und durch Eingehen auf spezifische Lernprobleme zu unterstützen.

Motivieren: Die Entscheidung, Veranstaltungen der Weiterbildung auf sich zu nehmen, wird meist von mehreren Motiven getragen. Der Kursleiter gibt Anstoß, gemeinsam mit den Teilnehmern die Motive zu klären. Falsche Hoffnungen an Bildungsprozesse werden damit abgebaut, die wichtige Weiterbildungsmotivation verstärkt. Gerade bei Personen, die das Weiterlernen erst beginnen, ist es wichtig, in der Anfangsphase ihre Motivation zum Durchhalten zu fördern. Allerdings ist diese gemeinsame Motivationssuche durch die Formulierung von Erwartungen zu Kursbeginn nicht erledigt – die Auseinandersetzung über die Gründe des Besuchs sollte die Veranstaltung begleiten. Am Ende des Kurses stellt sich die Motivationsüberlegung neu dar: da wird resümiert, was erreicht wurde und ob eine Fortsetzung der Lernanstrengung zweckmäßig ist.

Die Aufgabe zu motivieren bedingt individuellen und persönlichen Kontakt sowie rücksichtsvollen Umgang mit den Erwachsenen. Der Weiterbildner muß die Bereitschaft des Erwachsenen abwarten, über seine Beweggründe, die nicht unabhängig von seiner Lebensgeschichte und privaten Situation sind, zu sprechen. Es nützt wenig, dem Erwachsenen viele Gründe für das Weiterlernen anzubieten. Für ihn ist Lernen nur sinnvoll, wenn er seine eigenen Motive klar erkannt zu haben meint.

Beraten: Die Aufgabe des Motivierens steht in engem Zusammenhang mit der der Beratung. Wenn sich Personen gegenüber anderen öffnen, geschieht dies neben dem Bedürfnis einen Zuhörer zu finden, auch um Meinung, Rat und Stellungnahme einzuholen. Oft sieht sich der Weiterbildner bei solchen Gesprächen mit persönlichen Fragen des Teilnehmers konfrontiert, die von der Thematik des Lernangebotes weit entfernt sind. Ein großer Leidensdruck oder unmittelbares Vertrauen lassen für den Teilnehmer den Lehrenden als akzeptablen Gesprächspartner erscheinen. Ist so ein Bedarf nach Aussprache vorhanden, stellt sich die Frage, inwiefern die Lerngruppe hierbei eine helfende oder entlastende Funktion mitübernehmen kann. Solche Erwartungen nach Lösung persönlicher Schwierigkeiten zeigen sehr bald die Grenzen der Weiterbildung auf. Dem Kursleiter bleibt dann nur die Delegierung des Ratsuchenden an Sozialhilfe oder professionelle Betreuung und Lebenshilfe.

Ein anderer Aspekt der beratenden Funktion bezieht sich auf das Lerngeschehen. Rat bezüglich aller Lernangelegenheiten, sei es die Organisation des Stoffes, Arbeitsplatz, Lernprobleme, Lerntechniken oder Prüfung, helfen dem Lernenden bei seinen Anstrengungen. Beratung wird dann Teil des Bildungsprozesses, wenn sie dem Lernenden die Entscheidung nicht abnimmt, sondern ihn anregt, sie selbst zu suchen und zu treffen.

Moderieren: Selbstorganisierte Lerngruppen, Lernende mit einem gemeinsamen Anliegen, wünschen nicht einen Lehrenden, der alles organisiert, sondern einen, der bei Bedarf die Arbeit fallweise betreut, Unterlagen bereitstellt und Gruppenprozesse thematisiert. Von seiten des Moderators ist zu beachten, daß er als Begleiter geduldet und gebraucht wird, bis sich die Erwachsenen in ihrem Lernen völlig selbst bestimmen. Er leistet Hilfe zur Selbsthilfe. Sich in seiner Rolle als Weiterbildner zurücknehmen, bedeutet die

Eigenständigkeit der Lernwilligen anzuerkennen. Manchmal auch mit der zu akzeptierenden Konsequenz, daß das Ergebnis nicht den Vorstellungen des Lehrenden entspricht.

Aus methodischen Gründen ergibt sich die moderierende Funktion bei Diskussionen oder Gruppenarbeit sowie bei Veranstaltungen, die sich über mehrere Tage erstrecken und Spielraum für Entwicklung und Artikulation von Lernbedürfnissen der Teilnehmer geben. Schließlich auch überall dort, wo Menschen erst nachdenken, ob sie gemeinsames Lernen organisieren wollen. Dazu muß aber der Ort keineswegs in einer Institution liegen.

Rückmelden: Der Weiterbildner soll seine Eindrücke über die Lernleistungen oder die Gruppenbeziehungen nicht verschweigen. Lernpsychologische Erkenntnisse legen es nahe, dem Lernenden soviel Bestätigung (dazu gehören Möglichkeiten der Selbstkontrolle, Test und Prüfung) wie möglich über seine Fortschritte zu geben. Doch hier ist noch anderes gemeint. Lernen in der Weiterbildung geht in einem sozialen Gefüge vor sich. Die Beziehungen zwischen den Gruppenmitgliedern, zwischen Lehrenden und Lernenden sind für den Lernerfolg nicht unbedeutend. Sie werden selbst zum Lerngegenstand, wenn Beziehungsprobleme diskutiert werden. Der Weiterbildner regt zum Nachdenken über das eigene Verhalten an, indem er seine Eindrücke vom Sozialgeschehen in der Gruppe äußert. Er provoziert die Auseinandersetzung über ein Thema, das sonst gar nicht aufgegriffen würde. Damit wird er seiner Aufgabe zu bilden gerecht, weil er nicht bloß für einen funktionalen Ablauf des Unterrichtsvorganges sorgt, sondern zur Reflexion des Geschehens rund um die Lehr- und Lernprozesse herausfordert.

Rückmeldung braucht auch die Institution. Sie ist auf Kenntnisse der Wünsche, Sorgen und Anliegen der Teilnehmer angewiesen, um das weitere Angebot zu gestalten. Dazu ist die Kommunikation der Kursleiter untereinander und dieser mit dem Leiter und den Mitarbeitern der Institution Voraussetzung. Die Analyse der Erfahrungen aus dem Lehrbetrieb gibt Hinweise für bestimmte Formen des Angebots, z. B. mehr lernorientiert und abschlußbezogen, mehr im Sinne selbstgesteuerter Erfahrung oder mehr auf die Erörterung von Lebensproblemen abgestellt.

Lernen: Nicht immer repräsentiert der Kursleiter das ganze Wissen eines Fachgebietes. Lebenserfahrung und Berufskenntnisse der Teilnehmer lassen in manchen Bereichen den Vortragenden zum Lernenden werden. Das stellt keinen Prestigeverlust dar. Zu akzeptieren, daß es beim Erwerb von Wissen keine Vorrangstellung für die am Prozeß Beteiligten gibt, ist ein Teil des Lernens.

Selbstvertrauen und Selbstsicherheit bei den Teilnehmern wird angestrebt, wenn der Lehrende zu erkennen gibt, daß auch er noch Lernender ist.

Im Umgang mit erwachsenen Lernern wird der Weiterbildner auch immer mit seinem Erwachsensein konfrontiert. Als Lehrer und Ratgeber für andere, merkt er besonders, daß die eigene Lebenssituation nicht immer leicht zu bewältigen ist. »Unfertig« als Attribut für sich selbst anzuerkennen, ist eine gute Voraussetzung, um Fragende nicht einfach mit schnellen Antworten abzuweisen sondern sie mit ihren Problemen ernst zu nehmen. Er ist dann vielleicht eher bereit, sich mit den Lernenden zu befassen, weil er sie als Persönlichkeiten, die ihren Lebensweg suchen, achtet. Bereit und engagiert, mit ihnen in einen Prozeß der Auseinandersetzung über Lerngegenstand und persönliche Anliegen einzutreten.

Die Verwirklichung dieser Dimensionen in der Praxis ist sehr anspruchsvoll. Zeit, Geduld, persönlicher Einsatz, der über das Äquivalent des bezahlten Honorars hinausgeht, sind dazu nötig. Aber die Wünsche der Erwachsenen nach solchen Dienstleistungen, der Bedarf nach Rat und Hilfe sind real. Sie werden in der Weiterbildung artikuliert, weil diese eine soziale Funktion erfüllt, die traditionelle Institutionen, wie etwa Kirche, Familie, diverse Berufs- oder Freizeitgemeinschaften, nicht mehr leisten. Bislang ist diesem Erfordernis, dem erwachsenen Menschen Antworten auf seine Lebensfragen zu geben, durch gesellschaftspolitische Maßnahmen nicht entsprochen worden. Zum Teil, weil verschiedene Institutionen ihre Fehlleistungen und ihr Unvermögen nicht eingestehen, zum Teil, weil das Verschweigen der Anliegen Erwachsener, gesellschaftliche Verhältnisse, die solche Probleme hervorbringen, nicht in Frage stellt. Lehrkräfte der Weiterbildung, die sich mit der Lebenssituation Erwachsener konfrontiert sehen, erhalten, ob sie wollen oder nicht, *politische Funktion.* Ihre Zurückhaltung und ihr stilles Registrieren der Widersprüche, mit denen Erwachsene leben, verzögert Aufklärung über die Lebenssituation der Menschen. Ihr Engagement und ihr Bemühen um die Lösung der vorgebrachten Alltagsprobleme trägt zur Entwicklung eines Bewußtseins bei, das bestehende Zustände nicht bloß resignierend, ängstlich und hoffnungslos hinnimmt.

10.2 Ausbildung – Fortbildung

Wer ist befähigt, Erwachsene in Bildungsprozessen anzuleiten? In

der Alltagsdiskussion wird eher die Meinung vertreten, daß dies wohl nur durch Menschen geschehen kann, die zumindest einige der folgenden Eigenschaften aufweisen:
- fachliche Kompetenz,
- Berufs- und Lebenserfahrung,
- selbstsichere Persönlichkeit, die Vertrauen ausstrahlt,
- eigene Erfahrungen mit Weiterbildung,
- Einfühlungsvermögen.

Die Schule des Lebens, hört man in solchen Gesprächen, qualifiziert für den Beruf des Weiterbildners.

Der Bedeutungszuwachs der Weiterbildung, der Bedarf an Weiterlernen und Hilfen zur Lebensbewältigung, Erkenntnisse, die die Gestaltung von Lehr- und Lernprozessen beeinflussen sowie die Dynamik wissenschaftlicher Entwicklung auf dem Gebiet der Erwachsenenbildung lassen die eben genannten Eigenschaften durch Aus- oder Fortbildung zumindest ergänzungsbedürftig erscheinen. Die Realität der Anstellungspraxis wurde durch das Vorhandensein bestimmter Qualifikationen beeinflußt, da es keine definierten Zugangsvoraussetzungen gibt. 1972 untersuchten Pröpper u. a. die Situation hauptberuflich pädagogischer Mitarbeiter der Weiterbildung in Baden Württemberg, Niedersachsen und Nordrhein-Westfalen. Auffallend war »... der hohe Anteil von Mitarbeitern mit mehreren berufsqualifizierenden Abschlüssen und von Absolventen des Zweiten Bildungsweges ... Unter Umständen hat der Kontakt mit dem Weiterbildungsbereich den Zugang zu einer späteren hauptamtlichen Tätigkeit erleichtert, vielleicht die Berufsentscheidung stark beeinflußt« (Pröpper u. a., 1975, S. 30 f.).

Von den etwa 300 befragten hauptamtlichen pädagogischen Mitarbeitern hatten 236 einen Hochschulabschluß. An absolvierten Studiengängen dominierten Theologie, Pädagogik und Philosophie mit je 13%. Erwachsenenpädagogische Ausbildung in Form von besuchten Lehrveranstaltungen oder Zusatzausbildung bejahte etwa die Hälfte der Befragten.

Bezüglich der *Zugangsberufe,* die von den Befragten vor dem Wechsel in die Weiterbildung ausgeführt wurden, ergab sich folgende Rangreihe (vgl. Pröpper u. a., 1975, S. 36):

Lehrer, Hochschullehrer, Fachhochschullehrer	29%
Berufe aus Industrie, Handel, Handwerk, Landwirtschaft	19%
Kirchliche Anstellung	16%
Jugendarbeit und Sozialwesen	8%
Kultureller Bereich	10%

Tab. 2: Zugangsberufe

Für die Erhebungsperiode Anfang der siebziger Jahre erwiesen sich besonders zwei Rekrutierungsfelder von Bedeutung: der Hochschulbereich und die Gruppe der Personen, die als Referenten in der Weiterbildung tätig waren. Generell läßt sich aus der Erhebung schließen, daß Anfang der siebziger Jahre, die hauptberuflichen pädagogischen Mitarbeiter aus Schul-, Hochschulbereich und kirchlichen Berufen rekrutiert wurden: aus Berufsgruppen, in denen der Anteil an Hochschulabsolventen sehr hoch liegt. Pröpper u. a. (1975, S. 40) meinen abschließend: »Bezogen auf die Berufsgruppen scheinen Hochschulabschluß, Teilnahme an Lehrveranstaltungen zur Erwachsenenpädagogik, vorherige nebenberufliche Tätigkeit in der Erwachsenenbildung und Zusatzausbildung keine alternativ berufvorbereitenden Momente zu sein. Vielmehr scheint als intervenierende Variable eine Dimension berufsspezifischen Ansehens sowohl die Rekrutierungspraxis der Einrichtungen zu beeinflussen, als auch die Bereitwilligkeit der Mitarbeiter, sich Fortbildungsmaßnahmen (Zusatzausbildung) zu unterziehen.«

Hochschulabschluß für Leiter und hauptberufliche pädagogische Mitarbeiter wurde inzwischen dominant. In einer Umfrage (Gerhard, 1980) Ende 1978 gaben von etwa 4000 Befragten 56,6% einen Universitäts- und 16,6% einen Fachhochschulabschluß an. Examen für das Lehramt an Schulen und Diplomabschlüsse aus den Sozialwissenschaften machten etwa zwei Drittel davon aus, 18% waren promoviert; der Anteil der Diplom-Pädagogen mit dem Schwerpunkt Erwachsenenbildung betrug 8,6%. »Die Auswertung der Nennung der verschiedenen Studienfächer ergab eine Dominanz der Sozialwissenschaften (19,3%) vor den Sprachwissenschaften (18,3%) und der Erziehungswissenschaft (16,3%). Mit ca. 100 Nennungen Abstand folgten mathematische, naturwissenschaftliche und technische Fächer (11,4%)« (Gerhard, 1980, S. 24).

Der Trend, Absolventen wissenschaftlicher Hochschulen in der Weiterbildung als hauptberufliche Mitarbeiter einzustellen, ist also offensichtlich gegeben. Die pädagogische Fachqualifikation steht dabei keineswegs im Vordergrund sondern rekrutiert wird nach diesen Fächern, die auch thematisch das Angebot prägen.

Die wissenschaftliche Qualifikation durch Studiengänge für Weiterbildner zu fundieren, entspricht den Anliegen des Arbeitskreises Universitäre Erwachsenenbildung. Er hat eine diesbezügliche Empfehlung publiziert.

Gefordert werden Erstausbildungsgänge und weiterbildende Studiengänge. Dies beeinträchtigt nicht die Fortbildung durch Verbände und Träger: »Im Gegensatz zu diesen flexiblen, eher institutionsbezogenen und arbeitsplatznahen Fortbildungsmaßnahmen haben die Hochschulen jedoch die Aufgabe, bei Sicherstellung wissenschaftlicher Qualifikationen Lehre und Forschung miteinander zu verbinden und gleichzeitig theoriebezogen und praxisorientiert zu sein« (AUE, 1980, S. 24).

Folgende einschlägige Angebote der Hochschulen der Bundesrepublik auf dem Sektor Weiterbildung sind zu unterscheiden:
- erziehungswissenschaftliches Diplomstudium/Magisterstudium
- mit dem Schwerpunkt Erwachsenenbildung;
- Zusatzstudium Weiterbildung;
- weiterbildendes Studium Weiterbildung;
- Aufbaustudium.

Das *Diplomstudium mit dem Schwerpunkt Erwachsenenbildung* stellt eine Erst- oder Grundausbildung dar. Der Studiengang wurde durch die »Rahmenordnung für die Diplomprüfung in Erziehungswissenschaft« am 20. 3. 1969 beschlossen. Wohl war beabsichtigt, Ausbildung für die Praxis zu leisten, doch fehlte es an Analysen der Berufsbilder. Ein Problem, das für die Weiterbildung noch heute gilt. Pflüger ging den Möglichkeiten nach, die sich für Diplompädagogen/Schwerpunkt Erwachsenenbildung auf dem Berufsfeld Weiterbildung ergeben. Der Autor findet, »... daß die Absolventen dieses neu geschaffenen Studienganges mit 8,4% des Weiterbildungspersonals zwar eine relativ kleine Gruppe sind, jedoch bei den Berufsanfängern und jüngeren Jahrgängen, speziell auch unter den für hauptberufliche pädagogische Tätigkeiten neu eingestellten Frauen, bereits beachtliche Anteile stellen« (Pflüger, 1980, S. 1). Insgesamt stehen die Chancen für Absolventen dieses neuen Studienganges nicht schlecht. Ihren »Marktwert« verbessern sie, wenn sie Berufserfahrung, Studium einer anderen Einzelwissenschaft oder Erfahrung mit der Arbeit in der Weiterbildung mitbringen.

Das *Zusatzstudium Weiterbildung* soll erwachsenenpädagogisch qualifizieren. Es richtet sich an Personen, die bereits ein anderes Hochschulstudium absolviert haben und in der Weiterbildung tätig sein wollen oder es sind. Ein Beispiel ist das von der Fernuniversität Hagen angebotene »Zusatzstudium für (zukünftige) pädagogische Mitarbeiter in der Weiterbildung.« Dieser Kurzstudiengang für Adressaten, die schon eine Fachausbildung haben, soll eine »praxisorientierte Qualifizierung für Berufe in der Weiterbildung« (Strauch, 1981, S. 141) leisten. Die Zusammenarbeit bei der Konzeption für diesen Studiengang – er wird seit dem Studienjahr 1980/81 angeboten – erfolgte deshalb zwischen Hochschulen, Verbänden und Institutionen der Weiterbildung. Als viersemestriges Teilzeitstudium wendet es sich an Personen, die eine Tätigkeit in der Erwachsenenbildung haupt- oder nebenberuflich erfüllen. Das Curriculum ist so entworfen, um Grundwissen und Kenntnisse für Lehre, Beratung, disponierende Tätigkeiten und berufspolitische Kompetenz zu vermitteln (vgl. Strauch, 1981).

Das *weiterbildende Studium Weiterbildung* ist ein Angebot der Hochschulen, das berufsbegleitend für pädagogische Mitarbeiter gedacht ist. Es zielt ». . . auf die Erweiterung beruflicher und gesellschaftlicher Handlungskompetenz und auf die Beherrschung und Fortentwicklung beruflicher Handlungszusammenhänge. Dies geschieht durch systematische Vertiefung und wissenschaftliche Verarbeitung beruflicher Erfahrungen« (AUE, 1980, S. 30). Zwei entsprechende Modellversuche führten die Universitäten Hamburg und Hannover durch. Hauptberufliche pädagogische Mitarbeiter wurden mit vier Themengebieten konfrontiert (vgl. Scharnofske, 1980): Teilnehmervoraussetzungen; Programmplanung und Zielgruppenarbeit; Durchführung von Veranstaltungen; Evaluation von Weiterbildungsmaßnahmen.

Ein *Aufbaustudium* gibt es seit April 1981 an der Universität Bamberg. Dieses »Aufbaustudium Andragogik« ist berufsqualifizierend ausgerichtet. »Es werden sowohl Praktiker des Weiterbildungsbereichs angesprochen als auch Adressaten, die bisher in gänzlich anderen Berufsfeldern tätig waren, oder aber Personen, die das Aufbaustudium als reines Zweitstudium nach Abschluß einer wissenschaftlichen Erstausbildung absolvieren möchten« (AUE-Informationen, 247, Juni 1981).

An größeren Projekten im Rahmen der Aus- und Fortbildung von Mitarbeitern der Erwachsenenbildung sind noch zwei zu nennen: Das Selbststudienmaterial (SESTMAT) des Deutschen Volkshochschulverbandes und das Projekt zur Entwicklung und Erprobung von Qualifikationsseminaren für nebenberufliche pädagogische Mitarbeiter in der Erwachsenenbildung (NQ-Projekt). Versuche und Entwicklung auf diesem Sektor halten an (vgl.: Jütting, 1980; Hessische Blätter für Volksbildung, 29. Jg., 1979/2, Themenheft: Berufsposition und Fortbildung der Volkshochschul-Mitarbeiter).

Die vielen Initiativen in Richtung wissenschaftliche Grundqualifikation haben ein Faktum geschaffen: *Wissenschaftliches Studium ist eine wichtige Bedingung für hauptberufliche Tätigkeit in der Weiterbildung geworden.* Damit ist den Vertretern der wissenschaft-

lichenErwachsenenbildung durch ihre Aus- und Fortbildungstätigkeit zumindest indirekter Einfluß auf das Geschehen in der Weiterbildung eröffnet. Die Ausbildung in wissenschaftlichen Institutionen bestimmt bis zu einem gewissen Grad die Handlungsmöglichkeiten des Praktikers mit. Die Qualität des Studienganges halte ich für mitentscheidend, welche Bereitschaft und Fähigkeit der einzelne entwickelt, um didaktische Konzepte zu erproben, Beratung zu leisten, eigenständig Initiativen zu setzen oder wissenschaftliche Erkenntnisse für die praktische Situation zu nutzen. Schlechte Erfahrungen mit der Ausbildungssituation an der Universität sind Nährboden für einige Gegenargumente. Den Abgängern der Hochschulen tritt man mit Vorbehalt gegenüber, denn:
– ihnen fehlt praktische Erfahrung aus Leben und Beruf,
– sie wissen Verschiedenes aber zu wenig Brauchbares,
– sie vertreten Ideologien,
– mit ihrem Sendungsbewußtsein schrecken sie andere Mitarbeiter ab,
– sie überschätzen die Möglichkeiten einer Institution,
– sie haben zu wenig oder zu viel Eigeninitiative,
– sie taugen schlecht für Zusammenarbeit,
– sie konkurrenzieren Mitarbeiter ohne Studienabschluß.
Doch eine Bemühung um berufsorientierte Ausbildung hat es schwer. Das Berufsbild ist nicht eindeutig, die notwendigen Qualifikationen befinden sich in Fluß. Für die Hochschullehrer bietet sich dadurch auch eine Chance. Sie könnten das Studium sehr praxisorientiert gestalten, indem sie die Erfahrungen der Absolventen zum Anlaß für permanente Reform nehmen. Die Nähe der Tätigkeit in der Weiterbildung zur Sozialarbeit (vgl. Claude, 1977) verlangt nach einem interdisziplinären Studium. Den Anspruch einen qualifizierten, praxisorientierten Experten für Weiterbildung aus den Hochschulen zu entlassen, wird vielleicht eher durch Studienformen, die in Richtung forschendes Lernen und Projektarbeit gehen, eingelöst.
Die wissenschaftliche Disziplin Erwachsenenbildung könnte mit reformierten Studiengängen, alternativem Wissenschaftsverständnis und verändertem Theorie-Praxis Bezug eine neue Qualität in das Verhältnis Hochschule und Weiterbildung bringen. Eine Qualität, die letztlich der praktischen Arbeit des Weiterbildners zugute kommt.

Literaturverzeichnis

Adorno, T. W.: Erziehung zur Mündigkeit. Frankfurt am Main 1971.

Altenhuber, H.: Zur Geschichte der Universitätsausdehnung in Österreich. In: Erwachsenenbildung in Österreich, 23. Jg., Hefte 4 und 5/1972.

Altenhuber, H. (Hrsg.): Situation und Trends der Erwachsenenbildung in Österreich. Wien 1975.

Arbeitsgruppe am Max-Planck-Institut für Bildungsforschung: Das Bildungswesen in der Bundesrepublik Deutschland. Reinbek bei Hamburg 1979.

Armbruster, B.: Lernen in Bürgerinitiativen. Ein Beitrag zur handlungsorientierten politischen Bildungsarbeit. Baden-Baden 1979.

Arnold, R.: Diplompädagogen für die Praxis. Grundlagen und Probleme einer praxisbezogenen Ausbildung – aufgezeigt am Studienschwerpunkt Berufs- und Betriebspädagogik. Heidelberg 1980.

AUE (Arbeitskreis Universitäre Erwachsenenbildung): Weiterbildungsaufgaben der Hochschulen. Empfehlungen des AUE. Hannover 1980.

Baethge, M.: Empirische Qualifikationsforschung und Weiterbildung. In: Siebert, H. (Hrsg.): 1979, S. 459–481.

Balser, F.: Die Anfänge der Erwachsenenbildung in Deutschland in der ersten Hälfte des 19. Jahrhunderts. Eine kultursoziologische Deutung. Stuttgart 1959.

Bayer, M./Ortner, G. E.: Bedarfsbegriff und Bedarfserhebung in der Weiterbildung. In: Dies.: Erwachsenenbildung im Adressatenurteil. Hannover, Paderborn 1979, S. 180–191.

Beck, U./Brater, M.: Zur Kritik der Beruflichkeit des Arbeitens. In: Duve, F. (Hrsg.): Technologie und Politik 10. Das Magazin zur Wachstumskrise. Reinbek bei Hamburg 1978, S. 48–63.

Beckel, A./Senzky, K.: Management und Recht der Erwachsenenbildung. Stuttgart 1974.

Becker, H.: Weiterbildung. Aufklärung – Praxis – Theorie 1956–1974. Stuttgart 1975.

Becker, H.: Auf dem Weg zur lernenden Gesellschaft. Personen, Analysen, Vorschläge für die Zukunft. Stuttgart 1980.

Beelitz, A.: Erwachsenenbildung als Aufgabe der Wirtschaft. In: Hessische Blätter für Volksbildung, 29. Jg., 1/1979, S. 58–62.

Behrmann, G. C.: Politische Sozialisation. In: Görlitz, A. (Hrsg.): a.a.O., 1973.

Bergmann, K./Frank G. (Hrsg.): Bildungsarbeit mit Erwachsenen. Handbuch für selbstbestimmtes Lernen. Reinbek bei Hamburg 1977.

Blaschek, H.: Grundfragen der Gemeinwesenarbeit. In: Theorie und Praxis der Erwachsenenbildung, 11. Jg., 4/1978, S. 93–99.

Bönsch, M.: Adressatenorientierte Didaktik. In: Hessische Blätter für Volksbildung, 31. Jg., 1/1981, S. 77–85.

Breloer, G.: Aspekte einer teilnehmerorientierten Didaktik der Erwachsenenbildung. In: Breloer, G. u.a.: Teilnehmerorientierung und Selbststeuerung in der Erwachsenenbildung. Braunschweig 1980, S. 8–112.

Brim, O. G./Wheeler, S.: Erwachsenensozialisation. Stuttgart 1974.

Brinck, Ch.: Die Produktion von Fernkursen an der Open University.

Eine Auswertung der bisherigen Erfahrungen im Hinblick auf ihre Relevanz für deutsche Fernstudienprojekte. Hochschuldidaktische Forschungsberichte 11-AHD, Hamburg 1979.

Brock, A./Müller, H.D./Negt, O. (Hrsg.): Arbeiterbildung. Soziologische Phantasie und exemplarisches Lernen in Theorie, Kritik und Praxis. Reinbek bei Hamburg 1978.

Bund-Länder-Kommission für Bildungsplanung: Bildungsgesamtplan. 2 Bände. Stuttgart 1973.

Busch, W.D./Hommerich, C.: Diplompädagogen in der Weiterbildung – Empirische Befunde einer bundesweiten Untersuchung zur Berufssituation von Diplompädagogen. In: Mader, W. (Hrsg.): 1980, S. 84–143.

Chaberny, A./Gottwald, K.: Strukturelle Entwicklungstendenzen im Beschäftigungssystem der Bundesrepublik Deutschland ab 1960 unter besonderer Berücksichtigung der Änderung von Tätigkeits- und Anforderungsprofilen. In: Gerstenberger, F.: Entwicklungstendenzen im Beschäftigungssystem. Stuttgart 1976, S. 79–117.

Claude, A.: Sozialarbeit und Erwachsenenbildung. In: Eggers, P.B./Steinbacher, F. (Hrsg.): 1977, S. 215–228.

Claußen, B. (Hrsg.): Politische Sozialisation in Theorie und Praxis. Beiträge zu einem demokratienotwendigen Lernfeld, München 1980.

Cohn, R.-C.: Von der Psychoanalyse zur themenzentrierten Interaktion. Von der Behandlung einzelner zu einer Pädagogik für alle. Stuttgart 1975.

Council of Europe: Permanent Education. Strasbourg 1970.

Council of Europe: Today and Tomorrow in European Adult Education. A study of the present situation and future developments. Strasbourg 1972.

Cross, K.-P.: Accent on Learning. Improving Instruction and Reshaping the Curriculum. San Francisco 1976.

Daheim, H.: Soziologie der Berufe. In: König, R.: Handbuch der empirischen Sozialforschung. Bd. 2, Stuttgart 1969.

Daheim, H.: Der Beruf in der modernen Gesellschaft. Köln 1970.

Dahm, G. u.a. (Hrsg.): Wörterbuch der Weiterbildung. München 1980.

Dahm, G./Wilkiewicz, L.: Bildungstheorien. In: Dahm, G., u.a. (Hrsg.): Wörterbuch der Weiterbildung. München 1980.

Dauber, H./Verne, E. (Hrsg.): Freiheit zum Lernen. Alternativen zur lebenslänglichen Verschulung. Die Einheit von Leben, Lernen, Arbeiten. Reinbek bei Hamburg 1976.

Deutscher Ausschuß für das Erziehungs- und Bildungswesen: Zur Situation und Aufgabe der deutschen Erwachsenenbildung. Stuttgart 1960.

Deutscher Bildungsrat: Strukturplan für das Bildungswesen. Empfehlungen der Bildungskommission. Stuttgart 1970.

Dieckmann, B., u.a.: Nebenberufliche Kursleiter in den Volkshochschulen von Berlin (West). Ergebnisse des Projektes Dozenten erforschen die Situation von Dozenten. MAEB Heft 23, Hannover 1980.

Doehlemann, M.: Von Kindern lernen. Zur Position des Kindes in der Welt der Erwachsenen. München 1979.

Dräger, H.: Die Gesellschaft für Verbreitung von Volksbildung. Eine historisch-problemgeschichtliche Darstellung von 1871–1914. Stuttgart 1975.

Dräger, H.: Volksbildung in Deutschland im 19. Jahrhundert. Band 1, Braunschweig 1979.

Eggers, P.-B./Steinbacher, F. (Hrsg.): Soziologie der Erwachsenenbildung. Stuttgart 1977.

Elias, N.: Über den Prozeß der Zivilisation. Soziogenetische und psychogenetische Untersuchungen. 2 Bände. Frankfurt am Main 1978[6].

Fernuniversität: Das erste Jahr. Aufbau – Aufgaben – Ausblicke. Bericht des Gründungsrektors. Hagen 1976.

Filipp, S.-H. (Hrsg.): Selbstkonzept-Forschung: Probleme, Befunde, Perspektiven. Stuttgart 1979.

Filipp, S.-H.: Entwicklung von Selbstkonzepten. In: Zeitschrift für Entwicklungspsychologie und Pädagogische Psychologie. 12. Jg., 2/1980, S. 105–125.

Flammer, A.: Wechselwirkung zwischen Schülermerkmal und Unterrichtsmethode. In: Zeitschrift für Entwicklungspsychologie und Pädagogische Psychologie. 5. Jg., 1973/2, S. 130–147.

Flammer, A.: Individuelle Unterschiede im Lernen. Weinheim 1975.

Flechsig, K.-H. u. a.: Erstfassung eines Katalogs didaktischer Modelle. Göttinger Monographien zur Unterrichtsforschung, Band 4. Göttingen 1978.

Fordham, P. u. a.: Ein Projekt zur Aktivierung des Bildungsinteresses in einem großstädtischen Ballungsgebiet bei Portsmouth. In: Thomas, H. (Hrsg.): 1980, S. 209–235.

Frankl, V.-E.: Der Mensch auf der Suche nach Sinn. Psychotherapie für den Laien. Freiburg 1978.

Freire, P.: Pädagogik der Unterdrückten. Bildung als Praxis der Freiheit. Reinbek bei Hamburg 1973.

Freire, P.: Dialog als Prinzip. Erwachsenenalphabetisierung in Guinea Bissau. Wuppertal 1980.

Friedrichs, G.: Technischer Wandel und Beschäftigung. In: Duve, F.: Technologie und Politik. Heft 10, Reinbek 1978, S. 6–27.

Fromm, E.: Haben oder Sein. Die seelischen Grundlagen einer neuen Gesellschaft. Stuttgart 1976.

Gerhard, R.: Personal in der Weiterbildung – Ergebnisse einer Umfrage im Weiterbildungsbereich. MAEB Heft 24, Hannover 1980.

Gerhard, R. (Redaktion): Studienmöglichkeiten der Erwachsenenpädagogik an den Hochschulen der Bundesrepublik Deutschland und West-Berlins. Fachprofile Erwachsenenbildung IV. MAEB Heft 25, Hannover 1981.

Gernert, W.: Das Recht der Erwachsenenbildung als Weiterbildung. München 1975.

Geulen, D.: Das vergesellschaftete Subjekt. Zur Grundlegung der Sozialisationstheorie. Frankfurt am Main 1977.

Gibbons, M./Phillips, G.: Helping Students Through The Self-Education Crisis. In: Phi Delta Kappan, vol. 60, 4/1978, S. 296–300.

Giere, W.: Politische Dimensionen gruppendynamischer Lernverfahren. In: Geißler, K.-A. (Hrsg.): Gruppendynamik für Lehrer. Was Lehrer verändern können. Reinbek bei Hamburg 1979, S. 105–122.

Giesecke, W.: Zur Berufseinführung und Fortbildung für eine pädagogische Tätigkeit in der Erwachsenenbildung. Bonn 1979.

Goldschmid, B. und M.-L.: Individualizing Instruction in Higher Education. A Review. In: Higher Education, vol. 3, 1/1974, S. 1–24.

Goldschmid, D./Schöfthaler, T.: Die Soziologie in Wechselwirkung mit Bildungssystem, Bildungspolitik und Erziehungswissenschaft. In: Köl-

ner Zeitschrift für Soziologie und Sozialpsychologie, Sonderheft 21/1979.
Görlitz, A. (Hrsg.): Handlexikon zur Politikwissenschaft. 2 Bände. Reinbek bei Hamburg 1973.
Grauer, G.: Leitbilder und Erziehungspraktiken. In: b:e Redaktion (Hrsg.): Familienerziehung, Sozialschicht und Schulerfolg. Weinheim und Basel 1973, S. 37–58.
Greiffenhagen, M. und S.: Ein schwieriges Vaterland. Zur Politischen Kultur Deutschlands. München 1979.
Griese, H.: Erwachsenensozialisation. München 1976.
Griese, H.: Erwachsenensozialisationsforschung. In: Siebert, H. (Hrsg.): a.a.O., 1979, S. 172–210.
Griese, H. (Hrsg.): Sozialisation im Erwachsenenalter. Ein Reader zur Einführung in ihre theoretischen und empirischen Grundlagen. Weinheim und Basel 1979 a.
von der Grün, M.: Leben im gelobten Land. Gastarbeiterporträts. Darmstadt 1975.
Grüneisen, V./Hoff, E.-H.: Familienerziehung und Lebenssituation. Der Einfluß von Lebensbedingungen und Arbeitserfahrungen auf Erziehungseinstellungen und Erziehungsverhalten von Eltern. Weinheim und Basel 1977.
Gukenbiehl, H.-L. (Hrsg.): Felder der Sozialisation. Sozialwissenschaftliche Beiträge zum Studium pädagogischer Berufe. Braunschweig 1979.

Habermas, J.: Kultur und Kritik. Frankfurt am Main 1973.
Habermas, J.: Legitimationsprobleme im Spätkapitalismus. Frankfurt am Main 1973.
Hamacher, P.: Entwicklungsplanung für Weiterbildung. Braunschweig 1976.
Hamann, M.: Fernstudienkonzeptionen für den tertiären Bildungsbereich – Analyse des Scheiterns bildungspolitischer Reformversuche in einem Teilbereich. Hochschuldidaktische Forschungsberichte 10-AHD, Hamburg 1979.
Hansen, S./Veen, H.-J.: Jugend mit politischer Distanz – Ergebnisse einer Repräsentativbefragung. St. Augustin 1979.
Hartfiel, G.: Wörterbuch der Soziologie. Stuttgart 1972.
Heidt, E.-U.: Individualisierung, Medien und selbstgesteuertes Lernen. In: Neber, H., u.a. (Hrsg.); a.a.O., 1978, S. 214–241.
Heimann, P./Otto, G./Schulz, W.: Unterricht. Analyse und Planung. Hannover 1965.
Henningsen, J.: Der Hohenrodter Bund. Zur Erwachsenenbildung in der Weimarer Zeit. Heidelberg 1958.
Henningsen, J.: Die Neue Richtung in der Weimarer Zeit. Dokumente und Texte von Robert von Erdberg, Wilhelm Flitner, Walter Hofmann, Eugen Rosenstock-Huessy. Stuttgart 1960.
Henrich, F. (Hrsg.): Erwachsenenbildung in der pluralen Gesellschaft. Düsseldorf 1978.
von Hentig, H.: Die entmutigte Republik. In: Süddeutsche Zeitung, 8./9.3. 1980, S. 149.
Hoffmann-Riem, Ch.: Die Sozialforschung einer interpretativen Soziologie – Der Datengewinn. In: Kölner Zeitschrift für Soziologie und Sozialpsychologie. 32.Jg., 2/1980, S. 339–372.
Hopf, W.: Senkung und Polarisierung von Qualifikationsanforderungen als Bedingungen des Bildungssystems. In: Zeitschrift für Pädagogik. 24.Jg., 1/1978, S. 51–67.

Houle, C. O.: Bildungsmotivation und Teilnahme unter besonderer Berücksichtigung nichttraditioneller Bildungsformen. In: Thomas, H. (Hrsg.): 1980, S. 181−208.

Hurrelmann, K./Ulich, D. (Hrsg.): Handbuch der Sozialisationsforschung. Weinheim und Basel 1980.

Hutchinson, E. and E.: Learning Later. Fresh Horizons in English Adult Education. London 1978.

Jourdan, M.: Recurrent Education. Erwachsene kehren zurück zur Bildung. Essen 1978.

Jütting, D.-H. (Hrsg.): Arbeitsplatznahe und arbeitsplatzferne Fortbildung von pädagogischem Personal im Weiterbildungsbereich. Bericht und Dokumentation über ein Kolloquium an der Universität Essen. MAEB Heft 22, Hannover 1980.

Jütting, H./Zimmer, H.: Das Berufsfeld von Diplompädagogen der Studienrichtung Erwachsenenbildung. In: Mader, W. (Hrsg.): 1980, S. 144−194.

Kamper, D. (Hrsg.): Sozialisationstheorie. Freiburg im Breisgau 1974.

Kant, I.: Beantwortung der Frage: Was ist Aufklärung? Werke in zwölf Bänden, hrsg. von Weischedel, W., Frankfurt am Main 1964, Bd. XI, S. 53−61.

Karl, Ch.: Motivationsforschung: Probleme und Ergebnisse der Erforschung von Weiterbildungsmotivation. In: Siebert, H. (Hrsg.): 1979, S. 308−345.

Kejcz, Y. u. a.: Lernen durch Erwerb von Wissen über Handlungsmöglichkeiten (BUVEP-Endbericht, Band V). Heidelberg 1979.

Kern, H./Schumann, M.: Zum politischen Verhaltenspotential der Arbeiterklasse. In: Meschkat, K./Negt, O. (Hrsg.): Gesellschaftsstrukturen. Frankfurt am Main 1973, S. 130−160.

Klafki, W. u. a.: Erziehungswissenschaft. Eine Einführung. Band 3, Frankfurt am Main 1971.

Knoll, J.-H.: Bildung international. Internationale Erwachsenenbildung und vergleichende Erwachsenenbildungsforschung. Grafenau 1980.

Köckeis-Stangl, E.: Methoden der Sozialisationsforschung. In: Hurrelmann, K./Ulich, D. (Hrsg.): 1980, S. 321−370.

Kohli, M.: Lebenslauftheoretische Ansätze in der Sozialisationsforschung. In: Hurrelmann, K./Ulich, D. (Hrsg.): a. a. O., 1980, S. 299−317.

Kowar, P./Piscaty, G.: Praktische und bildungspolitische Konsequenzen eines Bildungsfreistellungsmodells. In: Erwachsenenbildung in Österreich, 29. Jg., 12/1978, S. 641−650.

Krappmann, L.: Soziologische Dimensionen der Identität. Stuttgart 1969.

Krüger, W. (Hrsg.): Universität und Erwachsenenbildung in Europa. Braunschweig 1978.

Kugemann, W.-F.: Lerntechniken für Erwachsene. Reinbek bei Hamburg 1978.

Kuhn, T.-S.: Die Struktur wissenschaftlicher Revolutionen. Frankfurt am Main 1973.

Künzel, K.: Universitätsausdehnung in England. Stuttgart 1974.

Kuypers, H.-W./Meyer-Norbisrath, H.: Lerntraining compact. München 1979.

Landesinstitut für Curriculumentwicklung, Lehrerfortbildung und Weiterbildung (Hrsg.): Entwicklungsziele der Weiterbildung. Neuss 1979.

162

Langewiesche, D.: Arbeiterbildung in Deutschland und Österreich. In: Conze, W./Engelhardt, U. (Hrsg.): Arbeiter im Industrialisierungsprozeß. Stuttgart 1979.

Leithäuser, Th.: Kapitalistische Produktion und Vergesellschaftung des Alltags. In: Leithäuser, Th./Heinz, W. (Hrsg.): Produktion, Arbeit, Sozialisation. Frankfurt am Main 1976, S. 48−68.

Lempert, W./Franzke, R.: Die Berufserziehung. München 1976.

Lengrand, P.: Permanente Erziehung. München, Pullach, Berlin 1972.

Lenhardt, G.: Berufliche Weiterbildung und Arbeitsteilung in der Industrieproduktion. Frankfurt am Main 1974.

Lenhardt, G./Schober, K.: Der schwierige Berufsstart: Jugendarbeitslosigkeit und Lehrstellenmarkt. In: Bildung in der Bundesrepublik Deutschland. Max-Planck-Institut für Bildungsforschung, Projektgruppe Bildungsbericht (Hrsg.), Stuttgart 1980, S. 935−980.

Lenz, W./Schmidl, W.: Bildungsberatung in der Erwachsenenbildung. Wien 1977.

Lenz, W.: Grundlagen der Erwachsenenbildung. Stuttgart 1979.

Liebknecht, K.: Wissen ist Macht − Macht ist Wissen. (1872). In: Fertig, L. (Hrsg.): Die Volksschule des Obrigkeitsstaates und ihre Kritiker. Darmstadt 1979.

Lorenzer, A.: Zur Begründung einer materialistischen Sozialisationstheorie. Frankfurt am Main 1972.

Lott, J. (Hrsg.): Kirchliche Erwachsenenarbeit. Stuttgart 1977.

Lotz, H.: Abschlußbezogenes Lernen und offene Weiterbildung aus der Sicht der Arbeitnehmer. In: Hessische Blätter für Volksbildung, 30. Jg., 2/1980, S. 133−137.

Lovell, A.: Fresh Horizons for some. In: Adult Education, vol. 53, 4/1980, S. 219−224.

Lovett, T.: Adult education, community development and the working class. London 1975.

Löwe, H.: Einführung in die Lernpsychologie des Erwachsenenalters. Ost-Berlin 1977[8].

Lühr, V./Schuller, A.: Legitimation und Sinn. Braunschweig 1977.

Lutz, B.: Zur Entwicklung der Qualifikationsstruktur und der Arbeitsorganisation im internationalen Vergleich. In: Kellermann, P. u. a. (Hrsg.): Arbeit und Bildung. Zum Verhältnis von Qualifikations- und Beschäftigungssystem. Klagenfurt 1978, S. 43−58.

Mader, W./Weymann, A.: Zielgruppenentwicklung, Teilnehmerorientierung und Adressatenforschung. In: Siebert, H. (Hrsg.): 1979, S. 346−376.

Mader, W.: Legitimitätsproduktion und sozialpolitische Erwachsenenbildung. In: Olbrich, J. (Hrsg.): a. a. O., 1980, S. 69−86.

Mader, W. (Hrsg.): Forschungen zur Erwachsenenbildung. Beiträge zum Prinzip der Teilnehmerorientierung und zum Berufsfeld des Diplompädagogen. Universität Bremen, Tagungsberichte 1, Bremen 1980.

Meissner, K.: Die dritte Aufklärung. Braunschweig 1969.

Naef, R.-D.: Lernen lernen. Ratschläge und Übungen für alle Wißbegierigen. Weinheim 1971.

Neber, H. u. a. (Hrsg.): Selbstgesteuertes Lernen. Psychologische und pädagogische Aspekte eines handlungsorientierten Lernens. Weinheim und Basel 1978.

Negt, O.: Marxismus und Arbeiterbildung − Kritische Anmerkungen zu meinen Kritikern. In: Brock u. a. (Hrsg.): a. a. O., 1978.

Nigsch, O./Pichler, W.: Weiterbildung der Absolventen. Bildungsbedürfnisse der Absolventen und institutionelles Angebot. Linz 1980.

Nohl, H.: Die pädagogische Bewegung in Deutschland und ihre Theorie. Frankfurt am Main 1963[6].

OECD: Ausbildung und Praxis im periodischen Wechsel. Original: Recurrent Education: A Strategy for Lifelong Learning, A Clarifying Report. Paris 1973.

Olbrich, J. (Hrsg.): Legitimationsprobleme in der Erwachsenenbildung. Stuttgart 1980.

Otto, V. u.a.: Offenes Weiterlernen – Erwachsenenbildung im Selbstlernzentrum. Braunschweig 1979.

Ottomeyer, K.: Ökonomische Zwänge und menschliche Beziehungen. Soziales Verhalten im Kapitalismus. Reinbek bei Hamburg 1977.

Peccei, A.: Das menschliche Dilemma. Wien 1979.

Peers, R.: Die Erwachsenenbildung in England. Stuttgart 1963.

Picht, W.: Das Schicksal der Volksbildung in Deutschland. Braunschweig-Berlin-Hamburg 1950.

Pflüger, A.: Zur beruflichen Situation der Diplompädagogen/Erwachsenenbildung im Volkshochschulbereich – Ergebnisse einer DVV-Umfrage. MAEB Heft 24, Hannover 1980.

Pieper, M.: Erwachsenenalter und Lebenslauf. Zur Soziologie der Altersstufen. München 1978.

Piskaty, G. u.a.: Jugend und Politik. Auffassungen österreichischer Jugendlicher gegenüber Staat, Gesellschaft und Politik. Forschungsbericht 23 des Österr. Instituts für Bildung und Wirtschaft. Wien 1980.

Pöggeler, F.: Erwachsenenbildung. Einführung in die Andragogik. Stuttgart 1974.

Posch, P.: Grundlagen der Planung von Lehre und Studium. Maschinschriftl. Manuskript, Wien 1974.

Preiss, H.: Erwachsenenbildung aus gewerkschaftlicher Sicht. In: Hessische Blätter für Volksbildung, 29.Jg., 1/1979, S.51–57.

Pröpper, S. u.a.: Hauptberufliche Mitarbeiter in der Weiterbildung. Ergebnisse einer empirischen Untersuchung. D.I.P.-Studien Nr.2, Münster 1975.

Rahn, H.: Interessenstruktur und Bildungsverhalten. Die Bedeutung außerschulischer Interessen, Erfahrungen und Aktivitäten für die Voraussage des Bildungsverhaltens von Schülern der gymnasialen Oberstufe. Braunschweig 1978.

Rogers, C.: Lernen in Freiheit. Zur Bildungsreform in Schule und Universität. München 1974.

Rothschild, K.-W.: Bildung, Bildungspolitik und Arbeiterbewegung. In: Botz, G./Hauptmann, H./Konrad, H. (Hrsg.): Geschichte und Gesellschaft. Wien 1974, S.535–545.

Sandbrink, D.: Kritik der Erwachsenensozialisationsforschung. In: Griese, H. (Hrsg.): a.a.O., 1979, S.267–285.

Sass, J./Sengenberger, W./Weltz, F.: Weiterbildung und betriebliche Arbeitskräftepolitik. Eine industriesoziologische Analyse. Köln, Frankfurt 1974.

Sauter, E./Fink, E.: Planung, Organisation und Durchführung von Weiterbildung in Bildungswerken der Wirtschaft. Ergebnisse einer Befragung in 11 Bildungswerken der Wirtschaft. Berichte zur beruflichen Bildung, Heft 23, Berlin 1979.

Scharnofske, A.: AUE-Projekt »Weiterbildendes Studium Weiterbildung«. In: Hessische Blätter für Volksbildung, 30. Jg., 3/1980, S. 279—280.

Schmitz, E.: Leistung und Loyalität. Berufliche Weiterbildung und Personalpolitik in Industrie-Unternehmen. Stuttgart 1978.

Schmitz, E.: Betriebliche Weiterbildung als Personalpolitik. In: Weymann, A. (Hrsg.): 1980, S. 120—136.

Schneider, W. u. a.: Freie Mitarbeiter in der Erwachsenenbildung. Probleme und Konzepte ihrer Fortbildung in Verbindung mit Hochschulen. Braunschweig 1975.

Schulenberg, W. u. a.: Zur Professionalisierung der Erwachsenenbildung. Braunschweig 1972.

Schulenberg, W. u. a.: Strukturplan Weiterbildung. Strukturplan für den Aufbau des öffentlichen Weiterbildungssystems in der Bundesrepublik Deutschland. Köln 1975.

Schulenberg, W.: Gesellschaftliche Anforderungen. In: Strzelewicz, W., u. a.: Bildung und Lernen in der Volkshochschule. Braunschweig 1979, S. 45—76.

Schulenberg, W. u. a.: Soziale Lage und Weiterbildung. Braunschweig 1979.

Schulenberg, W.: Soziologische Aspekte der Legitimationsproblematik in der Erwachsenenbildung. In: Olbrich, J. (Hrsg.): a. a. O., 1980.

Seel, H.: Allgemeine Unterrichtslehre. 2. Auflage, Wien 1979.

Sengenberger, W. (Hrsg.): Der gespaltene Arbeitsmarkt. Probleme der Arbeitsmarktsegmentation. Frankfurt am Main 1978.

Senzky, K.: Erwachsenenbildung als System. Zur anthropologischen Begründung der Erwachsenenbildung. In: Hessische Blätter für Volksbildung. 29. Jg., 1/1979, S. 3—8.

Siebert, H.: Begründungen gegenwärtiger Erwachsenenbildung. Braunschweig 1977.

Siebert, H. (Hrsg.): Taschenbuch der Weiterbildungsforschung. Baltmannsweiler 1979.

Siebert, H.: Wissenschaft und Erfahrungswissen der Erwachsenenbildung. Paderborn, 1979.

de Sotelo, E.: Bedeutung und Chancen der aktuellen Krise der Erwachsenenbildung. In: Theorie und Praxis der Erwachsenenbildung. 11. Jg., 3/1978, S. 65—72.

Stallmann, M.: Kirchliche Erwachsenenbildung. Stuttgart 1979.

Starke, M.-T.: Erwachsenenbildung. In: Speck, J./Wehle, G. (Hrsg.): Handbuch pädagogischer Grundbegriffe. Band I, München 1970, S. 352—384.

Strauch, R.: Zusatzstudium Weiterbildung an der Fernuniversität Hagen. In: Hessische Blätter für Volksbildung. 31. Jg., 2/1981, S. 141—148.

Strunk, G.: Marketing als Instrument der Weiterbildungsentwicklungsplanung. In: Sarges, W./Haeberlin, F. (Hrsg.): Marketing für die Erwachsenenbildung. Hannover 1980, S. 87—111.

Strzelewicz, W.: Erwachsenenbildung. Soziologische Materialien. Heidelberg 1968.

Stückrath-Taubert, E. (Hrsg.) Erziehung zur Befreiung. Volkspädagogik in Lateinamerika. Reinbek bei Hamburg 1975.

Thomas, H. (Hrsg.): Lernen im Erwachsenenalter. Ausgewählte Beiträge aus Veröffentlichungen der OECD. Frankfurt am Main-Aarau 1980.

Tietgens, H.: Intentionen und Inhalte des Volkshochschulangebotes. In: Henrich, F. (Hrsg.): 1978, S. 51—56.
Tietgens, H.: Einleitung in die Erwachsenenbildung. Darmstadt 1979.
Tietgens, H.: Arbeitsplatzsituation von hauptberuflichen pädagogischen Mitarbeitern. In: Giesecke, W. u. a.: 1979 a, S. 9—27.
Tietgens, H.: Zur Legitimationsproblematik der Erwachsenenbildung als öffentliche Aufgabe. In: Olbrich, J. (Hrsg.): a. a. O., 1980.
Tough, A.: Die Förderung selbständigen individuellen Lernens. In: Thomas, H. (Hrsg.): 1980, S. 108—136.

Vath, R.: Berufsforschung: Der Beruf des Erwachsenenpädagogen. In: Siebert, H. (Hrsg.): 1979, S. 108—139.
Vester, F.: Denken, Lernen, Vergessen. Gehirnforschung, wie sie jeden angeht. Stuttgart o. J.
Vulpius, A.: Weiterbildung statt Erwachsenenbildung – Ein Beitrag zu den Gründen für die Begriffswahl. In: Hessische Blätter für Volksbildung. 29. Jg., 1/1979, S. 63—70.

Walter, H. (Hrsg.): Sozialisationsforschung. Band I. Stuttgart 1973.
Wander, M.: »Guten Morgen, du Schöne.« Frauen in der DDR. Protokolle. Darmstadt, Neuwied 1978.
Weinberg, J.: Professionalisierung der Weiterbildung durch Ausbildung für typische Arbeitsplätze. In: Beinke, L. u. a. (Hrsg.): Zukunftsaufgabe Weiterbildung. Bonn 1980, S. 403—424.
Weinert, F.-E.: Instruktion als Optimierung von Lernprozessen. In: Weinert, F.-E. u. a.: Pädagogische Psychologie. Frankfurt am Main 1974, S. 795—926.
Weiterbildungsverhalten der Bevölkerung: Wünsche und Wirklichkeit. In: Informationen, Bildung, Wissenschaft. Bundesministerium für Bildung und Wissenschaft, 10/1979, S. 217—218.
Weltner, K.: Autonomes Lernen. Theorie und Praxis der Unterstützung selbstgeregelten Lernens in Hochschule und Schule. Stuttgart 1978.
Werder, L. von: Alltägliche Erwachsenenbildung. Weinheim und Basel 1980.
Weymann, A. (Hrsg.): Handbuch für die Soziologie der Weiterbildung. Darmstadt 1980.
Wiese, L. von u. a.: Soziologie des Volksbildungswesens. München, Leipzig 1931.
Winterhager, W.-D.: Berufsbildung und Jugendarbeitslosigkeit – Einschätzung der Situation. In: Bildung in der Bundesrepublik Deutschland. Max-Planck-Institut für Bildungsforschung, Projektgruppe Bildungsbericht (Hrsg.): Stuttgart 1980, S. 981—1002.
Wolfgruber, G.: Niemandsland. Salzburg 1978.
Wulf, C. (Hrsg.): Wörterbuch der Erziehung. München 1974.
Zdarzil, H., Olechowski, R.: Anthropologie und Psychologie des Erwachsenen. Stuttgart 1976.

Sachregister

Zum Thema Erwachsenenbildung

Werner Lenz
**Grundlagen der Erwachsenen-
bildung**
Aufgaben – Didaktik – Aktuelle
Probleme
1979. 170 Seiten. Kart. DM 23,–
ISBN 3-17-005146-6

**Handbuch der Erwachsenen-
bildung**
Hrsg. von Franz Pöggeler

Band 1
Franz Pöggeler
**Erwachsenenbildung
Einführung in die Andragogik**
1973. 308 Seiten. Leinen DM 46,–
Subskriptionspreis DM 39,–
ISBN 3-17-001480-3

Band 2
A. Beckel/K. Senzky
**Management und Recht der
Erwachsenenbildung**
1974. 351 Seiten. Leinen DM 49,–
Subskriptionspreis DM 42,–
ISBN 3-17-001667-9

Band 3
H. Zdarzil/R. Olechowski
**Anthropologie und
Psychologie der Erwachsenen**
1976. 258 Seiten. Leinen DM 49,–
Subskriptionspreis DM 44,–
ISBN 3-17-001755-1

Band 4
Franz Pöggeler (Hrsg.)
**Geschichte der Erwachsenen-
bildung**
1975. 391 Seiten. Leinen DM 56,–
Subskriptionspreis DM 48,–
ISBN 3-17-001723-2

Band 5
W. Leirman/F. Pöggeler (Hrsg.)
**Erwachsenenbildung in fünf
Kontinenten**
Bestandsaufnahme und Vergleich
1979. 416 Seiten. Leinen DM 69,80
Subskriptionspreis DM 62,80
ISBN 3-17-001666-0

Band 6
P. B. Eggers/F. J. Steinbacher
(Hrsg.)
**Soziologie der Erwachsenen-
bildung**
1977. 324 Seiten. Leinen DM 54,–
Subskriptionspreis DM 49,–
ISBN 3-17-001721-7

Band 8
F. Pöggeler/B. Wolterhoff (Hrsg.)
**Neue Theorien der
Erwachsenenbildung**
1981. 264 Seiten. Leinen DM 54,–
Subskriptionspreis DM 49,–
ISBN 3-17-005413-9

Verlag W. Kohlhammer
Stuttgart · Berlin · Köln · Mainz